# 哈佛百年经典

# HARVARD CLASSICS

## FIVE-FOOT SHELVES

## 奥德赛

【19卷】

（古希腊）荷马◎著
（美）查尔斯·艾略特◎主编
张春　张影莹◎译

北京理工大学出版社
BEIJING INSTITUTE OF TECHNOLOGY PRESS

图书在版编目（CIP）数据

奥德赛 / （古希腊）荷马著；张春，张影莹译. —北京：北京理工大学出版社，2014.3
(哈佛百年经典)
ISBN 978-7-5640-8530-8

Ⅰ. ①奥… Ⅱ. ①荷… ②张… ③张… Ⅲ. ①史诗- 古希腊 Ⅳ. ①I545.22

中国版本图书馆 CIP 数据核字（2013）第 270048 号

出版发行 / 北京理工大学出版社有限责任公司
社　　址 / 北京市海淀区中关村南大街 5 号
邮　　编 / 100081
电　　话 / (010)68914775（总编室）
82562903（教材售后服务热线）
68948351（其他图书服务热线）
网　　址 / http://www.bitpress.com.cn
经　　销 / 全国各地新华书店
印　　刷 / 三河市金元印装有限公司
开　　本 / 700 毫米×1000 毫米　1/16
印　　张 / 18
字　　数 / 260 千字
版　　次 / 2014 年 3 月第 1 版　2014 年 3 月第 1 次印刷
定　　价 / 45.00 元

责任编辑 / 申玉琴
文案编辑 / 施胜娟
责任校对 / 周瑞红
责任印制 / 边心超

图书出现印装质量问题，请拨打售后服务热线，本社负责调换

# 出版前言

人类对知识的追求是永无止境的，从苏格拉底到亚里士多德，从孔子到释迦摩尼，人类先哲的思想闪烁着智慧的光芒。将这些优秀的文明汇编成书奉献给大家，是一件多么功德无量、造福人类的事情！1901年，哈佛大学第二任校长查尔斯·艾略特，联合哈佛大学及美国其他名校一百多位享誉全球的教授，历时四年整理推出了一系列这样的书——《Harvard Classics》。这套丛书一经推出即引起了西方教育界、文化界的广泛关注和热烈赞扬，并因其庞大的规模，被文化界人士称为The Five-foot Shelf of Books——五尺丛书。

关于这套丛书的出版，我们不得不谈一下与哈佛的渊源。当然，《Harvard Classics》与哈佛的渊源并不仅仅限于主编是哈佛大学的校长，《Harvard Classics》其实是哈佛精神传承的载体，是哈佛学子之所以优秀的底层基因。

哈佛，早已成为一个璀璨夺目的文化名词。就像两千多年前的雅典学院，或者山东曲阜的“杏坛”，哈佛大学已经取得了人类文化史上的“经典”地位。哈佛人以“先有哈佛，后有美国”而自豪。在1775—1783年美国独立战争中，几乎所有著名的革命者都是哈佛大学的毕业生。从1636年建校至今，哈佛大学已培养出了7位美国总统、40位诺贝尔奖得主和30位普利策奖获奖者。这是一个高不可攀的记录。它还培养了数不清的社会精英，其中包括政治家、科学家、企业家、作家、学者和卓有成就的新闻记者。哈佛是美国精神的代表，同时也是世界人文的奇迹。

而将哈佛的魅力承载起来的，正是这套《Harvard Classics》。在本丛书里，你会看到精英文化的本质：崇尚真理。正如哈佛大学的校训："与柏拉图为友，与亚里士多德为友，更与真理为友。"这种求真、求实的精神，正代表了现代文明的本质和方向。

哈佛人相信以柏拉图、亚里士多德为代表的希腊人文传统，相信在伟大的传统中有永恒的智慧，所以哈佛人从来不全盘反传统、反历史。哈佛人强调，追求真理是最高的原则，无论是世俗的权贵，还是神圣的权威都不能代替真理，都不能阻碍人对真理的追求。

对于这套承载着哈佛精神的丛书，丛书主编查尔斯·艾略特说："我选编《Harvard Classics》，旨在为认真、执著的读者提供文学养分，他们将可以从中大致了解人类从古代直至19世纪末观察、记录、发明以及想象的进程。"

"在这50卷书、约22000页的篇幅内，我试图为一个20世纪的文化人提供获取古代和现代知识的手段。"

"作为一个20世纪的文化人，他不仅理所当然的要有开明的理念或思维方法，而且还必须拥有一座人类从蛮荒发展到文明的进程中所积累起来的、有文字记载的关于发现、经历以及思索的宝藏。"

可以说，50卷的《Harvard Classics》忠实记录了人类文明的发展历程，传承了人类探索和发现的精神和勇气。而对于这类书籍的阅读，是每一个时代的人都不可错过的。

这套丛书内容极其丰富。从学科领域来看，涵盖了历史、传记、哲学、宗教、游记、自然科学、政府与政治、教育、评论、戏剧、叙事和抒情诗、散文等各大学科领域。从文化的代表性来看，既展现了希腊、罗马、法国、意大利、西班牙、英国、德国、美国等西方国家古代和近代文明的最优秀成果，也撷取了中国、印度、希伯来、阿拉伯、斯堪的纳维亚、爱尔兰文明最有代表性的作品。从年代来看，从最古老的宗教经典和作为西方文明起源的古希腊和罗马文化，到东方、意大利、法国、斯堪的纳维亚、爱尔兰、英国、德国、拉丁美洲的中世纪文化，其中包括意大利、法国、德国、英国、西班牙等国文艺复兴时期的思想，再到意大利、法国三个世纪、德国两个世纪、英格兰三个世纪和美国两个多世纪的现代文明。从特色来看，纳入了17、18、19世纪科学发展的最权威文献，收集了近代以来最有影响的随笔、历史文献、前言、后记，可为读者进入某一学科领域起到引导的作用。

这套丛书自1901年开始推出至今，已经影响西方百余年。然而，遗憾的是中文版本却因为各种各样的原因，始终未能面市。

2006年，万卷出版公司推出了《Harvard Classics》全套英文版本，这套经典著作才得以和国人见面。但是能够阅读英文著作的中国读者毕竟有限，于是2010年，我社开始酝酿推出这套经典著作的中文版本。

在确定这套丛书的中文出版系列名时，我们考虑到这套丛书已经诞生并畅销百余年，故选用了“哈佛百年经典”这个系列名，以向国内读者传达这套丛书的不朽地位。

同时，根据国情以及国人的阅读习惯，本次出版的中文版做了如下变动：

第一，因这套丛书的工程浩大，考虑到翻译、制作、印刷等各种环节的不可掌控因素，中文版的序号没有按照英文原书的序号排列。

第二，这套丛书原有50卷，由于种种原因，以下几卷暂不能出版：

英文原书第4卷：《弥尔顿诗集》

英文原书第6卷：《彭斯诗集》

英文原书第7卷：《圣奥古斯丁忏悔录 效法基督》

英文原书第27卷：《英国名家随笔》

英文原书第40卷：《英文诗集1：从乔叟到格雷》

英文原书第41卷：《英文诗集2：从科林斯到费兹杰拉德》

英文原书第42卷：《英文诗集3：从丁尼生到惠特曼》

英文原书第44卷：《圣书（卷Ⅰ）：孔子；希伯来书；基督圣经（Ⅰ）》

英文原书第45卷：《圣书（卷Ⅱ）：基督圣经（Ⅱ）；佛陀；印度教；穆罕默德》

英文原书第48卷：《帕斯卡尔文集》

这套丛书的出版，耗费了我社众多工作人员的心血。首先，翻译的工作就非常困难。为了保证译文的质量，我们向全国各大院校的数百位教授发出翻译邀请，从中择优选出了最能体现原书风范的译文。之后，我们又对译文进行了大量的勘校，以确保译文的准确和精炼。

由于这套丛书所使用的英语年代相对比较早，丛书中收录的作品很多还是由其他文字翻译成英文的，翻译的难度非常大。所以，我们的译文还可能存在艰涩、不准确等问题。感谢读者的谅解，同时也欢迎各界人士批评和指正。

我们期待这套丛书能为读者提供一个相对完善的中文读本，也期待这套承载着哈佛精神、影响西方百年的经典图书，可以拨动中国读者的心灵，影响人们的情感、性格、精神与灵魂。

# 主编序言

古希腊人认为他们的两大史诗《伊利亚特》和《奥德赛》的作者为荷马。在传统意义上，人们对荷马的诞生地众说纷纭，但最为人们认可的是位于小亚细亚的士麦纳。还有一种传说，认为诗人是盲人，定居于齐沃斯岛，并且死于皮洛斯。

围攻特洛伊城成为《伊利亚特》的主题，而且是奥德修斯漫游的故事背景，这一点在历史上尚无记载。现代考古研究确实在小亚细亚发现了类似于荷马史诗中提及的相关城市的遗址，就此似乎可以证明，栖居于爱琴海海岸的两个民族之间，可能在那里发生过战斗。

无论这两首史诗创作方法的真相如何，我们都可以有把握地推测，先于史诗存在的是大量的传奇故事，这些传奇故事帮助希腊人形成了一种凝聚力，并且最终成为他们的民族意识。

但是，传奇的组成元素有着形形色色的来源，两首诗中很多事件都在不同地域的民间故事里广泛流传。因此，独眼巨人波吕斐摩斯的故事在没有被希腊文明影响的国家，被当作彼此无关的传说。埃阿亚岛冒险故事出现在一本印度故事集里；堕入地狱的故事出自南海岛民口中；未被妻子认出的归来的远游战士的故事，更是传遍世界。“奥德赛”和其他上百个事件，被集中在结构宏大的单独的一个情节里，而且气氛渲染出奇一致、几近完美。整个故事被置于古希腊王国的社会背景之下。

直到较晚时期，人们还一直普遍相信《伊利亚特》和《奥德赛》是出自一人之手，是他构思并完成了整个写作计划。1795 年，F·A·沃尔夫认为，在公元前 10 世纪（那是他认定的史诗创作时代），写作在希腊还不带有文学目的，因此，史诗必定是口口相传并发生过诸多变化的。他指出，两部史诗的统一性应该是后世修订者依据不同创作者的诗歌所为。从沃尔夫时代起，人们就围绕《荷马史诗》的问题争论不休，而且没有希望达成一致。现在，两部史诗仅仅是由众多不同作者的叙事诗糅合而成的极端观点正在消失。没有任何两位学者在分析构成史诗的短诗方面能够找到契合点。另一方面，有明确的证据证明部分诗歌创作于不同时期。人们倾向于相信，有一位伟大的艺术天才最初创作了两部较短的史诗，分别描述“阿基里斯的愤怒”和“奥德修斯的归来”，可能在其后的漫长岁月里，模仿者不断增加章节内容，最终使它们以目前的篇幅和形式，呈现在世人面前。

二十四卷的《奥德赛》自然而然地被划分为四部分和六小节（这并不破坏其结构）。每组开篇均有简短叙述作为内容提示。一至四卷为奥德修斯之子忒勒马科斯的冒险经历。(i) 史诗开篇，已是特洛伊沦陷的第十个年头，奥德修斯一直未归，被西部海岛上的仙女卡鲁普索滞留在奥杰吉厄岛。与此同时，家中的妻子裴奈罗珮被求婚者困扰，这些贪得无厌的求婚者在离家的勇士家里肆意吃喝。(ii) 忒勒马科斯在未能获得伊萨卡人帮助的情况下，在女神雅典娜的指引下出发去了皮洛斯——女神装扮成友好的酋长门忒斯的模样。(iii) 皮洛斯年迈的国王内斯特尔热情地接待了他们。在宴请客人之时，假扮的门忒斯突然消失，人们于是认为那是奥德修斯家的保护女神。忒勒马科斯从皮洛斯出发到斯巴达，一路由内斯特尔之子裴西斯特拉托斯陪伴。(iv) 在斯巴达，斯巴达王和有名的海伦——现已回到了她丈夫的身边——接待了他们。在这里，他们了解到奥德修斯在奥杰吉厄岛上。忒勒马科斯决定回到伊萨卡，而伊萨卡的求婚者们正在策划如何杀死他。

第二节描写奥德修斯在卡鲁普索和伐西亚岛之间的漫游。（v）在雅典娜的劝说下，诸神派出赫耳墨斯，传达诸神之令，要卡鲁普索释放奥德修斯。但在海上，奥德修斯的船遭到敌人波塞冬倾覆。多亏女神伊诺给了他一块面罩，将他漂浮到费阿克斯人居住的地方。（vi）正当筋疲力尽的英雄在岸边休憩的时候，公主瑙西卡率领她的侍女来到河口浣洗衣衫。浣好衣服后，她们玩儿起了皮球，喧闹声惊醒了奥德修斯。奥德修斯起身请求帮助并被带到城里。这一场景是诗中最为吸引人的部分。（vii）进城后，国王阿尔基努斯接待了奥德修斯，后者讲述了自己近来的冒险经历。（viii）全体费阿克斯人被召集在一起，决定提供船具将这位漂泊者送回到伊萨卡。出发前，费阿克斯人以比赛和盛宴款待奥德修斯。席间，盲人歌手德摩道科斯诵唱了特洛伊受到围困的故事，奥德修斯不禁热泪盈眶。大家恳求他讲述他离开特洛伊后的冒险历程。

第三节主要是回忆。(ix) 奥德修斯讲述了他的奇科内斯、食忘忧果人之乡和独眼人国度之行。在独眼人国，他弄瞎了独眼巨人波吕斐摩斯。（x）奥德修斯还讲述了他遭遇风神阿留斯、莱斯特鲁戈尼亚以及女巫瑟茜的经历。（xi）讲述了他如何坠入地狱，如何与死魂灵交谈的经历。（xii）讲述了逃脱塞壬、斯库拉和卡鲁伯底丝魔爪的经过；还讲述了他的同伴吃掉太阳神赫利俄斯的圣牛导致命丧黄泉，留下他孤身一人滞留卡鲁普索海岛的故事。

叙事的主要内容从第四节开始。（xiii）费阿克斯人设法将奥德修斯送回自己的王国，但受到波塞冬的惩罚，使他们的帆船撞向礁石。在伊萨卡岛，雅典娜将奥德修斯装扮成一位老乞丐，而且教导他击败求婚者的办法。(xiv) 他看见了原来的猪倌，但后者没有认出他来。（xv）在小屋里他碰见忒勒马科斯并向其透露了自己的身份和复仇计划。

第五节描述奥德修斯回到王宫的故事。（xvii）忒勒马科斯先回家，没有告诉其母奥德修斯归来一事。乔装的老乞丐一进门就被他的狗阿耳戈斯认出。那狗看见主人十分高兴，随后死去。（xviii）在求婚者欢宴之时，奥德修斯与伊罗斯打了一架，后者靠求婚者们的施舍度日。（xix）裴奈罗珮与她的丈夫交谈着却未能认出他来，但她却告诉奥德修斯，她是如何设计尽力推迟在求婚者中做出最终选择的：她答应求婚者在织网结束后就决定取舍，但她白天织网夜晚却把网线拆掉。奥德修斯家的保姆在为其洗脚时通过他脚上的疤痕认出了自己的主人，但奥德修斯告诉她不要泄密。(xx)夜晚雅典娜安慰着勇士奥德修斯，而一位先知则警告求婚者们末日的来临。

最后一节是故事的结尾。(xxi)裴奈罗珮提议求婚者使用其丈夫的弓箭展示自己的技能。所有求婚者根本无法拉动弓箭，而乔装的英雄却轻易拉开弓箭，而且一箭射过了十二把斧头的小孔。(xxii)伪装褪去，奥德修斯、忒勒马科斯与两个忠实的跟随者一道转向求婚者，将他们全部杀光；对那些不忠的用人则统统处以绞刑。(xxiii)裴奈罗珮从保姆那里获知消息，赶紧迎接夫君回家，并听他讲述自己的冒险经历。随后，奥德修斯去农场拜望他的老父莱耳忒斯。(xxiv)就在奥德修斯向父亲表明身份，一切回到从前之际，赫耳墨斯引领求婚者的灵魂下到地狱。

《伊利亚特》和《奥德赛》是希腊文学和世界史诗的巅峰之作，它们对发源地国家和欧洲各民族的影响，与其感人的艺术魅力息息相关。从历史角度看，它们为后人提供了一幅早期亚利安文明的画卷，其所描绘的文化发展时期的状况，通过其他任何途径都无从知晓。从艺术角度看，尽管处于萌芽阶段，它们却是成熟的作品，通过难以企及的高贵和文雅的手法表现了永恒和多样化且质朴的人类本性。其使用的语言将率直、简约与美感有机结合起来，使得后人难以望其项背。正如杰布所说："《荷马史诗》主要的与众不同之处在于，它把原始时期的所有新奇与质朴呈现在眼前，而我们将这些新奇与质朴带来的魅力与'世界的孩提时代'联系在一起。与此同时，它又完全克服了形式上的粗犷、语言与思维的矛盾、荒诞与低劣的表述以及力不从心的好高骛远等弊端，而这些弊端恰恰是初期文学作品中容易出现的毛病。"

查尔斯·艾略特

# 目录 Contents

目 Contents 录

苍茫大地长卧混沌的天宇下
陶醉于瑟茜的歌声和美饮。
在毗邻冥后的花园里，
阿因岛忘却了身旁的大陆
唯有低沉的爱之琵琶在呻吟，
唯有羸弱的爱之光影在思情，
犹如渴慕海盐粘唇
还有清风扑面的柔情——
时代的语音如此动听
人们转身遥望星星，感受
花丛尽头凌厉的风啸；
而透过闲散时光的乐音，
他们聆听到西海岸传来
奥德赛那雷鸣一般的涛声。

——安德鲁·朗格

# 卷一

在诸神之会上，波塞冬缺席。女神雅典娜提出为奥德修斯做出补偿，其子忒勒马科斯也长大成人。雅典娜建议忒勒马科斯在人类会议之前去告知求婚者们，然后去埃及和斯巴达查询父亲的下落。

缪斯，告诉我那位聪慧的凡人事迹吧。在攻破神圣庄严的特洛伊城堡后，他四处流浪，浪迹天涯，见识过诸多种族的城国，领略了他们的杰出才智。即使内心异常痛苦，挣扎在浩瀚的艰难海面上，他仍然努力求生，帮助同伴们回归家园。但即便如此，他却不能救下他的朋友们——虽然他竭尽全力，拼死相救。他们死于自己的盲目无知、愚蠢鲁莽，竟然吞食赫利俄斯的圣牛，因此被上帝夺走了还家的美好时光。开始吧，女神，宙斯的女儿，请您随便从哪里开始讲。

那时，其他所有的壮勇，躲过了灭顶之灾的人们，都已纷纷逃离战场和海浪，均已还乡。唯独奥德修斯，心怀爱妻，情牵家乡，却被女神中的佼杰——卡鲁普索，滞留在深旷的岩山。这位雍雅的女神，一心想招奥德修斯做夫君。随着季节的变迁，他迎来了他回归伊萨卡的岁月。虽然逃过了神明编织的时光，他却仍将遭遇磨难。诸神都怜悯他的处境，唯独波塞冬对神一样的奥德修斯不肯善罢甘休，直到他回归自己的家乡。

但现在波塞冬已去了远方的埃塞俄比亚族，埃塞俄比亚人是居家最偏僻的人类，他们分成两个部落：一个部落居住在太阳升起的地方，另一部落则生活在亥伯龙神出没的地方。在那里，波塞冬接受牛羊的牲祭，坐享盛宴的愉悦。但就在此时，其他神灵们全都汇聚在宙斯的厅堂。神灵和人类之父首先开始讲话，他心中牵挂着高贵的俄瑞斯忒斯——阿伽门农赫赫有名的儿郎。心中想着此人，宙斯开口发话，对不朽的神明说道：

“看看现在吧！凡人责怪我等众神，埋怨我们带给他们灾难与不幸。但事实并非如此，他们自己盲目、莽撞，逾越现有规定，以致招来悲伤及祸患。正如不久前埃吉索斯的所作所为：逾越规定界限，霸占阿特柔斯之子阿伽门农的妻子，并在阿伽门农返家时杀害了他——尽管埃吉索斯知道此事会招来祸患，因为我曾派遣赫耳墨斯和眼睛雪亮的阿耳吉丰忒斯，给予他警告：不要杀害此人，也不要强占他的妻子，因为阿伽门农的儿子俄瑞斯忒斯一经长大成人，思盼回返故乡时，定会替父亲报仇雪恨。赫耳墨斯曾如此劝说，但却不能使埃吉索斯回头；现在，此人已付出昂贵的代价。”

听完这番话，灰眼睛女神雅典娜答道：“噢，克罗诺斯之子，我们的父亲，最高贵的王者！那人确实死有余辜，活该被杀，任何重蹈覆辙的凡人，都该遭受此般下场。但是，现在我内心深处正为聪颖的奥德修斯备受折磨，这个可怜的人，现今孤身一人，远离亲朋，饱受折磨，困身于水浪相拥的海岛，大洋深处，一个林郁葱葱的地方—— 一位女神的家园。她是心肠歹毒的阿特拉斯的女儿，其父知晓洋流的每一处深底，掌管着隔连苍穹和大地的粗浑长柱。正是他的女儿滞留了那个愁容满面、满腹悲伤的不幸之人。企图用甜言蜜语、溢美之词迷蒙他的心肠，使之忘却伊萨卡。但奥德修斯一心盼望家园的炊烟，盼望死亡。然而您，奥林匹斯大神，您却不曾把他放在心上。难道在阿耳吉维人的船边，在广阔无垠的特洛伊平原，奥德修斯未曾让您的心底如花般欢喜绽放？为何您却如此无情，对他这般狠酷？”

听罢这番话，汇聚乌云的宙斯开口答道：“我的孩子，这是什么话！我怎会忘怀神一样的奥德修斯？论心智，他无人可及；论敬祭，他对统掌辽阔天空的神明，比谁都慷慨大方。只因环拥大地的波塞冬从中作梗，他对捅瞎库克罗普斯眼睛的仇怨难以消泄——神样的波吕斐摩斯权大无比，库克罗普斯中他最豪强。他母亲是仙女苏莎，福耳库斯之女，统治着苍贫的大海——此女曾在深旷的岩洞里和波塞冬睡躺寻欢。自此之后，裂地之神波塞冬虽然不曾把他杀掉，但却阻碍了他还乡的心愿。这样吧，让我和在此的众神为他的回归商讨，出谋划策，使他得以返还故乡。面对不朽的众神，联手的营垒，此君孤身一人，绝难有所作为，因此波塞冬平息怨愤。”

听罢这番话，灰眼睛女神雅典娜答道：“克罗诺斯之子，我们的父亲，最高贵的王者，倘若此事确能取悦诸神，让英勇智慧的奥德修斯回归，那么，让我们请出赫耳墨斯这位信使，斩杀阿尔戈斯的神明，前往奥杰吉厄岛，全速告知长发秀美的女仙耐心等待奥德修斯的归来。我即刻起身前往伊萨卡，催励其子，鼓舞他的信心，召集长发的亚加亚人集会，并对所有正没日没夜地屠宰弯角壮牛和肥美的羊群的追求者发话。我将带领他前往斯巴达和多沙的皮洛斯，找寻心爱的父亲回归的信息，如有可能，他能在此打探到一些消息，或者在人间争获良好的名声。”

雅典娜边讲话边系上她黄金造就、永不褪色的精美条鞋。女神跨涉沧海和无垠的陆地，像疾风和雨燕一般轻快。然后，她捡起一杆粗重的飞冲剑，顶着锋利的青铜剑。此青铜剑粗长、硕大、沉重，用以镇压地面上战斗的群伍，平息权力无比之神的女儿的怒目以对。从奥林匹斯山巅直冲而下，站立于伊萨卡大地之上，停留在奥德修斯家门前、庭院的槛条边。雅典娜手握铜矛，化作一位异乡人——门忒斯（塔菲亚人的酋长）的模样。她看到那帮高傲的求婚人此刻正坐在门前，兴趣盎然地玩着跳棋，而座椅则是用被他们宰杀的牲畜的皮毛制作而成的。其亲信及乡绅们正在他们身旁忙碌，有的正在兑缸里为他们调兑酒水；有的在用渗透性极强的海绵擦拭桌面，并将这些桌子摆放在他们面前；另一些人则正在切放成堆的肉食，并大份摆放。

神样的忒勒马科斯最先远远地看到雅典娜，因为他坐在求婚者之中，心里悲苦难言，幻想着高贵的父亲回归家园，杀散求婚的人们，使其远离宫殿，夺回属于他的权势，拥占自己的家园。他坐在求婚者里面，幻想着这美好的一切，眼见雅典娜到来，疾步走向庭前，心中愤愤不平——竟让生客长时间地站等门外。他站在女神身边，紧握她的右手，接过铜矛，说出了如羽翼般的话语："欢迎您，陌生人！您将作为客人，请接受我们的礼待；吃吧，吃过以后，您可告知我们您的需求和愿望。"

随后，他引路先行，雅典娜紧随其后。当走入高大的房宅，忒勒马科斯放妥手中的枪矛，将其倚置在高耸的壁柱上，亮闪闪的木架里放置着众多的投枪和勇敢坚强的奥德修斯的长枪。忒勒马科斯引她于一张富丽堂皇、精工雕刻的靠椅旁。此靠椅铺着亚麻的椅垫，前面放着一个脚凳。接着，他替自己拉过一把镶花座椅，就近坐在雅典娜身旁，远离那帮求婚的乌合之众——生怕来客被喧嚣之声惊扰，面对肆无忌惮、妄自尊大的人们而失去进食的胃口，这样一来他便有机会向来客询问失离父亲的下落。一名女仆提来绚美的金罐，盛出清水，就着银盆，供他们盥洗双手，并搬过一张光滑圆润的餐桌，放在他们身旁。一位端庄的女仆送来全麦面包，摆出许多美味佳肴，供他们自由享用。与此同时，一位切肉者端来放置着各种肉食的大盘，陈列在他们面前，摆上金质的酒杯，另一位侍从往返穿梭，注酒入杯。

此时，高傲的求婚者们全都走进屋内，在靠椅和凳椅上依次就座，信使们倒出清水，淋洗各位的双手，女仆们端着装得满满的篮子，送来面包，在酒杯中注满酒水并伺候年轻人饮用。食客们伸出双手，抓起眼前的佳肴。当满足了吃喝的欲望，求婚者们兴趣旁移，转移到歌舞上来——歌舞，盛宴的佳伴。信使将一把做工精美的竖琴放入菲弥俄斯手中，只因无奈求婚人的逼迫，菲弥俄斯开口唱诵。

他拨动琴弦，唱诵着动听的歌谣。忒勒马科斯开口对灰眼睛的雅典娜说话，为了不让别人听见，他贴近她的身旁："亲爱的陌生人，您可会怨恨愤烦我的告语？这帮人真正在意的是眼前的享乐——竖琴和歌曲。他们随手拈取，无须补偿，吞食别人的财产——而物主可能已是一堆白骨，霉烂在阴雨中，或被弃置在陆架上，冲滚在海浪里。倘若他们见他回来，回返伊萨卡大地上，那么，他们的全部祈祷将是能拥有更迅捷的一双快腿，而不是成为拥有更多黄金和华丽衣服的得主。可惜，他已死了，死于凄惨的命运——对于我们，世上已不存在慰藉，哪怕有人告诉我们，说他将会回返故里。他的返家之日已一去不复返了！来吧，告诉我您的情况，要准确地回答：您是谁？您的父亲是谁？来自哪个城市？双亲在哪里？乘坐何样的海船到来？水手们如何把您送到此地？而他们又自称来自何方？我想您不可能徒步行走，来到这个国邦。此外，还请告诉我，真实地告诉我，让我了解这一点——您是首次来访，还是本来就是家父的朋友，来自异国他乡？其他许多宾朋也曾来过我家，家父亦经常外出造访。”

听罢这番话，灰眼睛女神雅典娜答道：“好吧，我会准确无误地把一切告答。我乃门忒斯，聪慧的安基阿洛斯的儿子。我统治着塔菲亚人，喜爱船桨的国邦。现在，正如你所见，我来到此地，带着海船和伴友，航行在酒红色的洋面，载着换取青铜的闪亮烙铁，前往忒墨塞，一个异乡语言的国家，我的海船停泊在乡间山地，在雷斯荣港湾，林木繁茂的内昂山边，远离繁华都市。令尊和我乃世交，可以追溯到久远的年代——如果不信，你可去问问莱耳特斯，那位年迈的斗士。据说，此人现已不来城市，他栖居在自己的庄园，生活孤独凄惨，仅由一名老妇伺候，为他安排饮食，每当他在坡地上的葡萄园苦作感到疲乏时，为他按摩筋骨。现在，我来到此地，只因听说他，你的父亲已回返乡园。看来是我错了，神明滞阻了他的回归。卓著的奥德修斯并不曾死于陆野，而是活在某个地方。在我看来，他是被禁滞在宽阔深广的大海中，受禁于一座座水浪扑击的海岛，被一群野蛮人所管束着；一帮粗莽的汉子，阻止了他回返家乡的意愿。虽然我不是先知，亦不能准确辨认飞鸟的踪迹，但是，现在，我告诉你一番预言——是神灵们把它输入我的心田；我想这会实现：他将不会长久远离亲爱的故土，即使束缚他的禁链像铁一般坚实；他会设法回到故土，因为他是个足智多谋的壮汉。来吧，告诉我你的情况，要准确地回答。你可是奥德修斯之子，长得如此高大强壮。你的头脸和英武的眼睛与他出奇地相像——我们曾经经常见面，在他出征特洛伊之前，我同其他军友一道，均认为他是阿开亚人中最好的壮汉，乘坐庞大的海船。从那以后，我们便再也不曾见面。”

言罢，聪慧的忒勒马科斯答道：“好吧，阁下，我定将一切真相毫无保留地告答。确实是，母亲说我是他的儿子，但我自己不大清楚；谁也不能确切知晓我的亲爹。哦，但愿我是个幸运者的儿郎，他能承受年迈，看守自己的房产。但我却是此人的儿子，既然你有话问我——父亲命运险厄，凡人中谁也不及他多难！”

灰眼睛女神雅典娜答道：“毫无疑问，成为你家族的儿郎本是神灵的旨意——瞧瞧裴奈罗珮的后代，像你这样的儿男。来吧，详细告诉我此番情况。此乃何样宴席，何种聚会，又与你何干？是家族之宴，还是婚娶？我敢断定，这不是自带饮食的聚餐。瞧他们那骄横的模样，胡搅蛮缠，在整座厅殿肆意狂欢！目睹此番令人蒙羞的场景，置身于他们之中，贤者岂能不怒满胸膛？”

听罢这番话，勤于思考的忒勒马科斯答道：“既然你问及这些，我的客人，那就请听我慢慢道来。以前，在他还生活在此的时候，我们的家园繁荣兴旺，德望甚高，不受别人讥辱。但现在，神灵们居心险恶，一心想造就不同的局面，把他弄得无影无踪。此情此景，凡人中除他以外，有谁遭遇过？倘若他葬身于自己的伙伴群中，或阵亡在特洛伊人的土地上，抑或牺牲在朋友的怀里，我不会因为他的死难而悲痛万分。经历过那场战争杀戮——这样，阿开亚全军所有的士兵，都给他堆垒坟茔，使他替自己，也为儿子，争得传世的英名，巨大的荣光。

“但现在，凶横的风暴已把他席卷，让他死得不光不彩、无影无踪，却使我承受痛苦和煎熬。而眼下，我也不再为了他的死难悲恸哭泣，神灵们已给了我别的愁煎。岛屿上所有的王公贵族，来自杜利基昂、萨墨和林木繁茂的扎昆索斯，连同本地的名门望族，山石嶙峋的伊萨卡的王贵，全都在追求我的母亲，败毁我的家园。母亲既不拒绝可恨的婚姻，也无力结束这场纷乱；这帮人肆意挥霍我的家产，吞并和占有我的家园，用不了多久，还会把我撕裂！”

听罢这番话，雅典娜怒不可遏，说道：“神灵会帮助你的，眼下你可真是需要远在他乡的奥德修斯，需要他伸手援助，痛打这帮无耻的求婚者。但愿他立刻出现，站立在房屋的门外边，头戴战盔，手握标枪，一如他首次在我们家里，喝着美酒，享受盛宴的甜香时的模样。他从厄夫瑞过来，别了伊洛斯，墨耳墨罗斯的儿男，乘坐快船——奥德修斯前往该地，寻求致命的药物来涂抹羽箭的铜镞。

“但伊洛斯出于对长生不老的神明的惧畏，丁点儿药物也不给，幸好家父酷爱令尊，使他得以如愿。但愿人中灵杰的奥德修斯出现在求婚人面前，让他们一个个全都暴捷毙命，结束悲哀的求婚！然而，他能否回乡，在自己的家园报仇雪耻，这一切都取决于神灵的意愿。现在，我要你开动脑筋，想个办法，把求婚者们赶出厅殿。听着，认真听取我的嘱告，按我的吩咐做。明天，你要召聚阿开亚壮士集会，当众宣告你的主张，让神明做证。要求求婚者们就此散伙，各回自家门，至于你母亲，倘若心灵驱她再嫁，那就让她回到大厅，面见有权有势的父亲。他会替她张罗，准备丰厚的彩礼，给予嫁出一位爱女应有的陪送。

“现在，我给你一个忠告，希望你好生听着。准备一艘最好的海船，佩带二十支划桨，出海探问你那长期失离的父亲的音讯，兴许能碰上某人，告之于你从宙斯处得来的信息——对我等凡人，他比谁都善传信讯。”

“先去皮洛斯，询问卓著的奈斯托耳，而后前往斯巴达，在身披铜甲的阿开亚人中，去拜访黄色头发的内斯特，他最后回来。这样，倘若听说令尊仍然活着，正在返家途中，尽管已历经艰辛，你仍需等盼一年。但是，如果听说他已亡故，不再存于世，那么，你尽可启程返航，归返心爱的故土，为他堆筑坟茔，举办适当规模且隆重浩大的牲祭仪式，然后帮助你母亲挑选一位好丈夫，举办一场隆重的婚庆典礼。当这一切办理妥当，你应认真全身心思考，如何驱除家里大厅的求婚人，是用谋略，还是公开拼战？

不要再抱有儿时的幻想，那些时光已一去不回了。难道你不曾听说过了不起的俄瑞斯忒斯在人世间煊赫的英名？他杀除了奸诈的埃吉索斯——曾把他光荣的父亲谋害的凶手。你也一样，亲爱的朋友——我看你身材高大、气宇轩昂——勇敢些，留下英名，让后人称赞你吧！现在，我必须要返回海船，回见我的伙伴，他们一定在翘首盼望。记住我的话并按我说的去做。”

多思善考的忒勒马科斯答道：“我的客人，您情真意切的话语，就像父亲对儿子的谆谆教诲，我将牢记在心。来吧，不妨稍作逗留，虽然你急于启程，先沐浴更衣，放松肌体，舒缓身心，然后再回登海船。带着我赠予您可随身携带的绚丽精品，像朋友间亲切的馈赠。”

灰眼睛女神雅典娜答道：“切勿挽留，因我急于启程。此份礼物——无论你相中什么礼物与我——请你先代为保存，下次见面时再面赠于我，而我也将回赠一份同样珍贵的礼物。”

言罢，灰眼睛女神雅典娜像一只鹰鸟，直刺长空，旋即离去。这一漂亮的盘旋在忒勒马科斯心里注入了力量和勇气，他心中满是惊异，认定来者是一位神明，使他比往日更深切地怀念父亲，思忖着告晤的含义。他当即举步，坐在求婚者之间——神一样的凡人。

声望甚高的歌手在为求婚者歌唱，后者静坐聆听。歌手唱诵阿开亚人从特洛伊伤痛的回归和雅典娜的报惩。耳闻神奇的唱声，伊卡里俄斯的女儿——谨慎的裴奈罗珮，由两位侍女陪伴，从楼上的房间，走下高高的楼梯。这位窈窕女子来到求婚者近旁，站在支撑着坚实屋顶的房柱下，两边各站一名忠实的仆伴，一袭闪亮的头巾，遮掩着姣好的面容。她开口说话，对着神圣的歌手，泪流满面：“菲弥俄斯，你知晓许多民间故事，勾人心魂的唱段，神和人的经历，诗人的传诵，何不坐在他们旁边，选用其中的一段，让他们静静地聆听，啜饮杯中的美酒——不要唱诵这个段子，它那悲戚的内容总是刺痛我的心魂；难忘的悲愁折磨着我，比对谁都强烈，怀念一位心爱的人儿，每当想起我的夫婿，他名扬遐迩，传闻在赫拉斯和整个阿耳戈斯境城。”

听罢这番话，勤思善考的忒勒马科斯答道：“母亲，为何抱怨这位出色的艺人？他欢悦了我们的情怀，却要他经受心灵的折磨。该受责备的不是这位艺人，而是宙斯——他随心所欲，让我们凡人以面包为生。此事不可求全责备。诚然，人们总是更喜爱最新流诵的段子。请静心欣赏，奥德修斯不是特洛伊城下唯一失归的壮勇，许多人倒死在那里，并非仅他一人。回去吧，操持你自个儿的活计，你的织机和线杆，还要催督家中的女仆，要她们好生干活。至于辩议，那是男人的事，首先是我——在这个家里，我代表着权威。”

由侍女引着路，裴奈罗珮返身走向阁楼的房间，惊诧不已，把儿子明智的言语收藏心底。她哭叹着奥德修斯，她心爱的丈夫，直到灰眼睛女神雅典娜送出睡眠，香熟的睡意牵引着她把眼睑合上。

求婚者们在幽暗的厅堂里大声喧闹，争相祷叫，因为他们都想获取这份殊荣，睡躺在她的身旁。勤思善考的忒勒马科斯见状发话，喊道：“追求我母亲的人们，恶毒的求婚者们，现在，让我们静心享受吃喝的愉悦，不要喧嚣；能够聆听如此出色歌手的诵唱，天籁的声响，是此生值得庆幸的妙遇。明天，我们将前往集会地点，展开辩论——届时，我将直言相告，即要你们离开我的房舍，到别处吃喝，一家接着一家轮番食用你们自己的美味。但是，倘若你等以为如此作为——吃耗别人的财产，不予偿付——于你们更为有利、更有进益，那就继续折腾下去。我将对永生的神祇呼祷，但求宙斯允降某种形式的兆应，让你们死在这座房居，白送性命，不得回报！”

听他说罢，求婚者们个个咬牙切齿，惊异于忒勒马科斯的言语，以及他竟敢如此大胆地对他们训话。

安提努斯，欧佩忒斯之子，首先答道：“忒勒马科斯，毫无疑问，一定是神明亲自出马，激励你在这里如此高谈阔论，采取勇莽的立场。但愿克洛诺斯之子永不立你为王，你将无缘统治海水环抱的伊萨卡，虽然你生而命就！”

善于思考的忒勒马科斯答道：“安提努斯，尽管你恼恨我的言辞，我仍将接继为王——倘若宙斯允诺。你以为这是凡人所能承受的最糟糕的事情吗？不，你错了，治国为王并非坏事；王者的家业会急速增长，王者本人亦享有别人不可企及的荣光。是的，在海水环抱的伊萨卡，阿开亚王者林立，有年长者，亦有年少者为王，他们任何一个都可雄占统治一方。既然卓著的奥德修斯已经身亡，我将利用他留与我的长矛，发号施令，统掌我的家族兴亡。”

欧鲁马科斯，波鲁波斯之子，答道：“忒勒马科斯，此类事情，全听命于神明意愿，海水环抱的伊萨卡将由谁统为王，应由神明定夺。不过，我希望你能守住你的财产，统管自己的宫房。但愿此人在伊萨卡存在时，绝不会到来，更不会违背你的意愿，用暴力夺走你的家产。现在，朋友，我要问你那个生人的情况：他打哪里过来，又自称来自何方？亲人在哪儿，还有祖辈的田庄？他可曾带来令尊归来的消息——抑或，此行只是为了自己，操办某件事由？他匆匆离去，走得无影无踪，不曾稍事逗留，使我们无缘结识。从外表判断，他不像是出身卑微的平民。”

善于思考的忒勒马科斯答道：“欧鲁马科斯，我父亲的回归已成绝望。我已不再相信任何关于他归来的语言，不管传言来自何方，我也不会再次听理先知的卜言——尽管母亲会让他们进来，询索问告。那位生人是家父的朋友，打塔福斯过来，自称门忒斯，是聪颖的安基阿洛斯之子，塔菲亚人，欢爱船桨的族邦的首领。”

忒勒马科斯如是说道，但他心知那是位不死女神。现在那帮人转向欢乐的舞蹈，陶醉于动听的歌声里，尽情享受，等待夜色的降落。他们在欢悦之中，迎来了夜幕的降临，随之离开，各回自家房院。忒勒马科斯傍着建得高高的庭院，走回睡房，此处视野开阔，可以察见四周一切。他心事重重地走向自己的床边，忠实的欧鲁克蕾娅和他同行，为他打着透亮的火把。欧鲁克蕾娅是裴塞诺耳之子——俄普斯的女儿，被莱耳忒斯买下，她用自己的青春年华，做出了价值二十条壮牛的贡献。莱耳忒斯待她如同对待忠贞的妻子，但却从未和她同床，以恐招来妻侣的怨愤。此时，她和忒勒马科斯同行，打着透亮的火把。欧鲁克蕾娅爱他胜于其他女仆——在他幼小之时，她曾悉心照料他。他打开结构坚实的房门，坐在床边，脱去松软的衣衫，并放入精明的老妪手中，老妪叠起衣裳，抚理平整，挂在床边用绳线穿绑的衣钉上。然后，她走出房间，手握银环，攥紧绳带，关上房门，合上门闩。忒勒马科斯潜心思考，整整一个晚上，裹着松软的羊皮，思忖着雅典娜指引的旅程。

# 卷二

忒勒马科斯徒然抱怨，借了一艘船，夜里秘密潜入了皮洛斯，现在他已经到达此地。

当黎明初现，晨光普照，散发着玫红色的光芒，奥德修斯亲爱的儿子起了床。他穿上衣服，将锋利的青铜剑挂上肩膀，系好他那双光滑的、脚下舒适的凉鞋，然后走向房前，天神一般地出场。

他随即命令声音清亮的传令官去召集长发的阿开亚人集会，于是传令官们呼喊集会，阿开亚人都迅速聚集。集合完毕，所有人都聚拢了来。他手拿一杆铜枪走向会场，并不是独自一人——两条腿脚轻快的家犬紧随其后。

然后雅典娜将神奇的恩泽赐予他，他行进的步伐被所有人注视着，然后坐上了他父亲的座位，长老们都让步于他。

壮士埃古普提俄斯首先发话，他是一位驼背的长者，擅长的事情多得难以数计。正因如此，他说他亲爱的儿子，枪手安提福斯，乘坐庞大的海船去骏马的故乡伊利昂，却被野蛮的库克罗普斯杀害在了他的空心洞穴里，并把他当成了他的最后一顿佳肴。埃古普提俄斯还有另外三个儿子，一个是欧鲁诺摩斯，他加入了求爱者的行列，另外两个依然在父亲的庄园里。但他却难忘他失去的儿子，仍然为他悲痛哀伤。

他带着悲痛的哭泣，对众人高声说道：听我说，伊萨卡的男人们，我想对这个世界说，自从杰出的奥德修斯随着庞大的海船离去后，我们就没有集会过，现在是谁将我们聚集起来的呢？他为何必须要来，是年轻人还是长者？他听闻了主人归来的消息，要打算先于别人明白地告之于我们？先一步告诉我们一些其他重要的公事？在我看来他是真正的英雄，好运会伴随他的！宙斯会赐予他想要的一切美好的事物！"

他这样的言说，让奥德修斯亲爱的儿子高兴不已，按捺不住，直想发言，站在集会人群之中，接着，一向智慧善谈的裴塞诺耳将王杖放在了他手中。

他先回答了这个老者："老年人，他离你不远，你马上就能知道他是谁。这个召集人们聚到一起的人，就是我，因为悲痛已经完全占据我的内心。我既不是听到了关于主人回程的消息，想要先于别人告诉你们，也不是要宣告什么其他重要的公事，而是我自己必须告诉你们，双重的灾难已经降临到我的家门前。

"首先，我已失去了我尊贵的父亲，他曾为你们的王，待你们仁慈如亲父，而现在有一场巨大的灾难，必将要破坏我的宫房，毁掉我的整个生活。我母亲已被求婚者们包围，即使他们都是这里最尊贵的人，然而这并非她所想。

"他们不敢去伊卡里俄斯——她父亲的房屋里居住，她父亲会自己准备好嫁女儿的彩礼，并且按照自己的意愿，找到女婿嫁出她。但是他们日复一日地盘踞在我们家，宰杀我们的壮牛、绵羊、肥美的山羊，日日狂欢，滥饮红酒。我们巨大的财富就这样付之东流，只因没有像奥德修斯一样的男人，去阻止他们对这个家的摧残。

"对于我，我不如他般强壮，能保卫我的所有，真要去结束这样的生活，我在实力上显得羸弱笨拙。若我有那份力量，我将能保全自己，这些行为已经超出了忍耐的极限，现在我的家已被他们不顾体面地完全毁掉。

在你心里燃起愤怒吧，注视你身边的邻里乡亲，在神的愤怒下，为担心你们的恶行受到惩罚而颤抖吧。

“以宙斯的名义，以召集和遣散聚会的西弥斯的名义，任他去吧，我的朋友们，留我自己一人去忍受苦痛悲伤，除非我的父亲，高贵的奥德修斯，出于愤怒伤害过披甲携戟的阿开亚人。所以你们因愤怒想要报复我，而怂恿这些伤害我的人。

“然而，其实你们耗尽我的珍宝，吃掉我的羊羔，对我是有好处的。你们都得赔偿吃光的东西，因为我们会将我们的请求传遍城镇，要求赔偿财物，直到要回我们的全部损失。但是现在，我心里承受的是难以治愈的痛苦。”

他如此愤怒地讲说，掷杖落地，泪水淌涌，让在场所有人心生怜悯。一时间所有人都默不作声，也没有人敢用严厉的言语去回答忒勒马科斯。但是安提努斯独自发话了：“忒勒马科斯，好一番骄傲而愤怒的演说，你让我们受到了侮辱，并遭受舆论的谴责，你在说些什么呀？

“但是，错不在阿开亚的求婚者，而在你的母亲。她最诡计多端，用诡计使阿开亚人怀抱希望；她对众人做出承诺，给每个人希望，还散布消息，可心里却是另一番打算；她在宫中安放一架巨大的织机，编织宽大精美的织件，对我们说道：‘高贵的年轻者们，我的追求者，既然高贵的奥德修斯已死去，你们，尽管急切娶我，但请等一等，让我完成这件手工衣裳，使我的辛劳不至于白白毁掉。这织件是为英雄莱耳忒斯制作的，以免有一天他撒手人寰时，邻里的阿开亚女子责备嘲笑于我，说骁勇善战的斗士、家财万贯的男子，死后竟连包裹尸体的布匹也不曾备有。’她这样一番说辞，我们全都诚服。但现在已是第三个年头，即将迎来第四年了。自那之后，她白天忙于编织，夜晚却点起火把，将其拆散，一切回归最初。就这样，接连三年，她白天编织，夜晚拆散，我们所有阿开亚人全然不知，季节更替，直到第四个年头，她家中的一名女子发现了她的骗局伎俩，将实情道出。

“当她拆散精美织物的时候，我们当众将她拆穿，她只好收手作罢，尽管心中不愿。现在，求婚的人们已向你讲明事情原委，以便你和阿开亚人们都知道此事。送走你的母亲，让她嫁给她父亲相中、她自己也喜欢的男子。

“但是，如果她决意继续使阿开亚子民困惑烦恼，揣度利用雅典娜赐予的智慧和心灵手巧，再次心生诡计，说起这些，不曾有人与她匹敌。即使古代发辫秀美的阿开亚女郎——图罗，头戴精工细琢环冠的阿尔克墨涅和弥克涅，也不是她的对手，她们中谁也不能超过她。但是，就此事而言，她思考却稍加欠妥。依我看来，是天上的神明让她拥有此信念——不放弃此念头，那么求婚者们决不会停止吞噬你的家财，挥霍你的所有。她为自己扬名天下，却为家族带来巨大损失，我们不会返回自己的家门，亦不会去别的地方，除非她嫁给我们其中一人——她喜欢的男子。”

而后，明智的忒勒马科斯回答道：“安提努斯，要我逼迫生我养我的母亲，违背她的意愿，将她赶出此宫殿，我办不到。至于我的父亲，无论是活着还是已死去，他肯定在这地球上的某个地方。倘若，要我亲自送我的母亲到她父亲的居所，其中负担实属不堪，因为我难以承担巨额财产，将其送至伊卡里俄斯那儿；此外，我也将陷害他的父亲，母亲出走时，定会呼唤复仇女神，替她惩罚，因为她离开家门时，民愤相随。无论如何，我不会动用唇舌，逼迫母亲。如若我的言语冒犯了你们，那么请离开我的宫殿，回到你们自己的家里，随意吃喝，或你们相互轮番做客，挨家挨户地吃耗。如若你们喜欢这种方式，认准这任意吃喝别人的佳肴美酿，不予回报、不予偿还的方式对你们更有利，那么你们继续吧；我将向不朽的神灵祈祷，祈祷宙斯允降报应，让你们死在这座宫房，付出生命的代价，不得回报。”

忒勒马科斯刚讲完，宙斯派出两只声如洪钟的鹰隼，从高处的山尖俯冲过来，顺着疾风，羽翼舒展，在天空比翼翱翔。但是，当其盘旋至会场上方，那里一片喧哗，它俩扑打着翅膀，眼露凶光，亮出鹰爪，不停地在会场上方旋转，然后，相互厮打，爪子不停地在对方的脸颊和颈脖上撕扯，而后，急速向右方飞去，越过城市和居民房屋的上方，渐行渐远，直至不见。见此形状，众人目瞪口呆，心中盘算这预兆着有何灾难即将来到。

哈利塞耳塞斯，马斯托耳之子，年迈的骑士，开口对众人讲话，因其知晓鸟迹；占卜命运，比一般人更甚。他心怀善意，对众人说道："亲爱的伊萨卡同胞，听听我的忠告；尤其是求婚者们，一场巨大的灾难即将到来。奥德修斯不会不回到他的王宫，相反，现在，他在离此不远的地方，策谋着给你们带来灾难和灭亡。我们中的许多人也将面临灾难和悲伤，即使我们伫立在伊萨卡阳光灿烂的土地上。因此，我们应早想对策。要么我们努力摆平此事；要么，想方设法让其作罢，方能逢凶化吉，躲过这次灾难。我不是什么占卜的门外汉，过去的经历让我知晓其中玄妙。至于奥德修斯，一切正如我所预言的那样。当阿耳吉维人跟随睿智的奥德修斯驾船驶向特洛伊时，我曾预言：在饱经磨难、痛失同胞友伴的第二十载，他将乔装打扮，躲避众人眼目，悄然归来。现在，这一切正在上演。"

欧鲁马科斯，波鲁波斯之子，紧随老人之言："老先生，你还是回去吧，连同你的预言，以免灾难将他们残害。就此事，我的见解比你的更甚一番。霞光万丈的天空中，众多鸟儿穿梭，但并非所有的飞鸟都预示着吉兆。奥德修斯早已作古，化为他乡尘土；而你，也该随他死去，免得在这里胡言乱语，瞎编预言，更不会激怒本已满腔怒气的忒勒马科斯，以此为你家争得赏赐，如若忒勒马科斯愿意赠送礼物。如果你倚仗你的阅历来挑唆青年，花言巧语，故意让他大动干戈，怒发冲冠，那么，你将首先承受失落，因为，你不会因眼前的形势而囊中鼓鼓，有所作为；相反，我们将要你交出一笔财产，作为你应得的惩罚，这笔财产注定要你垂头顿足，揪心碎骨。借此机会，我也会当着众人，奉劝忒勒马科斯：催促其母早日返回父居，父亲那边的亲戚一定会为她张罗，置办丰厚的彩礼，给予嫁出爱女应有的陪送。我断言，阿开亚的子民们不会停止豪放的追求，因为我们不惧怕任何人物，何况忒勒马科斯的三言两语，即使他口若悬河，滔滔不绝。至于老先生，你的什么预言，我们更加不会在乎；不会发生的事情，只会让我们的憎恨更加疯狂生长。他的家财势必被我们耗殆，只要裴奈罗珮一再拖延我等的婚娶。而我们日复一日在此地等待，为了获得这位出众的人儿，我们不曾寻求其他女子，即使是我们所需要的适合我们的妻妾。"

思维敏捷的忒勒马科斯顺话答道："欧鲁马科斯及其他所有高傲的求婚者们，就此事，我不打算继续恳请，也不想继续谈论，因为神灵们和阿开亚人民均已知晓。不如这样吧，给我一艘快船，另加二十名船员，陪伴我在往返的水路之间。我将前往斯巴达和多沙的皮洛斯，亲自探寻我失离多年的父亲，或许能路遇贵人，讲述与我从宙斯处得来的信息，他对我们凡人，最善传达音讯。如果途中听晓家父尚存人间，并处于返家途中，尽管历经风波，我将继续盼等一年。但是，如果不幸听说他已撒手人寰，我马上启程，归返故土，为他筑坟建茔，举办适当规模、浩大场面的隆重牲祭。然后，将母亲嫁与另一位夫婿。"

言罢，他盘腿坐下。门忒斯于人群中起身站立起来，他曾是高贵之身的奥德修斯的随从，奥德修斯在登船之际，将整座宫殿交予他，嘱他好生看管，并下令人人均得服从。此刻，他怀着美好意愿，向众人说道："伊萨卡的子民们，大家请听我讲，让掌握权柄的王者从此无心于温和友善，不要再为了公正无私劳费心血；让他们永远暴虐专横，独裁专制。神样的奥德修斯，他如此温和、友善，但在他统管的人民中，谁也不再将这位仁慈的父亲忆起。此时此刻，我不想高声怒骂这帮蛮横的求婚者——如此肆意妄为，随心所欲，殊不知他们正在自勒颈脖，冒死噬夺奥德修斯的家财，在他们看来，奥德修斯此生决不再回返归来。我要责怪的是尔等伊萨卡子民——为何如此木然，在这里寂然静坐，不敢豪言斥责相阻求婚的人们，毕竟他们是少数，你们是多数啊。"

琉克里托斯，欧厄诺耳之子，紧随门忒斯之言道："胡言乱语的糟老头子，你在乱说什么啊？要他们将我等打倒？即使再多些人，在晚宴上同我们大打出手，也只能落荒般逃跑。就算奥德修斯本人回到他的伊萨卡大地，眼见高傲、蛮横的求婚者们在他的宫房随意吃喝，肆意妄为，即使心中万分愤怒，恨不得马上将他们赶出宫房；但想必他的妻子，尽管望穿秋水，盼他归来，也不会因他的返还面露愉色，因为他注定要接受悲惨命运的摧残，他寡不敌众，必定被我们宰掉，你的话简直是一派胡言。现在全体散会，各回各家吧，就让门忒斯和哈利塞耳塞斯接办此人航行之事吧。

他俩曾是其父的亲密友伴。但是，在我看来，他会逆来顺受，待在伊萨卡坐等音讯，绝不会开始这次航程。”

接着，他立即解散集会，人们四处散开，各回各家，求婚者们径自走向奥德修斯的家门。

忒勒马科斯从众人中逃离开来，漫步在海滨，他蘸取灰蓝色的海水，洗净双手，然后向雅典娜祈祷道：“请听听我的心声，昨天莅临我家门，给我指示的神明，你催促我乘船出海，航行在迷雾漫天的海面，去找寻失离多年的父亲的消息。眼下，这一切均因本土的阿开亚人而耽搁，其中以蛮横的求婚者最甚，这帮无耻之徒！”

一番祈祷，雅典娜从不远的地方款款而来，她装扮成门忒斯，装束和声音一模一样，意味深长地对忒勒马科斯讲道：“忒勒马科斯，如若你的身体里流淌着你父亲的血液，继承了他精气神的一部分——雄辩、果敢和远见，就不应是一个笨蛋抑或是一名胆小鬼，你的远航不会变为徒劳。如果你不是他和裴奈罗珮的结晶，我也不会寄希望于你，以实现心中的宏愿。一般子辈难以与父辈匹比，大多一代不如一代，仅有少数人可以超越。但是，你——忒勒马科斯，不是笨蛋，更不是懦夫。你骨子里继承了奥德修斯的机警，血液里流淌着你父亲的睿智。你此番必定会不辱使命，大获成功。

“因此，不要同丧心病狂的求婚者们计较，让他们为自己的目的和计划疯狂吧，他们既缺乏机智的头脑，又不知如何明智地执行计划。殊不知黑色幽灵——那可怕的死亡已在不远处向他们迎来，不久之后的某一天，他们必定全会死去，一个也不能侥活。

“你所期盼的航行即将开始，曾是你父亲随从的我，将为你配置一艘快船，并一路与你做伴。但此刻，你必须返回家中，融进求婚者之间，准备远行的一切供给，打点好一切：将美酒注入酒坛，大麦装进牢固的皮袋。我将奔走在城里，为你召集愿与你随行的人们。在海洋环绕的伊萨卡，最不缺的就是船。只是，新的和旧的成队排列，我会仔细查看，为你找出最佳船只，一切就绪后，送上宽阔的水面。”

雅典娜——宙斯的女儿言毕，忒勒马科斯当即返回家，不敢耽搁片刻。他心情沉重地走进家门，与傲慢的求婚者们撞了个正着，只见他们正在庭院里肢解山羊，在火苗上烧去猪肉上的毛。安提努斯见状，咧着嘴，朝着忒勒马科斯走来。他口中大呼忒勒马科斯，并抓着他的手臂，说道："能言善语的忒勒马科斯，何必怒发冲冠呢？无论是言辞还是举止，都不要邪恶相向。来吧，加入我们，像往常一样，畅怀吃喝。阿开亚人民会为你将一切置办妥当，无论是查看海船，还是挑选随伴，定使你尽快到达神圣的皮洛斯。在那里，你可以打听令父的下落，知晓那高贵王者现身在何方。"

机智的忒勒马科斯回答道："安提努斯，我绝对不会与你等同坐吃喝，寻欢作乐。面对厚颜无耻的你们，我如何能心平气和，保持愉悦的心情？此前，因我年幼，你们欺我，毁我巨额财产，难道这一切你们还不满足？现今，我已长大成人，从别处知晓了事情的所有经过。我内心力量满满，决心让你们为此付出沉重代价，无论是在伊萨卡大地，还是我即将前去的皮洛斯。我即将出海，我的航程不会徒劳无功而返。但作为一名航行的船员，我没有船只，也没有为我遣调的伙伴，我想，这正是你们心之所愿。"

说完，他甩开安提努斯的手掌，轻捷地抽回手来。求婚者们正在大厅内享用盛宴，言谈中满是嘲讽，句句皆在侮辱忒勒马科斯。一位傲慢的年轻人如此说道："毋庸置疑，忒勒马科斯正在谋划，要将我们除掉。他将从皮洛斯带回一大帮人手，或者从斯巴达带回援兵，对此，他已坐等不住，心中焦急万分。或许他要去谷地肥沃的厄夫瑞，带回我们不知的毒药，悄悄放入酒缸，将我们毒杀掉。"另一位年轻人接过话茬儿，继续道："天知道，当他航行在海面上，会不会像他父亲奥德修斯那样，死于非命，从此无缘亲朋？假如此事成真，他将大大增加我们的工作量，我们不得不清分他的家产，将宫房留给他母亲，连房带人一起迎娶至自家门。"

他们如此说道，忒勒马科斯径自走下父亲宽敞的储藏室里，在高耸的房顶下，是成堆的青铜和黄金，叠放整齐衣物的众多衣箱，芬芳的橄榄油，以及一缸缸的陈年美酿。忒勒马科斯靠着墙根，等待着奥德修斯归来——

倘若他还能冲破艰难险阻，回到家门前。两扇坚硬的板面，紧密吻合的室门，将这一切关锁了起来，欧鲁克蕾娅，裴塞诺耳之子俄普斯的女儿，这位老妇人，凭着她的小心和谨慎，夜以继日地在这里照守看管。

忒勒马科斯将她叫入室内，说道："老妈妈，请替我装些香甜的美酒到带把儿的酒坛里，要最好的佳酿，仅次于你们为宙斯养育的奥德修斯专门储存的那种——唉……苦命的壮汉，我以为他能够逃离命运和死亡之神的追捕。装满十二罐，用盖子密封，另为我装满二十个衡度皮袋的精品大麦，要手磨的精品大麦。此事不要对任何人讲起，一切妥当后，安放在一起，晚上等母亲睡下后，我再来取走。我将前往斯巴达和多沙的皮洛斯，去探寻关于家父回归的消息，或许能有些收获。"

欧鲁克蕾娅，他所尊爱的老妈妈，失声痛哭，意味深长道："可怜的孩子啊，是什么让你有此念头的呀？为何你这娇惯的独苗如今要四处奔走，这是怎么回事啊？卓著的奥德修斯已罹难他乡。这帮无耻的家伙，必定会在你回返的途中设诈，将你杀害，并瓜分你的所有。孩子啊，还是不要去了，留在这里，看护你的家业。你无须担风冒险，四处漂泊，在外吃苦受难，在茫茫的海洋中飘荡。"

机智的忒勒马科斯安慰老妪道："老妈妈，你不要担心，此计划乃是出自神灵的指导。你要立下誓言，不将此事对我亲爱的母亲讲，直至第十一日或者之后一天，或是直到她想起我来，或已听说我的出走离开。这样，她才不会泪如雨滴，放声痛哭，让咸涩的泪水毁噬了她白净的面容。"

老妪当即立下庄重的誓言，一番信誓旦旦后老妪随即动身，依他吩咐行动：舀出美酒，注入带把儿的酒坛；倒出大麦装入密针缝制的皮袋。而忒勒马科斯转身返回厅堂，混入求婚者之中。

而此时，女神雅典娜心系另一件重要之事。她幻化为忒勒马科斯的模样，在城中漫走，通知站在她身旁的每一位凡人，要他们晚上聚集在快船前。然后，她向诺厄蒙——弗罗尼俄斯光荣的儿子要一艘快船，后者毫不犹豫，当即答应。

其时，太阳西下，所有的道路均是昏暗一片。她将快船拖入大海，把扬帆用的绳索等器具全放入坚固的海船，将船只停泊在港湾的边沿。她运用神力催促着豪侠的青年们，现在，他们全都聚集在滩头。

其时，女神心绪旁移。她离开船边，来到卓著的奥德修斯的府邸门前，她抛出一股股香甜的睡意，将求婚者们蒙住；她中断他们的吃喝，打落他们手中的酒杯——这帮人再也无法坐待此地，香甜的睡意已袭上心头，紧压眼皮。只见他们起身回返，歪歪倒倒地乱步在城间，前往自家门院。

此刻，雅典娜幻化为门忒斯的模样，依照他的发音特点讲话。她叫出忒勒马科斯："忒勒马科斯，青壮的同船伙伴们已在你的船前等待，只等你发号施令，便可出发离开。快去吧，不要再耽搁我们的航程了。"

言毕，雅典娜在前带路。她快步疾行，忒勒马科斯紧跟其后，来到海边停船的地方，只见长发的伙伴们已在此等候。机智敏捷的王子忒勒马科斯开口对众人讲道："朋友们，跟我来，把堆放在宫里早已备好的粮食和佳酿搬上船只，但我的母亲和女仆们对此事尚未知晓，女仆中仅有一人例外。"

言毕，他前行引路，大家紧随其后，他们搬出食物，按照奥德修斯爱子的指令，将其堆入坚固的海船。忒勒马科斯登上快船，但雅典娜在他之前踏上船板，坐在船尾，忒勒马科斯坐在她的近旁。青壮年们解开尾缆，也相继登上船板，就桨架而坐。雅典娜送来阵阵疾风，强劲的西风顺推着船只驶过深蓝色海面。

忒勒马科斯召唤同伴们抓紧扬帆的绳索，大家闻声纷纷行动，竖起杉木的桅杆，插入高空的杆座，用前支索牢牢固定。他们手握牛皮编制的绳索，撑起雪白的篷帆，猛烈的西风推动着海船迅速向前。快速行进的船只在水面上劈开一条暗蓝色的水路，四周浪花飞溅，"轰隆隆"作响。海船破浪行进，朝着目的地，丝毫不敢懈怠。他们将缆绳系牢在乌黑的快船上。然后拿出酒缸，倒出溢香的美酒，先泼洒敬祭不朽的神灵，他们最先敬祭的是灰眼睛女神雅典娜——宙斯的女儿。海船刺破海面，彻夜行进，迎来了黎明的曙光。

# 卷三

内斯特尔盛情款待忒勒马科斯后，向他讲述希腊人如何离开特洛伊。为了得到更多的信息，内斯特尔亲自送忒勒马科斯到斯巴达。

其时，太阳从绚丽的海面上探出头脸，快速升上铜色的天空，普照着盛产谷物的农野，为人间和神界送来金色的光芒。他们来到墙垣坚固的城堡——涅琉斯的皮洛斯，只见人们正齐聚海滩，用黑色的公牛尊祭奠黑发的裂地神仙（即波塞冬）。人们分作九队，各聚五百民众，每队拿出九头公牛，作为奉献祭品。当他们咀嚼着内脏，焚烧牛的大腿肉片来敬祀神明时，忒勒马科斯一行放船进入港湾，取下风帆，在匀称的海船上，卷拢收藏，泊船滩沿，举步登岸。由雅典娜着岸带领，忒勒马科斯也走出海船，眼睛灰蓝的女神首先发话，对他说道："忒勒马科斯，现在可不是讲究谦和的时候。我等跨渡沧海，不正是为了打听令尊身骨埋在何处，如何遭受死难吗？鼓起勇气，昂首走向内斯特尔，那位驯马的能手。我们知道，他的心中珍藏着包含睿智的语言。你要亲口恳求，求他把真话直言——老人心智敏慧，不会用谎话搪塞。”

听罢这番话，勤思善考的忒勒马科斯答道：“老师，我将如何走上前，怎样开挑话端？对于微妙的答辩，我毫无智慧的语言。年轻人羞怯，对长者发问，难免感到窘迫不安。”

听罢这番话，灰眼睛女神雅典娜答道：“忒勒马科斯，你的心灵，会为你提供言辞，而神的助佑会弥补你的缺憾——你的出生和成长，我相信，都体现了神的关怀。”

言罢，雅典娜引路疾行，忒勒马科斯则紧随其后。他们来到皮洛斯人聚会的地点，内斯特尔和他的儿子们息坐的场所，随从们在王者身边忙忙碌碌，穿叉、炙烤肉块，整备宴席。眼见生客来临，他们全都迈步向前，拱手欢迎，招呼入座，共享沙滩盛宴。裴西斯特拉托斯，内斯特尔之子，首先走近他们身边与他俩握手，招呼入座于铺展在海边沙滩松软的羊毛垫，旁邻坐着他的父亲和他的兄弟斯拉苏墨得斯。他给两人端来内脏，盛满金杯醇酒，对着雅典娜——宙斯的女儿说道：“现在，我的客人，请您对波塞冬祈祷，你等所见的宴会正是为庆祭他的荣烈而设。当您洒过奠酒，做完祷告，按我们的礼仪，即可递出香甜的杯酒，给这位后生，让他亦可祭酒，我想他也会乐于对神祈愿。凡人都需神的助佑，没有例外。此人比您年轻，和我同龄，所以我给您这个金杯，让您先祭。”

言罢，他把一杯香甜的醇酒放入雅典娜手中，雅典娜满心欢喜，因为年轻人把金杯首先交给她祭奠。她当即开口诵祷，言辞恳切：“听听我的祈诵，环绕大地的波塞冬，不要吝惜您的赐予，实现我们的愿求、我们的告愿。首先，请把光荣赐给内斯特尔和他的儿子，然后，再给出慷慨的回报，给所有的皮洛斯人，回报他们隆重的祭献。答应让忒勒马科斯和我返回故里，完成此项使命，为了它，我们乘坐乌黑的海船，来到这边。”

女神如此一番祈祷，而她自己已既定了对祷言的实践。她把精美的双把儿酒杯递给忒勒马科斯，奥德修斯的爱子开口祈诵，重复了祷告的内容。当炙烤完毕，他们取下叉上的熟肉，分发妥当后，进食佳肴。当众人满足了吃喝的欲望，内斯特尔——格瑞尼亚的车战者，首先开口说道：“现在，趁着各位已饱尝饮食的欢悦，合宜的时候，我们可以询问客人，问问他们当为何人：你们是谁，陌生的来客？从哪里起航，踏破大海的镜面，是为了生意出航，还是任意远游，像海盗那样，冒着身家性命，浪迹于海洋，给异邦人带去祸灾？”

听罢这番话，聪明的忒勒马科斯鼓足勇气，开口答话，因为雅典娜已将勇气注入他的心田，使他得以询问失离的亲人——父亲的下落。或许在人间，他早已有着良好的名声：“内斯特尔，涅琉斯之子，阿开亚人的光荣和骄傲！您问我们打何处来，我将就此回言。我们从内昂山山脚边的伊萨卡出发，此行只为私事，与公事无关，请听我对你慢慢道来。我正跟寻四处传播的谣言，找寻失离父亲的消息，但愿能碰巧听闻，有关勇猛睿智的奥德修斯——心志刚强的好汉，听说曾和您并肩作战，攻陷特洛伊人的城垣。我们都已听说，所有征战特洛伊的好汉，如何以不同的方式，承受悲惨的死难。但克洛诺斯之子却不曾透露此人是否亡故，谁也无法清楚地告说他死在哪边，是被敌人杀死在陆基，还是亡命于安菲特里忒的惊涛骇浪。为此，我登门拜访，寻求真相，或许您愿告诉我他的惨死，无论是您亲见，还是听闻于其他浪者的言谈。祖母生下他来，经受无数磨煎。不要同情或遗憾，请如实坦言您亲眼所见。我恳请您，倘若高贵的奥德修斯——我的父亲，曾向您做出承诺，或做过什么事情，并使之实现在特洛伊地面——你等阿开亚人吃苦受难的地方。回想这些往事，请对我把真相言。”

听罢这番话，格瑞尼亚的车战者内斯特尔答道：“您的话，亲爱的朋友，使我回想起悲痛的往事——我们阿开亚人的子辈，勇敢战斗的兵汉，在那片土地上所受的磨难。我们曾感受航路的艰难，坐船奔波在雾蒙蒙的洋面，掠劫阿基里斯带领的地段；围绕着王者普里阿摩斯的城垣，我们曾经受战争的痛苦。我们中最好的勇士都已倒下，那里躺着埃阿斯——战场上的骁将；躺着阿基里斯，躺着普特洛克勒斯——神一样的辩才；还有我的爱子——快腿如飞，英勇善战，强健、豪勇的安提洛科斯。我们承受的苦难何止于此——在人间，谁有这个能耐，能够尽说其中的点点滴滴。那么您尽管在这里待上五年六年，让我将阿开亚人遭受的祸灾与苦难，慢慢向您道来；您会听得疲乏厌烦，动身返回您自己的家园。连续九年，我们都设计各种工艺，只为给特洛伊人带去灾难，将其毁坏。我们尝试各种韬略，直到最后，克罗诺斯之子才把战事勉强终结。全军中，谁也不曾设想和卓著的奥德修斯比智斗谋，无论是哪种韬略，后者远非他们所能企及——这便是您的父亲，倘若您真是他的儿男。是的，看着您的形貌，我感到万分惊诧：您的言谈与他相像得谁也无法想象，谁也不曾想到一位年轻人的谈吐会和他如此相似。

“在我俩相处的日子里，卓著的奥德修斯和我从未有过龃龉，无论是在辩议，还是在集会的场合，我俩从来都是志同道合，出谋划策，共讨方略，一起商量如何使阿开亚人获取更大进益的良方。然而，当我们攻陷了普里阿摩斯险峻的城堡，驾船离去，被神明驱散了船队后，宙斯在秘密思忖，要阿耳吉维人的回归与痛苦相随，只因勇士中有人办事欠谨，不按既定的仪规行事。所以，因为神的愤怒，许多人在归返中惨遭不幸。一位灰眼睛女神，有个强有力的父亲。她仗其父势，在阿特柔斯的两个儿子中间，引起纠纷。

“二位首领不顾时宜，在太阳西沉之际，草率、匆忙地召聚所有的阿开亚人前来——阿开亚人的儿子们，顶着酒力带来的迷乱，聚临会场。他俩张嘴讲话，告诉大家召聚起全军的兵汉的原因。其时，斯巴达王下令所有的阿开亚人琢磨通过浩渺的大海回家的主意，但阿伽门农却不以为然，打算留住队伍，举办神圣隆重的牲祭，舒缓可怕的暴怒——雅典娜的心怀——这个笨蛋，心中全然不知女神不会听闻他的祈愿；永恒神灵的意志岂会瞬息改变？就这样，兄弟俩站着争吵，唇枪舌剑，而胫甲坚固的阿开亚兵勇跳将起来，喧嚣呼喊。

“声响可怕，附和离开和留下的都有，会场上乱成一片。那天晚上，我们双方寝睡不安，心中盘思着整治对方的计划；但宙斯正谋算着让我们尝受痛苦和灾难。黎明时分，一些兵勇将木船拖入神圣的大海，装上我们的所有，连同束腰紧身的妇女。但一半军友留驻原地，跟随阿伽门农——阿特柔斯之子，兵士的牧者；我们这另一半军伍登上船板，启程开航。海船疾驰向前，一位神明替我们抹平水道，掩起海里的洞穴。来到忒奈多斯岛时，因急切地盼望回归，我们祭祀众神，但狠心的宙斯却还不想使我们如愿，谋策了另一场争端。

“其后，一些人，那些跟随奥德修斯的兵勇，调过弯翘的海船，启程回行，给阿伽门农——阿特柔斯之子带去欢悦。然而，我，带领云聚的船队，继续逃返，心知神明已在谋划牺牲我们性命的愁灾。提丢斯嗜战的儿子亦驱船回跑，催励着他的伙伴；其后金发的斯巴达王赶上我们的船队，和我们在莱斯波斯聚集。其时，我们正思考面临的远航，是沿着基俄斯的外沿，陡峻的岩壁，途经普苏里俄斯，使其标置于我们左侧，还是穿走基俄斯的内沿，途经多风的弥马斯。我们敦请天神惠赠兆示，后者送出谕令，要我们穿越大洋，直抵欧波亚，以最快的速度，逃过临头的祸难。一阵呼啸的疾风随之扑来，海船受到风力推送，迅猛向前，破开鱼群汇聚的洋面，于晚间抵达格莱斯托斯。我们祭出许多牛的腿件，给波塞冬，庆幸跨过浩渺的大海。

“到了第四天，提丢斯之子、驯马的狄俄墨得斯的伙伴们，在阿耳戈斯的滩头锚驻了匀称的海船。自从神明把船送上海面，我引船续行，朝着皮洛斯飞跑，风势一刻不减。就这样，亲爱的孩子啊，我回到家乡，不曾得知讯息，不知那些阿开亚人中，谁人逃生，谁人遇害。但是，只要我所知晓的消息，我都将对你说告——此乃合宜之举，我不会藏掩不谈。

“人们说，品德高尚的阿基里斯的后代，其闻名遐迩的儿子，已率领凶残的慕耳弥冬枪手抵达家园；而菲洛克忒忒斯——波伊阿斯英俊勇武的儿子，航程顺利，伊多梅纽斯亦已率领同伴逃离战场，躲避海难，回返到克里特岛地面。你等亦已听说阿特柔斯之子的遭遇——关于他如何返家，如何被埃吉索斯可悲地杀害，即使他居家在遥远的地带，但埃吉索斯确实也为之付出了代价。所以此事很值得赞赏：长辈死后，留下一个儿郎，儿郎为父报仇雪耻，像俄瑞斯忒斯那样。你也一样，亲爱的朋友——我看你身材矫健，气宇轩昂——勇敢些，留下英名，让后世颂扬。”

言罢，博学善思的忒勒马科斯答道：“内斯特尔，涅琉斯之子，阿开亚人的光荣和骄傲！俄瑞斯忒斯的报仇委实精妙！阿开亚人将他的英名广传，给后人留下诗曲一篇。祈愿神灵给我力量，像他那样强壮，惩报求婚者们的恶行，消灭他们的嚣张。这帮人肆意横行，策谋划略使我遭殃。然而，神祇却未曾给予我许多的福佑，对我父亲也一样。现在，除了忍耐，我别无他法。”

言罢，格瑞尼亚的车战者内斯特尔答道：“亲爱的朋友，你的话让我想起曾经听过的传闻，有人确曾对我说过，成群的求婚人，违背你的意愿，缠住你母亲，麇集宫居，谋图使你遭难。告诉我，你是否已屈服于此，是因为受到整片地域民众的憎恨，还是因为受神力的驱赶？谁知道他是否会在将来的某一天，重新归来，惩报这帮贪婪的恶霸，抑或孑然一身，带领所有的阿开亚兵汉出现在你面前？但愿灰眼睛女神雅典娜会由衷地把你疼爱，像过去在特洛伊地面关照闻名遐迩的奥德修斯那样，正是在那里，我们阿开亚人经受了苦战的锤煎。我从未见过有哪位神祇像雅典娜那样，如此公开地爱助，不加掩饰地帮赞。假如她愿意像爱他一样爱你，把你放在心间，那么，求婚者中的一些人必定会把婚姻之事忘掉。”

善于思考的忒勒马科斯答道：“老先生，我觉得您的美好愿景不会实现。您设想得太妙，使我感到迷茫。我所企望的事情很可能不会实现，即便神灵馈赠美好祝愿。”灰眼睛女神雅典娜答道：“忒勒马科斯，你这是什么话？只要神明愿意，便能轻易地拯救一个凡人，哪怕从遥远的地界。就我自己而言，我宁愿历经磨难，回返家乡，然后踏进家门，即使被人杀害在自己的炉坛旁，一如阿伽门农那样，死于埃吉索斯的奸诈和他的妻伴。凡人中谁都难逃死亡，就连神明也无法替他们钟爱的凡人，碎毁人生的命运。”

博学善思的忒勒马科斯答道：“老师，我们不要再谈论这些。他的返家已是虚梦一场，不死的神灵已将死亡的命令下达于他。现在，我想请教另一件事情，请问内斯特尔——因为他的判断和智慧无人能及，人们说，他已统治了三代民众，在我看来，他长得像神明一般——哦，内斯特尔，涅琉斯之子，请您讲明真情。阿特柔斯之子——统治辽阔疆域的阿伽门农——如何悲惨离世？其时，斯巴达王置身何方？奸诈的埃吉索斯设下何样毒计，杀死一位远比他出色的豪杰？是否因为斯巴达王浪迹远方，不在阿耳戈斯和阿开亚，使埃吉索斯有机可乘，斗胆把穷祸闹闯？”

这番话后，格瑞尼亚的车战者内斯特尔答道：“错不了，我的孩子，我会把真情原原本本地向你讲。是的，你可以想象此事将会怎样，倘若阿特柔斯之子——金发的墨奈劳斯从特洛伊回返，发现埃吉索斯仍然活着，做客于他的礼堂。此人死后——你会设想——人们不会为他堆筑坟茔；他将暴尸荒野，成为猎犬和兀鹫吞食的对象。阿开亚妇女将不会为他哀哭；因他行径歹毒，可怕至极。当我们汇聚战场，进行卓绝的拼斗，他却置身牧草丰肥的阿耳戈斯的腹端，花言巧语，勾引阿伽门农的妻子。先前，美貌的克鲁泰奈丝特拉，不愿以此丢人现眼，她的生性尚算通颖。此外，还因身边有一位歌手，阿伽门农的眼睛，在启程特洛伊之际，严令他监视自己的妻伴。然而，当神控的厄运将她蒙罩，屈服折损了意志的阻挡，埃吉索斯把歌手丢弃荒岛，使之成为兀鹫吞啄的佳肴，带着心甘情愿的克鲁泰奈丝特拉，回返他的家园。他在神圣的祭坛和敬神的器物上焚烧了许多物件，挂起琳琅满目的供品、黄金和手编的织物，为了此番轰烈的作为，实现了心中从来不敢企想实践的誓愿。

“其时，阿特柔斯之子——墨奈劳斯和我，结伴从特洛伊驱船，我们互敬互爱，一起回返。然而，当我们来到神圣的苏里昂，雅典的岬角，太阳神阿波罗放出温柔的飞箭，射杀墨奈劳斯的舵手——弗荣提斯——俄奈托耳之子，凡人中最好的舵手，他紧握舵把，驾驭快船，操导海船，迎着狂疾的风暴向前。所以，尽管墨奈劳斯归心似箭，仍然停驻海船，用合乎身份的礼仪，厚葬死去的伙伴。然而，当他们再次回到酒蓝色的洋面，乘坐庞大的海船，行至陡峻的玛列亚峰壁，其时，声若沉雷的宙斯决意使他遭难，泼洒出尖锐的风刀，让他们呼吸不畅；他掀起的惊天波浪，像一座座巍峨的大山。烈阳如火，照晒得船只分裂；他在那一带截开船队，将其中的一部赶往克里特岛——库多尼亚人的居地，沿着亚耳达诺斯的水域一带。那里有一面平滑的岩石，一面线条平滑流畅，一面陡峭朝海，位于戈耳吐斯的一端，处于迷雾沉沉的大海远处。南风掀起的巨浪，直拍岩角的左边，直奔斯托斯，即使一块渺小的岩石，也能挡住巨浪的冲击。

“支离破碎的军舰在此地靠岸，只有稀稀拉拉的几个人从这场毁灭中逃离出来；巨浪冲击着海船，岩石已撞毁了军舰。然而，海风和水浪推送着另五只乌黑船身的军舰，把它们带到埃及的港湾。其后，斯巴达王收聚起黄金财物和生活用品，航行在异国他乡——人人都讲陌生语言的地方；与此同时，埃吉索斯宅在家中，设定歹毒的谋略。一连七年，他统治着有丰足黄金的迈锡尼。在杀了阿特柔斯之子后，属民们臣服于他的王威。然而，第八个年头他却灾祸临门：神勇的俄瑞斯忒斯离开雅典，返回家门，手刃杀父的仇人——奸诈的埃吉索斯曾把他光荣的父亲谋害了。

“弑杀仇人后，他为可恨的母亲和懦弱的埃吉索斯的死难者，举办了一场丧宴，招待阿耳吉维乡胞。同一天，啸吼战场的斯巴达王驱船进港，带来无数财物，堆满他的海船。所以，亲爱的朋友，不要抛下你的财物，留着满屋子放荡不羁的人们而久离家门，远洋海外。小心他们分尽你的家产，吃光你的所有，使你这次离家的航程，入不敷出。不过，我却要催你拜访斯巴达王，因他刚从外邦回来——他遭遇一场风暴的驱赶，漂离了航线，迷落在浩渺的大海，连飞鸟也休想一年中两次穿越——如此浩瀚的水势，可怕的洋面，那遥远的地面，任何人置身其间，也不会有幸存还乡的意愿——去吧，赶快动身，带着你的海船和伙伴。倘若想走陆路，我可提供给你车马，还有我的儿子，伴随你的行程，前往闪亮的拉凯代蒙——金发的斯巴达王的家园，为你效力，任你差遣。你要亲口恳求，求他把真话直言。其人心智敏睿，不会用谎话搪塞。”

伴随着太阳的西沉，夜色的降临，灰眼睛女神雅典娜开口说道：“老先生，您说得非常正确，字字珠玑啊！来吧，割下祭畜的舌头，调匀美酒，举杯敬祭波塞冬和列位神仙，进而思享睡眠的香甜——现在已是就寝的时间。明光已钻进黑暗，而此举亦非合宜——久坐在敬神的宴席前。走吧，让我们就此离开。”

众人认真听完宙斯的女儿的议言。随从们倒出清水，淋洗他们的双手，并将醇酒注满兑缸，让他们畅饮，先在众人的饮具里略倒些许醇酒祭神，然后添满各位的酒杯。他们把祭奠用的舌头丢进火堆，起身洒出奠酒，敬过神明。众人喝够了酒浆，雅典娜和神一样的忒勒马科斯即刻起身，一起走向深旷的海船。但内斯特尔留住他们，开口说道："愿宙斯和列位神祇显灵，不让你们离开我的家门，回返你们的快船时，像一个一贫如洗、走失的穷汉，缺衣少穿，家里没有成垛的篷盖毛毯，使自己和来客不能睡得舒适香甜。然而，我却有大量毛毯和精美的篷盖，只要我还活着，壮士奥德修斯的爱子绝不会寝宿舱板；只要我的儿子，继我之后，还在宫里待客，无论是谁，来到我们的家园。"

灰眼睛女神雅典娜答道："说得好，尊敬的老先生，一切都近乎完美；看来，忒勒马科斯确实应该听从你的规劝。现在，他将随你离去，安寝于你的宫殿，而我将回返乌黑的海船，激励我的伙伴，告知他们一切。要知道，我是他们中为数不多的长者之一，他们几乎全是年轻的小伙儿——心胸豪壮的忒勒马科斯的同龄人，出于对忒勒马科斯的尊敬和爱戴，一起前来，我将睡躺在乌黑的海船。明日拂晓，我将前往心胸豪壮的忒勒奈斯人的住地，取回他们亏欠我的债务—— 一笔数量可观、却拖耽多时的旧账。至于你，既然这位后生登门拜访，你要让他乘车出发，由你儿子陪同，牵出你的良驹，要那劲儿最大、腿脚最快的骏马。"

言罢，女神雅典娜，化作一只海燕，在天空盘旋离去，阿开亚人见状无不惊诧，包括内斯特尔老人，目睹眼前的奇景，紧握忒勒马科斯的手，说道："亲爱的朋友，你绝不会成为一个懦夫，一个低能儿。你正当壮年，倘若有神明的陪助和指点，前途定不可限量。去者是奥林匹斯家族中的一员，正是宙斯的女儿，最尊贵的特里托格内娅，在阿耳吉维人的军旅里，总是赐誉你那高贵的父亲。现在，我的女王，求您广施恩典，赐崇高的名誉给我，给我的孩子和我那雍雅的妻侣。我将把一头额面开阔，从未挨过责打，从未上过轭架的一岁小牛——我将用金片包裹牛角——敬献在你的祭坛前!"

雅典娜听到了他的祈祷。其时，内斯特尔——格瑞尼亚的车战者率领着儿子和女婿回到富丽堂皇的宫殿。他们行至王者著名的厅所，在座椅和高背靠椅上面，依次就座。他们进屋时，老人已调兑好储存了十一年的佳酿。老人调罢水酒后，就着兑缸，连声祈祷，并泼出奠祭，给雅典娜——墨提斯的宙斯的女儿。

他们祭洒过神灵，喝足了美酒，全都尽兴归至自家门，休息入睡。格瑞尼亚的车战者内斯特尔为神一样的奥德修斯的爱子——忒勒马科斯安排寝睡房间：就着穿绑绳线的床架，在回音缭绕的门廊下。裴西斯特拉托斯手握粗长的 (木岑) 木杆枪矛，入睡在这位民众的统帅、王子中的未婚者、宫居里的单身汉的身旁。内斯特尔自己寝睡在高大宫殿的里屋，身边躺着他的夫人。

黎明重现天际，散发着玫瑰红的光芒，格瑞尼亚的车战者内斯特尔起身离床，走出宫房，盘坐在一张光滑的石椅上——安置在高耸的门庭前，洁白如玉，闪闪发光。涅琉斯曾端坐在这些石椅上，神一样地训导，只是命运无情，把他击倒。现在，格瑞尼亚的内斯特尔手握王杖，端坐椅面，守护着阿开亚子民。儿子们走出各自的睡房，围聚在他身边，厄开夫荣、斯特拉提俄斯、裴耳修斯、阿瑞托斯和神样的斯拉苏墨得斯，还有英雄裴西斯特拉托斯，他最后出来。他们引出神一样的忒勒马科斯，请他坐在他们身边。格瑞尼亚的车战者内斯特尔开口发话，说道："赶快动手，亲爱的孩子们，帮帮我的忙，完成我的心愿。首先让我们向众神中的雅典娜祈祷，在祭神的宴席上，在丰盛的牲品间，她曾幻化成人形出现在我身旁。然后，出发吧，孩子们，前往平野，牵回一头小母牛，越快越好，让牧牛的帮忙驱赶。另去一人，前往忒勒马科斯乘坐的乌黑海船，召来他的伙伴，仅留两位在船边；再去一人，传话金匠莱耳开斯，让他过来，为小牛的硬角金装一遍；其他人则留于此地，告诉并协助屋里的女仆，准备丰盛的宴席，搬出椅子，准备圣坛，烧柴，提取清凉的净水。"

老人一声吩咐，儿子们急忙操办。祭牛从田野被牵来，忒勒马科斯的同伴们迅速走离航船。铁匠手提青铜家什、具械、砧块、铆锤和精工制作的火钳——用来敲击金器的器械。从住处快步赶来。雅典娜亦赶来参加她的牲祭大典。其时，内斯特尔——年迈的骑士，交予铁匠黄金。铁匠熟练地用黄金包装着牛角，以此愉悦神灵的眼睛，取悦她的心灵。

斯特拉提俄斯和高贵的厄开夫荣带来祭牛，抓住它的犄角；阿瑞托斯从房间出来，一手捧着装满清水的雕花大碗，一手提着装满祭洒大麦的编篮。勇猛的斯拉苏墨得斯站在近旁，手握利斧，准备砍倒母牛，裴耳修斯则手捧接血的缸碗。年迈的骑士内斯特尔洗过双手，撒出大麦，潜心对雅典娜祈祷。只见他扔出牛的毛发，投向火海。

一番祷告后，众人向天空撒出大麦。斯拉苏墨得斯——内斯特尔心志高昂、勇敢刚强的儿子，紧挨着牛身站定，对准颈脖击砍，劈断其筋腱，消散了其力量。妇孺们放声哭喊，内斯特尔的千金们、儿媳们，连同雍雅的妻子——克鲁墨诺斯的长女欧鲁迪凯——无不惊状。他们将牛身搬离广袤的大地，稳稳地举起；由裴西斯特拉托斯——民众的首领，割断其喉管，放出乌红的牛血后，魂灵飘离筋骨，离它而去。他们肢解牛身，剔出腿骨，肉削成片；然后按照合宜的顺序：双层包裹油脂，再把小块的生肉置于其上。老人将肉打包捆好后，放在劈开的木块上烧烤，再倾洒红酒在其表面，年轻人站在他身边，手握五指尖叉。焚烧了祭畜的腿件并品尝内脏后，他们把所剩部分切成条块用叉子挑起，仔细炙烤，脱叉备用。

与此同时，美貌的波鲁卡丝忒——内斯特尔之妹——涅琉斯的小女儿，为忒勒马科斯洗浴。沐浴之后，替他抹上舒滑的橄榄油，穿好衣衫，系戴绚丽的披篷。忒勒马科斯走出浴室，俊美得似神仙，行至位前就座，傍着民众的牧者——内斯特尔。

炙烤完毕，他们从叉尖上撸下牛肉，坐着咀嚼；贵族们热情招待，替他们斟酒入金杯。大家酒足饭饱后，格瑞尼亚年老的骑士内斯特尔开口道："开始吧，孩子们，替忒勒马科斯牵马套车，套入轭架，让他开始他的旅程。"

儿子们认真听过老人的训告，服从他的命令，迅速牵来长鬃飘洒的千里马，套入车前的轭架；只见一名容貌姣好的女子——家中女仆，拎来面包、美酒、熟肉——神灵庇佑的王者们的食餐。忒勒马科斯登上精工制作的马车，裴西斯特拉托斯——内斯特尔之子，民众的首领——随即上车，抓起缰绳，扬鞭催马。马儿撒开蹄腿，冲向平原，将皮洛斯，内斯特尔陡峭的城堡远远落下，不留半分眷恋。整整一天，快马摇撼着轭架，系围在它们的肩背。

其时，太阳西沉，所有的通道漆黑一片。他们到达菲莱，来到狄俄克勒斯的家园。阿耳菲俄斯之子——俄耳提洛科斯的儿男在那里过夜，受到主人的礼待。

当黎明重现天际，散发着玫红色的光芒，他们套起快马，登上铜光闪亮的马车，穿过大门和回声隆响的柱廊。内斯特尔之子扬鞭催马，马儿撒腿飞跑，疾步向前。他们进入盛产麦子的平原，冲向旅程的终点——快马跑得异常迅捷。其时，太阳西沉，所有的通道全都一片漆黑。

# 卷四

忒勒马科斯一行在斯巴达驻足游玩，梅内莱厄斯告诉他为何希腊人喜欢光顾此地。

他们抵达群山环抱的拉凯代蒙，驱车前往卓著的斯巴达王的居所。斯巴达王正在自家中宴请大群城胞，为他儿子和雍雅的女儿举行盛大婚礼。他将把姑娘送嫁给横扫军阵的阿基里斯的儿子。早在特洛伊大地上，他已点头答应将女儿出嫁；眼下，神祇正把这桩姻亲兑现。此时，他正用骏马和轮车婚送女儿前往，前往慕耳弥冬人著名的城堡——尼俄普托勒摩斯王统的地域。他已从斯巴达迎来阿勒克托耳的女儿，婚配心爱的儿子——强健的墨枷彭塞斯。他出自一位侍女的肚腹，自她生下像金色的阿芙罗底忒一样迷媚的、美貌的赫耳弥娥奈，神明已不再使海伦孕育。

就这样，光荣的斯巴达王的邻居和亲友们在顶面高耸的华宫，欢歌蹈舞、喜气洋洋。人群中，一位神圣的吟游诗人，手拨竖琴，引吭高唱；两位杂耍艺人，踩着歌曲的节奏，扭身旋转。

其时，壮士忒勒马科斯和内斯特尔英武的儿子，连同他们的骏马站在院门前，被强健的厄忒俄纽斯看见——卓著的斯巴达王的忠诚伴从，正迈步前行，眼见来者，转身回头，穿过厅堂，带着讯息，禀告民众的牧者。他行至王者身边站定，语气委婉地说道："墨奈劳斯，宙斯钟爱的凡人，门前来了生客，两位壮汉，看来像是强有力的宙斯的后裔。告诉我，是为他们宽卸快马，还是打发他们另寻下家，找那能够接待的户主安排。"

听罢这番话，金发的墨奈劳斯心生烦闷，答道："厄忒俄纽斯，波厄苏斯之子，以前，你可从来不是傻瓜，但现在你却满口胡言，像个小孩儿。别忘了，曾漂泊在外时，我俩接受别人的盛情和许许多多的恩惠。愿在未来的日子里，宙斯不再使我们遭受此般痛苦。去吧，替生客宽出驭马，引他们前来，吃个痛快!"

言罢，厄忒俄纽斯急忙穿过厅堂，招呼其他忠实的仆人和同行帮忙。他们将大汗淋漓的驭马宽出轭架，牢系在喂马的食槽前，放入饲料，拌入雪白的大麦，把马车停靠在闪亮的墙边，将来人引入神圣的宫房。他们惊慕眼见的一切——国王般的宫殿，宙斯养育的杰出俊才，像闪光的太阳或月亮光线。斯巴达国王崇高的宫殿，高耸的屋面，四处流光溢彩。带着赞叹羡慕的心情，他们被领入滑溜的澡盆，洗净身体。女仆们替他们沐浴，抹上橄榄油，穿上衣衫，覆之以厚实的羊毛披篷。他们行至靠椅，在阿特柔斯之子墨奈劳斯身旁坐下。一名女仆提来绚美的金罐，倒出清水，就着银盆，供他们盥洗双手；一张滑溜的食桌，放置于他们身旁。一位端庄的女仆端来面包，摆出许多佳肴，足量的食物，慷慨地陈放；与此同时，一位切割者端来堆放各种肉食的大盘，放在他们面前，摆上金酒杯。金发的墨奈劳斯开口招呼，对他们说道："吃吧，别客气；餐后，我们将询问来者为何人。从你俩身上，可以看出你们父母的血统，是否是王家的后代，宙斯钟爱的王者，手握权杖的贵胄的传人；卑劣之徒不会有像你们这样的儿男，这样的后代。"

言罢，他端起为客人准备的饭菜——优质的烤肉、肥美的牛脊，放在他们面前。食客们伸出双手，尽享眼前的美味肴餐。当他们满足了吃喝的欲望，忒勒马科斯对内斯特尔之子说话，他贴近他的脸庞，谨防别人听见：

“内斯特尔之子——关心我的好汉，瞧瞧眼前的一切，余音绕梁的光彩厅殿，到处是闪耀的青铜，还有烁烁发光的黄金和琥珀，象牙和白银。想必在那奥林匹斯山上的宙斯宫殿，也像眼前，世间珍宝尽收此间，瑰珍佳宝的荟萃，闪烁光芒的奇彩。今朝之见，确实让人大开眼界。”

金色头发的墨奈劳斯恰巧听到他俩的言谈，道出了最真实的语言：“孩子们，凡人中，谁也不能和宙斯竞攀；他的府邸永不毁坏，他的财产亘古长存。然而，能和我竞比财富的凡人，要么屈指可数，要么根本没有。要知道，我历经百般磨难，流浪漂泊他乡，在漫漫岁月后的第八年，方才用航船运回这些财产。我曾浪迹塞浦路斯、腓尼基和埃及人的地面，我曾漂抵埃塞俄比亚人、厄仑波伊人和西冬尼亚人的国度，我曾驻足利比亚——在那里，羊羔生来长角，母羊一年三胎，权贵之家，牧羊人亦然，不缺乳酪畜肉，不缺香甜的鲜奶，母羊提供喂吮的乳汁，长年不断。

“但是，当我出门在外，聚集财产之时，有人却将我的兄弟杀害。我嫂嫂奸诈多端，偷偷摸摸，突然袭击我亲爱的兄长，这该死的女人！因此，虽然统率眼前一切，却不能愉悦我的心怀。你们一定已从各自的父亲那里——无论是谁——听闻有关的一切。我历经磨难，却将曾是那样强盛，拥有许多奇贵珍财的家族葬送毁坏。我宁愿待在家中，用现今的三分之二交换，交换那些死去的壮汉，交换在宽阔的特洛伊地面，远离肥沃牧草的阿耳戈斯。如今，我仍常静坐在我的宫殿，悲思哭念那些朋伴，沉湎于悲伤之中，直到平慰了内心的苦懑；停止悲哀，冰封哭悼，若要使人腻饱，只需短暂的时间。然而，对这些人的思念，尽管心中万分怀念，也都赶不上我对另一位壮勇的痛哀：只要想起他，寝食难安——阿开亚人中，谁也比不上奥德修斯的苦难和他所经历的凶险；对于他，结局定是苦难，而我，我将承受无休止的愁哀；他已久别我们，而我们却全然不知他的生存和死难。年迈的莱耳忒斯和温贤的裴奈罗珮一定在为他伤心为他哭喊，忒勒马科斯——父亲出征之时，他还是个出生不久的婴儿。”

一番话，勾起忒勒马科斯哭念父亲的情怀，泪水夺眶而出，落在地上，耳闻父亲的名字，双手撩起紫色的披篷，遮挡在眼睛前面。其时，墨奈劳斯认出了他的身份，心中盘算着是让对方自己开口，说出他的父亲，还是由他先提，仔仔细细地盘问？

他头脑中正思考着这些事情，海伦从她芬芳的拱形睡房走出来，像手持金线杆的阿耳忒弥丝一般。阿德瑞丝忒随她出来，将精雕细琢的靠椅放在她身边；阿尔基培拿着羊毛纺就的松软织毯，芙罗提着阿尔康德瑞馈赠予她的银篮；阿尔康德瑞乃波鲁波斯之妻，居家埃及的塞拜——有着难以穷计的财富堆垛在那里的房间。波鲁波斯赠予墨奈劳斯两个白银的浴缸，一对三脚铜鼎，十塔兰同黄金。而他的妻子亦拿出自己所有珍贵的礼物，馈送海伦：一支金质的线杆，一只白银的筐篮，底下安着滑轮，镶着黄金，绕着篮圈。现在，侍女芙罗将它搬了出来，放在海伦身边，满装精纺的毛线，线杆缠着紫蓝色的羊毛，横躺篮面。海伦在靠椅上入座，踩着脚凳，当即开口发话，详询她的丈夫："他们，宙斯钟爱的墨奈劳斯，这些来到我们家居的生人是否已告说自己的名字？不知是我看错了，还是确有其事——我的心灵催我说话，因我从未见过。是的，我想我从未见过如此酷似的长相，无论是男人，还是女子；眼见此人的形貌，使我惊异。此人必是忒勒马科斯，心胸豪莽的奥德修斯之子——在他离家之时，留下这个孩子，新生的婴儿，为了不顾廉耻的我[①]，阿开亚人进兵特洛伊城下。"

听罢这番话，金发的墨奈劳斯答道："我的夫人，经你一番比较，我已看出这一点。奥德修斯的双脚就像此人的一样，还有他的双手、眼神、头型和上面的发绺。刚才，我正追忆奥德修斯的往事，谈说——是的，为了我——他所遭遇的苦难，承受的辛酸，此人泪如雨下，竟浇湿了脸面，撩起紫色的披篷，挡在眼睛前面。"

言罢，内斯特尔之子裴西斯特拉托斯说道："阿特柔斯之子，宙斯钟爱的墨奈劳斯，民众的首领，此人确是奥德修斯之子，正如你说的那样，他为人谦谨，不想贻笑大方，在这初次相会之际，谈吐有失典雅，当着你的脸面——我们赞慕你的声音，像神祇在说话。内斯特尔——格瑞尼亚的

① 特洛伊战争的起因是海伦背叛丈夫墨奈劳斯，嫁给特洛伊国王的二儿子。

骑士差我同行，做他的向导。他渴望和你见面，无论是规劝，还是办事的言导，愿意聆听你的指教。父亲不在家，孩子要承受许多苦痛，倘若无人出力帮忙，一如忒勒马科斯现在的处境——父亲出走，国度家中无人挺身而出，替他挡开祸殃。”

“我想，如果他愿意驻足在这里，停住在阿耳吉维人中，他将是我最尊爱的英豪；倘若声若洪钟的宙斯使我俩乘坐快船，跨越波涛汹涌的大海，双双回返，我会赠予他一座城堡，让他移居阿耳戈斯，另设一处家所，把他从伊萨卡接来，连同所有的财物，还有他的儿子和他的民众。我将从众多的城堡中分出一座，它们地处此间附近，接受我的统率。这样，我俩都住此地，便能经常会面言谈，无论什么都不能将我们分割开来，割断我们的友谊，分离我们的欢乐，除非乌黑的云彩，黑沉沉的积钱把我们包裹。是的，他不能回返家园，必定是某位神祗，出于对他的妒愤，亲自谋划，唯独使他遭难。”

一番话语激起大家悲伤的情怀。阿耳戈斯的海伦，宙斯的女儿，啜泣呜咽；连忒勒马科斯和阿特柔斯之子——墨奈劳斯本人，也和她一样悲伤泪流；裴西斯特拉托斯——内斯特尔之子，也两眼泪水汪汪，心中思念高贵的安提洛科斯——被闪亮的黎明，被她那光荣的儿子杀掉。怀念着亲爱的兄长，他开口说话：“在阿特柔斯之子，年迈的内斯特尔的厅堂，当我们谈及你的时候，他常说你智勇非凡，聪颖过人。现在，如果可能，可否帮忙舒缓人们的情绪：进餐中我不想热泪盈眶，接受悲哭的慰藉；时不我待，明亮的黎明将会重返。当然，对于已故的凡人，我绝不抱怨哭喊，接受命运是最好的办法。割掉头发，任泪水肆意淌过脸颊，此乃是赐予我等唯一的宽解。我亦失去了一位好兄长，他绝非阿耳吉维人中最低劣的儿郎，你或许知晓他的生平，而我却不曾和他有过任何的生活痕迹去追往。人们说他——安提洛科斯，是出类拔萃的好汉和斗士，腿脚快过所有的战勇。”

听罢这番话，金色头发的墨奈劳斯答道：“说得好，亲爱的朋友，你先前所讲确乃智者之言。不要惊讶他的言行，你继承了令尊的才智，说得情理俱到。骨肉亲情容易识别，尚且在婚娶和婴儿到来之时，克罗诺斯之子已替他编排好运，一如眼下内斯特尔那样，使他始终幸运如初，让他在其宫殿生下心智聪颖、枪技过人的众位儿郎，享度舒适的晚年。现在，让我们忘却刚才的号哭与悲恸，重聚神宴的桌面，让他们泼水，淋洗我们的双手。将欲谈之事留待明晨吧，我与忒勒马科斯将要互拆衷肠。”

言罢，阿斯法利昂——光荣的墨奈劳斯忠实的随从，倒出清水，冲洗他们的双手。洗毕，他们抓起眼前的佳肴。

其时，海伦——宙斯的女儿，顿生新意，她在思谋在他们的酒水中添加一种药剂——有着舒心、除却烦恼、使人忘却所有的悲痛之功效。谁要是喝下缸内加有此剂的醇酒，一天之内泪水将无缘脸庞——即便目睹父母离世；即便有人当面挥举铜剑，杀害兄弟与妻女，一律都不会泪水涟涟。

就是这种奇妙的药物，掌握在宙斯之女的手中。功效显著的好东西乃埃及人瑟昂的妻子——波鲁丹娜的馈赠，在那里，肥沃的土地滋养出大量的药草，世间无所企及，一经配制，疗效显著。而许多药物却能使人致伤中毒；那里的人个个都是医生，所知的药理世间无人能及。

海伦加入药剂，吩咐随从为各位斟酒，重新挑起话语，说道：“阿特柔斯之子，宙斯钟爱的墨奈劳斯，还有在座列位，贵族的儿郎——宙斯无所不能，有时让我们谋福，有时又让我们遭殃。现在，尊请各位，坐享盛宴，听我道来。

“我要讲一段故事，同眼下的情境配当。我无法言说，也无法计算心志刚强的奥德修斯的所有业绩与功劳，只想挑选这位刚强壮勇，在特洛伊地面——你等阿开亚人遭受磨难的地方，忍受苦楚，完成任务的其中一件。他拳头一挥，破烂的衣布披上肩头，用乞丐的面容伪装自己的身份，走向路面开阔的城堡，混进敌军阵营。在阿开亚人的海船旁，他以乞丐的模样，混入特洛伊城内，骗过了所有的人。唯独我识别了他的伪装，进而开口盘问，但他急用巧智，避开了我的锋芒。当替他洗过澡，抹上橄榄油，穿罢衣服后，我发毒誓，绝不泄露他的身份，让特洛伊人知晓奥德修斯在城堡；直到他起程回返，返回快船和营棚——终于，他对我道出阿开亚人的计划，告诉了我所有的内容。

“其后，他用锋利的长剑杀了大量特洛伊兵勇，带着翔实可信的情报，回返阿耳吉维人的怀抱。特洛伊妇女放声长号，而我的心里却鲜花绽放。其时，我已改变心境，企望回家，悔恨当初阿芙罗底忒所致的迷狂，把我诱离心爱的故乡——丢下亲生的女儿，离弃我的睡房，还有我的丈夫，才貌双全的英壮。”

金发的墨奈劳斯答道：“是的，我的妻子，你的话条理分明，说得一点不假。我有幸领略过众多雄才韬略，聆听盖世英雄的雄辩；我也曾留迹许多城邦，却从未见过有毅力和刚韧胜过奥德修斯的豪强。那位刚勇的汉子，镇定沉着、坚毅果敢，和我们阿开亚人的英豪一起，藏身于木马之中，共同上演特洛伊木马屠城，为特洛伊人带去灾难和死亡。一定是某位神明暗中助力，企图为特洛伊木马送去荣光。

“其时，海伦和神一样的德伊福波斯一同前往。沿着我们空腹的木堡，你连走三圈，触摸它的表面，随后出声呼喊，呼唤他们的名字，呼唤着阿开亚人的豪杰，通过变幻你的声音，使得听来就像他们的妻子在呼唤。其时，我和提丢斯之子以及卓著的奥德修斯正坐在人群之中，听到你的呼叫，狄俄墨得斯和我跳立起来，意欲走出木马，或在木马内回答你的呼唤，但奥德修斯阻止了我们的心急火燎。阿开亚人的儿子们全都屏声静息，唯有一人例外——安提洛科斯，试图放声大喊，但奥德修斯伸出粗壮的大手，紧紧捂住他的嘴巴，拯救了所有的阿开亚兵壮，直到雅典娜把你带离木马的旁边。”

勤思善考的忒勒马科斯答道：“阿特柔斯之子，宙斯养育的墨奈劳斯，民众的领袖：听过此番言告，更使我悲断愁肠。即使他的心灵像铁一样坚实硬朗，使他难以避免凄惨地死亡。好了，请送我们上床吧，让我们享受平躺的舒适，睡眠的甜香。”

他言罢，阿耳戈斯的海伦吩咐女仆在门廊下动手备床。铺开厚实的紫红色的垫褥，覆上床毯，压上羊毛屈卷的披盖，女仆们手握火把，走出厅堂，动手操办，备妥睡床。客人们由随从引出，壮士忒勒马科斯和内斯特尔光荣的儿子，睡在厅前的门廊下；阿特柔斯之子睡在高大宫居里屋的床面，身边躺着女人中的姣杰——长裙飘摆的海伦。

当黎明在天际闪闪发光，散发着玫瑰红的光芒，骁勇善战的墨奈劳斯起身离床，穿上衣服，将锋利的铜剑横挎肩头，将舒适的条鞋系好在白亮的脚面，然后走出房门，俨然天神一样，坐在忒勒马科斯身边，叫着他的名字："是何原因，壮士忒勒马科斯，把你带到我的身旁，踏破浩渺的海浪，来到闪亮的拉凯代蒙，是公干，还是私事？不妨如实相告。"

听罢这番话，勤思善考的忒勒马科斯答道："阿特柔斯之子，宙斯钟爱的墨奈劳斯，民众的领导，我来到您身旁，想知道您能否告知我有关家父的消息；我的家园正被人吃耗，肥沃的农田已被糟践，满屋子贪婪的蛀虫正无休止地宰杀肥羊和脚步蹒跚的弯角壮牛。那帮追缠我母亲的求婚人，横行霸道，贪得无厌。为此，我登门恳求您的帮助，或许您愿告我他的惨死，无论是巧合，还是被您亲眼见到，或是听闻于其他行人的言谈。祖母生下他来，经受悲痛的煎熬。不要怜悯我，悲叹我的人生，而回避惨烈；还请如实相告，告知您目睹的情况。我恳求您，倘若高贵的奥德修斯——我的父亲，在特洛伊地面——你等阿开亚人吃苦受难的地方，曾对您说过什么话，做过什么事情，并使之实现。追想这些往事，请对我把真情相告。"

听罢这番话，金发的墨奈劳斯怒发冲冠，大吼道："可耻！这帮懦夫们竟敢如此痴心妄想，妄想占躺心志豪勇的壮士的睡床！恰似一头母鹿，让新近出生的幼仔睡躺在一头猛狮的窝巢；尚未断奶的小鹿，独自出走，食游山坡草谷，不料兽狮回返家居，给它们带来可悲的死亡——就像这样，奥德修斯将使他们送命，在羞辱中躺倒。哦，宙斯——父亲啊，雅典娜，阿波罗！愿他像过去一样，在城垣坚固的莱斯波斯岛，挺身而出，同菲洛墨雷得斯角力，把他狠狠地摔在地上，使所有的阿开亚人心花怒放。但愿奥德修斯，人中豪杰，出现在求婚人前方——他们将面临死亡的厄运，婚姻的悲伤！至于你的询问、你的恳求，我既不会虚与委蛇、含含糊糊，也不会假话欺诓，我将转述说话从不出错的海洋老人的言告，毫无保留，绝不隐藏。

“那时，尽管我归心似箭，神祗仍把我困在埃及，因我忽略了丰盛的敬祭，而神灵们绝不允许凡人把他们的谕言抛忘。大海中有一座位于埃及对面，波浪澎湃，远离海岸的岛屿，人们称之为法罗斯，凭着疾风的协助，来自船尾的推送，一天之内可以到达。岛上有个易于搁船的港湾，水手们上岸汲取乌黑的淡水，由此将匀称的木船推入大海。就在那里，神祗把我拘搁了二十天，从来不见风头卷起，扫过浪尖，持续不断的顺风，推船驶越浩渺的洋面。其时，我们正弹尽粮绝，身体疲软，要不是一位神祗——埃多塞娅，强健的普罗丢斯，海洋老人的女儿——的怜悯与同情，我们早已葬身海底。一定是我的言辞触动了她的心底，在我俩邂逅之际，她正独自漫步，走离我的伙伴。因饱受饥饿的驱迫，他们常带着弯卷的鱼钩，去全岛各地钓鱼。她向我走来，站在我身边，对我说道：‘你是个十足的笨蛋，我说陌生人，你脑瓜子里现在糊涂一片，还是心甘情愿地放弃努力，接受困苦的煎熬？瞧，你已长期困留此海岛，找不到离开的方法。而你的伙伴们已心力交瘁，备受折磨。’

“言罢，我开口答话，说道：‘好吧，我这就回话，不管你是哪位女神。我困留此地，并非本愿；一定是冒犯了哪位长生不老，统掌辽阔天空的神明。请你对我说告——神明无所不知——是不死者中的哪一位把我滞留，不让我回家？告诉我如何穿过鱼群游聚的大海，回返家乡。’

“听我言罢，美丽的女神开口答道：‘好吧，我会准确不误地回话，把一切告答。此海为说话从不出差错的海洋老人的地带——生于埃及的普罗丢斯，这位不死的海神，知晓水底的每一道深谷，是波塞冬的助理。人们说他是我的父亲，是他生养了我。倘若你能设法埋伏，把他逮住，他会告知你此路的行程，途经的地点，告诉你如何还乡，如何穿过鱼群游聚的大海。倘若你想知晓，他还会对你说告，在你出门后，逐浪在冗长艰难的航程时，官府里发生过何样凶虐，可曾有过善喜的事儿。’

“听罢这番话，我开口答道：‘替我想个高招儿，伏捕这位老神，切莫让他预见或知晓我的行动，以免他回避躲藏。此事困难重重，凡人想要把神明制服，何等艰难。’

“听我言罢，美丽的女神即刻答道：‘好吧，我会准确不误地回话，把一切告答。在太阳中移，日当中午的时分，说话从不出错的海洋老人会从浪花里出来，在劲吹的西风下面，藏身浑黑的水流。出海后，他将睡躺在深旷的岩洞，周围集聚着成群的海豹——美貌的海洋之女的孩儿，缩蜷着睡觉，从灰蓝的大海里出来，呼吐出深海的苦味和强烈的腥涩。我将于黎明时分，在那里迎接你，把你们安排妥当。你要从你的人里，挑出三名最好的伙伴，活动在甲板坚固的海船旁。现在，我将告之海洋老人的本领与伎俩于你。首先，他会逐一巡视和清点海豹，然后，当目察过所有的属领，清点过它们的数量，他便在它们中间弯身躺下，像牧人躺倒在羊群之中。在眼见他睡躺的瞬间，你们要使出自己的力气，秀出你们的骁勇，顶住他的挣扎，紧紧把他抓住，还要试图逃避他的凶猛。他会变幻地面走兽的各种模样；他还会变成流水和神奇的火头。你们必须紧抱住不放，死死地卡住。但是，当他恢复他原有的形貌，终于开口对你们发问时，那么，我的英雄，你必须松缓力气，放开老头儿，问他是哪位神明对你生气动怒，问他你该如何还乡，跨过鱼群游聚的汪洋。’

“言罢，她潜回大海涌起的浪头。我返身往海船搁聚的地方，沿着海岸，心潮起伏，随着脚步颠腾。当我来到海边——泊船的海岸，我们当即炊餐，迎来神圣的黑夜，平身睡躺，在浪水冲涌的沙滩旁。

“当黎明在天际闪闪发光，散发着玫瑰红的光芒，我带着我最信任的三位伙伴，险遇中可以信赖的朋友，沿着海岸，傍着水面开阔的海流，对神声声祈祷。就在此时，女神纵身一跃，潜入宽深水浪的大海，带来四张海豹的皮，钻出洋面，这些皮全系新近剖杀剥取，用以迷糊她的爸爸。她在岸滩上刨出四个床位，就地坐等我们前往；我们来到她的近旁，她让我们依次躺入沙坑，掩之以海兽的剥皮，每人一张。那是一次最难忍受的伏捕，瘴毒的臭味，发自威海哺养的海豹身上，熏得我们头昏眼花。谁愿和海水养大的魔怪同床？是女神自己解除了我们的窘难，想出了帮救的办法，拿出神用的仙液，涂抹在每个人的鼻孔下，海兽的臭瘴，如此闻来却无比馨香。整整一个上午，我们蛰伏等待，以我们的坚忍和刚强，目睹海豹拥攘着爬出海面，逼近滩沿，躺倒睡觉，成排成行，在浪水冲涌的海岸上。正午，老人冒出海面，觅见他那些吃得膘肥体壮的海豹，逐一巡视清点，而我们是他最先数点的‘海兽’，他全然不知眼前的狡诈。点毕，他在海豹群中息躺。随着一声呐喊，我们冲扑上前，展开双臂，将他抱紧不放。然而，老人不曾忘却他的变术和诡诈。首先，他变作一头虬须满面的狮子，继而又化作蟒蛇、山豹和一头巨大的野猪，变成奔流的洪水，一棵枝叶繁茂的参天大树——但我们紧紧抱住，丝毫不敢懈让。狡诈多变的老人用尽了浑身的力气，他开口对我说道：‘阿特柔斯之子，是哪位神明，违背我的意愿，设法要你把我抓降？你想要什么？’

“听罢这番话，我开口答道：‘你知道我的用意，老人家，为何还要询问搪塞？瞧，我已长期困留海岛，找不到出离的路子；我已备受折磨，心力交瘁疲伤。请你对我说告——神明无所不知——是不死者中的哪一位把我拘困，不让我回家？告诉我该如何还乡，穿过鱼群游聚的大海。’

“听罢我的话，他开口答道：‘你早该奉上丰足肥美的牲祭，给宙斯和列位不死的神祇，如此方能登上船板，以极快的速度穿越酒蓝色的大海，回抵家乡。你命中注定不该此时眼见亲朋，回返营造坚固的家府，你世代居住的地方。你必须返回埃及的水路——宙斯设降的水流，举办隆重神圣的牲祭，给不死的、统掌辽阔天空的神明。此后，众神会让你如愿，给予你日夜企盼的归航。’

“听罢这番话，我万念俱灰，因他命我再次回到埃及和水势混沌的洋面，再历经航程的艰难和冗长。即便如此，我仍开口说道：‘老人家，我会按照您的吩咐做。但眼下，我有事要问，还请准确回答。那些阿开亚人，那些被我和内斯特尔人，在我们乘船离开特洛伊之际留在身后的伙伴，是否都安然无恙，已乘驾海船，归返家园？他们中可有人悲惨丧命，倒在船板上，或牺牲于朋友的怀抱中？’

“听罢我的话，老人开口答道：‘阿特柔斯之子，为何问起这个？知晓我的思想对你不一定好。一旦听罢事情的缘由，你一定会泪眼汪汪。他们中许多幸存，许多也被灭亡；首领中死者有二，身披铜甲的阿开亚人的英壮，面对回家的路航，在回归途中死得悲壮。对于战争，我无须多言——你已亲身在场。另一位首领，尚留人间，被困在汪洋大海的某个地方。

“埃阿斯，连同他的海船，均已覆亡。最先，波塞冬把他推向古莱的巨岩，然后又从激浪里把他救出，而埃阿斯本可能逃离灾难——尽管雅典娜恨他，若不是他头脑发昏，狂妄自大，自称逃出深广的海湾，蔑视神的宏愿。波塞冬听闻此番狂妄自大、放肆的吹擂，当即伸出粗壮的大手，抓起三叉投戟，扔向古莱石岩，石岩立即炸为两半，一部兀立原地，一块裂出石岩；裂石捣入水中，刚好落在埃阿斯息坐和胡言的地方，把他打入碧波汹涌的浪涛。因此，埃阿斯葬身大海，喝够了苦涩的水汤。

“你的兄长多亏了赫拉夫人的帮忙，有幸保住性命，躲过了死亡之神的呼唤。但是，当他驶进陡峭的悬壁马雷亚时，一股忽然的风暴使他偏离了航向，任他唉声长叹，颠簸在鱼群游聚的大海，漂向陆地岸边——从前，它是苏厄斯忒斯的家园——现在，是埃吉索斯，苏厄斯忒斯之子的家。

“但是，即便如此，顺畅的回归已显而易见、顺理成章。神灵为他转换风向，把他送还家乡。踏入乡土，阿伽门农心情激昂，手捧泥土，俯首亲吻；翘望满目山河，怀抱心爱的家乡。

“然而，一位值岗者从哨点，眺见他的回归。狡诈的埃吉索斯把他带往一边，要他驻守监视，并许下报酬，两塔兰同黄金。就这样，他坚守哨位，为期一年，唯恐实力雄厚的阿伽门农趁他不备悄悄溜走。

“值岗者暗跑回家，通晓信息于民众的牧者——埃吉索斯。埃吉索斯当即制订出凶险的计划。从士兵中挑出二十名最好的壮勇，密谋暗杀，摆好宴席。然后，他出门热情迎接阿伽门农，将他引入宴席，坐享美好。而阿伽门农全然不知阴狠的密谋，畅怀吃喝，突遭袭击，像宰杀牛羊，血溅槽旁。阿伽门农的随从无一幸存，埃吉索斯的下属也一样，全都死于宫房。

“听罢这番话，我万念俱灰，瘫坐沙地，放声号哭，心中悲苦万分，不想再见日光的照耀。但是，当我遍地翻滚，痛哭哀号，一番发泄后，仁厚慈祥的海洋老人开口发话：‘别哭了，阿特柔斯之子，别再浪费眼泪，眼泪帮不了你的忙。倒不如努力争取，争取尽快回家，归返你的故乡。你或

许会发现埃吉索斯仍然活着，虽然俄瑞斯忒斯可能已经下手，把他宰杀——即便如此，你也可参加他的葬礼。’

“一番话语舒缓了我的心胸，平抚了我傲慢的情怀，尽管我愁肠百结，情志抑郁，还是吐出了高尚的话语：‘以上二位的情况我已知晓，现在，您是否可将第三人的情况告答？他是否尚在人间，被困于宽广深邃的大海；还是已无缘人世？尽管听后可能会伤心绝望，但还是请您如实相告。’

“听罢我的话，海洋老人开口答道：‘那是莱耳忒斯之子，居住在伊萨卡。我曾在女神卡鲁普索的宫殿，看到他泪水如麻，女神的执意挽留，使他归家更难。他既没有带桨的航船，也没有帮忙的伙伴助他渡越大海。但是，你——宙斯养育的墨奈劳斯，神明无意让你死在马肥草丰的阿耳戈斯。他们将你送往厄鲁西亚平原，世界的尽头，那里的人们长发飘洒，生活安闲。那里既无大雪纷飞，也没有寒冬和雨水，只有轻风徐徐，微波荡漾，阵阵凉爽愉悦人们的心房——因为你拥海伦为妻，即是宙斯的女婿。’

“言罢，老人返回波涛汹涌的大海。我也回返放置海船的地方。神样的伙伴们与我一道，一路前行，我心潮澎湃。当我们来到海滩，吃完晚餐，黑夜降临下来，我们都躺在海边互道晚安。不久，黎明重现天际，洒下粉红的薄暮。首先，我们把木船拖入碧蓝色的大海，挂杆扬帆，然后众人登上甲板，整齐入座，划起船桨，水花荡漾在碧蓝色的大海上面，回到埃及人的水面。

“宙斯降聚的河水；我停船滩头，祭奠了隆重的牲祭，平息了神灵的愤怒——那些长生不老的天尊，我为阿伽门农砌了一座坟冢，使他的英名得以永垂。此事之后，我重新起航上路；不朽的神明送来柔顺的海风，以极快的速度回航，把我吹返亲爱的故乡。

“现在，以我之见，你暂时在我的宫殿待上十一二天，然后我将体体面面地送你启程，赠予你丰厚的礼物：三匹骏马，一辆流光溢彩的马车。此外，我还将赠予你一只精美的酒杯——祭奠神明时用它来泼洒酒水。也希望你记着我的好意，终生不忘。”

听罢这番话，勤思善考的忒勒马科斯答道：“阿特桑斯之子，不要留我长滞此地，毫无疑问，在你身边，我不思家，不念父母；你的话语，你的言谈使我激动无比，但是在庄严的皮洛斯，我的同伴们早已坐立不安，躁动不已，我怎能再逗留此地？您赠予的礼物，最好是方便珍藏；我也不会接受骏马，更不会带往伊萨卡，因为伊萨卡没有您这片宽广辽阔的大草原，没有遍地的三叶草和良姜，也没有小麦、稞麦和颗粒饱满的雪白大麦。有的是放牧羊群的地方，风景比马儿更如画。”

一番话罢，叱咤沙场的墨奈劳斯咧嘴微笑，伸出双手，轻轻拍他，对他说道：“孩子，你的一言一行，均显示着你高贵的血统。因此，我将变更一份礼物与你，我说到做到。我要将我最精美、最珍贵的宝贝赠予你，让你带走—— 一只铸工瑰美的兑缸，纯银制作，镶着金边。赫法伊斯托斯亲手制作，英雄法伊底摩斯馈赠于我——返家途中，我曾在他的宫中短暂停留。现在，我以此相送，聊表心意。”

就这样，他俩你一言我一语。与此同时，宾客们已开始步入神圣的王者大殿——赶着肥美的羔羊，抬着飘香的美酒，妻子们头捆漂亮的头巾，手捧美味的面包，大家在大殿里忙碌不断。而此时在奥德修斯的宫殿前，求婚者们在平坦的场地上，嬉戏玩耍，或投标枪，或掷饼盘，一切均和先前一样。求婚者的首领——安提努斯和神样的欧鲁马科斯——他们中异常出色的俊杰，坐在一边。其时，诺厄蒙——弗罗尼俄斯之子，走近安提努斯的身旁，问道：“安提努斯，难道我们不明白忒勒马科斯何时从多沙的皮洛斯回返？他走时，带走了我的海船，而眼前，我有要事需用船，跨过海洋，前往宽广辽阔的厄里斯——那里放养着我的十二匹母马，饲养着从未上过轭架的骡子，我想驯化一头，将它赶离它的群伴。”

言罢，众人惊诧，不曾料想王子已去了皮洛斯——奈勒斯的城堡，以为他还待在附近，在他的牧地，或置身羊群之中，或和牧猪的欧迈俄斯混在一起。

这时，欧培塞斯之子——安提努斯答道：“实话告诉我，忒勒马科斯何时出走，有哪些年轻人随行，是伊萨卡的精壮还是他自己的随从，或他雇用的人？告诉我，老老实实地告诉我这一切：他带走你的海船，是暴力相逼，违背你的意愿，还是征询你的意见，得到你的同意了吗？”

诺厄蒙，弗罗尼俄斯之子答道：“用船之事，完全出于我的自愿。面对他的请求，我怎能狠心拒绝？拒绝这么个心中满是焦虑的人儿，实在是于心不忍。和他前往的均是我们岛内年轻高贵的壮勇。此外，我还看见登船的首领——门忒斯，也可能是一位神祇。但我上下打量，他酷似一位导师！此事让我诧异，因为昨天清晨，我还在此见过神样的导师——而他在那时明明登上了前往皮洛斯的航船。”

言罢，诺厄蒙移步父亲的房居；两位求婚者——安提努斯和欧鲁马科斯，心里满是惊异。他们提议大伙儿聚拢坐下，中断了大家的攀比。安提努斯——欧佩忒斯之子，怒气冲冲，双目熠熠生光，宛如燃烧着的火球，心里注满了怨愤，开口讲话：“放肆的忒勒马科斯，居然出海远航了！我等绝没想到，我们人多势众，他一个年轻的娃娃，竟然一只海船，一帮青年，就这样远走高飞了。日后，我等定当麻烦不断啊！愿宙斯在他青壮之前，了结了他。出发吧，准备一只快船，二十名伙伴，我要在伊萨卡和萨摩斯的石岩——那片狭窄的海域地带，拦路埋伏，等候他的归来，让他为出海寻父付出代价。”他这样讲说，大家纷纷赞同，并鼓励他赶快出发。于是大家起身前往奥德修斯的家。

裴奈罗珮很快获悉了求婚者们的奸谋——亲信墨冬闻将此事传达。他们在院内谋算时，他正站在门外。正当墨冬闻跨过门槛，裴奈罗珮开口问话：“信使，傲慢的求婚者们差你前来，有何贵干？要让奥德修斯神样的女仆们停止眼前工作，替求婚者们准备食物？神啊，但愿他们停止对我献媚，愿这是最后一次聚餐，愿这是最后一次对此的蹂躏。你们一次次聚集此地，挥霍原本属于聪颖的忒勒马科斯的财物。多年前，当你们还是少年时，难道你们不曾听你们的父辈说过，奥德修斯在你父辈中是何样人物；在他的国度，是何样的光明磊落，不曾做过一件违背公正的事，不曾讲过一句有违公正的话语？尽管这是一个神灵都会犯错的国度，在这里，神灵可能会憎恨某位国民，也可能偏爱某片乡土，因为这里是神灵的王国；可是，奥德修斯从不任意妄为，错待任何一位臣民。如今，你们无耻的行径，你们毒蝎的心肠，已昭然世人，对他过去的善待行为，你们却无半分感恩。”

听罢这番话，心智敏捷的墨冬闻开口说道：“很抱歉，我的王后，这是你遭遇的最大不幸。但是，当务之急是拯救忒勒马科斯。眼下，求婚者们正在密谋更为残酷不仁的计划，祈愿克罗诺斯之子破坏掉此次计划。他们心怀不轨，企图将您的爱子——忒勒马科斯暗杀。他正前往神圣庄严的皮洛斯和光荣的拉凯代蒙，在那里，他正找寻父亲的讯息。他们策谋忒勒马科斯回返时，用青铜利器，将其杀害。”言罢，裴奈罗珮眼里闪着泪花，她双膝发软，心力消散，沉默许久。终于，她朱唇微动，开口讲道：“信使，我儿为何离我而去，他无须登上海船，航行在浩渺的洋面。事态怎会发展至此，使他的名字也消失在人世间？”

听罢这番话，心智敏捷的墨冬闻答道：“我亦不知他是受到神明的激励，还是因为他自己的激情而前往皮洛斯国度，探寻父亲的消息，或是受到某样命运摆布的谣言。”

言罢，他穿过奥德修斯的房间离开。裴奈罗珮的内心像被一团迷雾蒙住一般，她无心安坐在精美卧房里的椅面，瘫坐在门槛，面色愁苦，失声痛哭。身旁的女仆们，无论老少，都陪伴在她身边，为她的不幸遭遇掩面泪流。裴奈罗珮痛哭流涕，向女仆们哭诉道：“亲爱的朋友们，听我道来！在我辈妇人中，奥林匹斯大神加于我的悲痛比谁都多：先是让我痛失丈夫，他雄心壮志，出类拔萃，超比所有的亚加亚人。我那高贵体面的夫君，声名远播，传颂在赫拉斯和整个阿耳戈斯境域里面。如今，风暴再次将我的爱子从我的房间卷走，无声无息地离开，连我也未曾知晓他几时离开。狠心的人们啊，你们也未曾记得，记得把我唤醒起来，虽然你们知晓此事，知晓他何时离开，几时登船，前往乌黑浩渺的海面。倘若，我得知他在思量出海离开，那么，我将努力将他留下来，即使他出海心切，即便他心中不愿，但他一定会留下来，不离开——因为他不会撇下一个生育他的、风足残年的老人独自在空旷的大厅里面。现在，我要你们一个个急速行动，请来多利俄斯老人——家父赠送于我的仆工。在我来此之前，他为我看守一座座树木众多的果园。让他尽快赶来，来到莱耳忒斯的身边，向他言明一切。或许，莱耳忒斯能想出办法，处理这帮胡作非为的恶霸，制止他们杀害神样的奥德修斯的后代。”

听完这番话，欧鲁克蕾娅，她所心爱的保姆，开口答道：“亲爱的夫人，听我讲罢，你可用无情利器将我杀害，亦可留我性命，保我周全。无论怎样，现在我将在你屋里把此事实情言告。我知晓一切，并且为他准备白净的面包和香醇的美酒，但我曾发过誓言，绝不将此事向你讲述。直到第十二天，或直到你将他想起，听说他已离开，如此，你便不会伤心泪流，让眼泪浸毁你白净的面容。去吧，洗洗身子，换身干净的衣服，带着女仆们，出去走走，向雅典娜祈祷，祈祷你儿将能得救。不要担忧那位老人，他已尝够了人间疾苦。我想，喜好幸福的神灵还不至于痛恨阿耳菲俄斯的后代至此。家族中必会有人幸存下来，继承宏伟的宫殿、远方的肥沃田园。”

一番话语抚平了她心中的哀愁，阻断了眼泪的淌流。裴奈罗珮沐浴过后，换上干净漂亮的衣服，带着侍奉的女仆，径直走向楼上的房间，将颗粒丰满的大麦装入篮里，对雅典娜祈祷：“听我说，智慧的雅典娜，如若你还记得，聪颖的奥德修斯曾在宫殿为你烧过肥美的牛羊，请帮帮我的忙，驱赶开求婚的人们——为非作歹的恶霸，救回我的孩子，让他重新站立于大地。”

她悲情诉说，放声号哭，女神听到了她的祈祷。其时，求婚者们在幽深黑暗的大厅里，高声喧闹。一位狂妄的年轻人如此说道：“毫无疑问，我们追求多时的王后已许诺和我们中的一员成婚，却不知谋定多时的死难正在等候她的儿郎。”

虽然谁也不曾知道事态的发展趋势，他们中的人竟这样狂妄自大。这时，安提努斯开口说道：“先生们，朋友们，你们怎可这般口无遮拦地说话，小心隔墙有耳，听了去，告了我们的密，让一切前功尽弃。来吧，让我们秘密动身出发，把我等密谋的计划早早实现。”

言罢，他挑出二十名最壮实的聪慧青年，一齐前往海边沙滩停靠的海船。首先，他们拽起木船，将其拖下幽幽的大海，竖起桅杆，挂上风帆，把船桨放入皮质的圈环。一切就绪后，升起白色的风帆。心高气傲的年轻人们把器械搬运上船。他们将船只停靠在海峡深处，然后走下甲板，准备晚餐，等待黑夜的出现。然而，在阁楼上，聪慧的裴奈罗珮绝食卧躺，既不进食，也不饮水，一心担忧着高贵的儿子能否避过死难，抑或被无耻的人们谋害；或像一头狮子，被猎人追赶，面对周围的围截，思绪纷飞，心中惶恐。裴奈罗珮苦苦担忧，随着静怡的睡意迫近，她放松身子，舒展关节昏昏进入梦乡。

其时，灰眼睛女神雅典娜灵机一转，她幻化出一个形象，貌似裴奈罗珮的姐妹——伊芙茜墨——豪情壮志的伊卡里俄斯的女儿，欧墨洛斯之妻，家居菲莱。眼下，雅典娜将其送入神样的奥德修斯的家园。为了安慰悲伤中的裴奈罗珮，让其停止悲恸，让眼泪不再横流，幻象进入老人裴奈罗珮的睡房——即使门闩贴着皮条——悬站在她的头顶，说道："睡了吗？裴奈罗珮，即使你愁容满面，但是生活舒适悠闲的你，不要哭泣悲伤。在诸神看来，你儿不曾做过任何坏事，他必将安全返还家乡。"

于是，处于香甜梦境的裴奈罗珮谨慎地答道："我的好姐妹，为何突然光临此地，从前你从不曾登门，只因你住在遥远的国域。先前，我痛失丈夫，他雄心壮志，出类拔萃，超比所有的亚加亚人。我那高贵体面的夫君，声名远播，传颂在赫拉斯和整个阿耳戈斯境域里面。如今，我的孩子又乘坐宽大的海船，离我而去；他一个无知的孩子，从未踏足搏杀和雄辩的境界。我为他伤心担忧，超过对夫君的思念；我浑身颤抖，担心他遭遇凶险。在他航行的那片苍茫大海，有很多嫉恨他的人谋划暗算，企图将他在还乡之前杀害。"

听罢这番话，幽黑的梦影开口答道："勇敢些，不要太过害怕，想想有多少人在为他祈祷，想想护送他的神仙，希望他站在自己身边的雅典娜，强有力的女神。她怜悯你所遭遇的悲哀困难，差我前来，将此事告传。"

听罢此话，谨慎的裴奈罗珮答道："如你确为神明，传达女神的嘱告。那么请告诉我，告诉我另一人的生死存亡。他是活着，仍可得见太阳的光芒，还是，早已死去，投奔了那恼人的地府？"听罢此话，幽黑的梦影开口答话："至于那人的死活，恕难奉告，此举不正，不可胡讲。"

言罢，梦影贴着木闩和门柱，飘离睡房，融入吹拂的风浪。伊卡里俄斯的女儿从睡梦中醒来，感觉心里舒坦——在那昏黑的夜色里，梦影的形象依然显得清晰可见。

其时，求婚者们登上海船，驶入波涛涌浪的海面，心中盘算着将智慧的忒勒马科斯暗杀。海峡中间有一座岩石岛屿，坐落在伊萨卡和萨摩斯之间，名为阿斯忒里斯，岛虽不大，却有泊锚的地点，均可出船。阿开亚人埋伏此地，等待忒勒马科斯的归来。

# 卷五

众神通过赫耳墨斯，命令海之女神——卡鲁普索送出奥德修斯到木筏上；波塞冬，从埃塞俄比亚回来，送他到撒卡亚海岸，在那里，她驱散了他的木筏，把他丢在海滨，在落叶堆里，度过他的夜晚，直到第二天。

其时，太阳从高贵的提索诺斯床边升起，把晨光洒给众神和人们。诸神集聚在一起，商讨议会，包括位高权重的宙斯。面对众神，雅典娜讲起奥德修斯经历的种种磨难——女神关心他的遭遇——被困在海神的家："宙斯父亲，各位长生不老的仙尊，让权柄之王远离慈爱温和，不再为人间正义煞费苦心，让其永远残暴肆掠，凶横无度，因为神一样的奥德修斯，在他的国家，无人不怀念他这位和善的王者、慈爱的父亲。现今，他困身于海岛，承受人间悲痛，被海仙卡鲁普索强行挽留于她的水宫之中。他不能跨过浩渺的大海，回返家园，因为他没有伙伴的援助，没有带桨的航船。现在，那帮求婚者们已起了歹毒之心，意欲谋害他的爱子。其子外出探寻父亲的消息，去了神圣的皮洛斯和光荣的拉凯代蒙地界，他们等候在他返家的途中。”

听罢此话，风云之神宙斯答道：“你这说的是什么话？我的孩子，难道你不曾想过协助奥德修斯回返，惩罚那帮可耻之徒？至于忒勒马科斯，你可巧妙安排，送其归家，你完全可以胜任，让他免遭伤害，安抵家园；让求婚者们计划落空，黯然回返。”

言罢，宙斯转向爱子——赫耳墨斯，言道：“赫耳墨斯，即使你在处理其他事情，但你也是我的信使。现在，我命令你传达我的意旨，送达秀发飘飘的仙女，此番，奥德修斯启程回返，不可阻碍，既无神明导航，亦无凡人护援，仅一只捆绑结实的木筏，遭受苦难，直至第十二天。在肥沃的斯开里亚靠岸，那里是神族的边界，法伊阿基亚人的地界。他们会敬他如神明，送他黄金、青铜和衣衫，作为战礼，堆满海船，载他归家，因为他从特洛伊平安归来。此人命中注定可以面见亲朋，回到屋檐高耸的房屋前。”

听罢这番话，信使阿耳吉丰忒斯遵听命令，随即将精美的条鞋捆绑在脚底下面，此鞋黄金铸就，永不褪旧，绝不破坏——穿着它，神仙行走如疾风劲驰一般轻快。他持起节杖，像一阵风穿梭在皮厄里亚山地，驰骋在波涛翻涌的海面，像一只海燕，时而轻贴海面，时而附和惊涛骇浪，展开翅膀，捕食鱼鲜，沾打着涌起的浪尖；此节杖，可让凡人闭目，对其视而不见，亦可让沉睡者睁开双眼，一切全凭他的意愿。就这样，赫耳墨斯跨过滔天碧波，来到远方的岛屿。告别深蓝色的大海，走上平坦陆地，来到深邃宽广的岩洞——秀发飘飘的仙女的门庭前，正好看见仙女在里面，一边高声歌唱，一边沿着纺织机来回走动。炉膛里燃烧着熊熊火焰，岛间到处飘散着雪松和檀香木的香气。洞穴的四周是郁郁葱葱的树林，有生机勃勃的柏树、挺拔的杨树和香气四溢的翠柏。

枝丫上堆满了飞鸟的窝巢，鸟儿长着修长的翅膀，有小猫头鹰、鹞鹰和觅食的水鸟，捕食的鸬鹚，随波逐浪，嬉戏玩耍。岩洞门口，翠绿的藤蔓缠绕，一串串令人垂涎的葡萄垂挂；四周小溪潺潺，清泉流淌；还有生机盎然的水草环绕四周，清新、蓬松、舒软，遍地的水芹和紫罗兰——此情此景，无论是何方神明来到，见到定会欣喜悦怀。岩洞外的此番美景，已令信使陶醉，赞叹不已；心中赞美着园林的绮丽绚美，走进了宽敞的洞府。美丽的女神卡鲁普索望见其前来，当即认出他来——即使他们相距甚远，从未见过面；不朽的神灵天赋异禀，天生具有辨识的能耐。然而，赫耳墨斯却不曾在洞府里看见奥德修斯——其实，像往常一样，他正坐在外面的海滩，悲伤哭泣，泪流满面，伤心哀哭，心碎欲裂，凝望着苍茫的大海，心里想念着自己的家园。其时，美丽的海仙，将一把亮闪闪、油光光的座椅呈现在赫耳墨斯面前。赫耳墨斯转身坐下，女神道："是哪阵和风将手握金杖的赫耳墨斯吹进我的门庭家园。我所敬仰、爱慕的神明，为何以前你不常来看看？今日到来，有何贵干？还请道来。只要此事可为，我定竭诚效劳。请进吧，让我略尽地主之谊，好好招待你一番。"

言罢，海仙安放餐桌，摆下仙食，并为赫耳墨斯调制了一杯红色的奈克塔耳（一种神用的饮料，神不喝酒）。于是，赫耳墨斯开始享受美味佳肴；满足他吃喝的需要后，他开口回答先前的问话："你——美丽的海仙，问我——天上的神灵，此番前来的目的。我将把你的疑问解答，把此事如实相告。宙斯遣我前来，并非我个人意愿——谁愿漫步在无尽大海，遍尝咸涩的苦浪？这里杳无人烟，无城镇、无祭祀、无敬奉肴餐。但是神明中谁也不能将宙斯的意愿置若罔闻，搁在一边。他知道你将一名可怜的凡人滞留于此，此人为攻打普里阿摩斯的城堡的战勇中的一员。他们艰苦作战，终于在第十年成功收兵回返，但在起航返家途中，冒犯了雅典娜女神，因此招来凶险风暴和滔天巨浪。他的同伴不曾幸免，全数葬身入海；疾风推搡，巨浪拍打，把他带到这边。现在宙斯命你即刻遣送他起航。此人命中注定得见亲朋，回返家园，不能死在这边。"

听罢这番话，海仙卡鲁索普，声音颤抖，意味深长地讲道："你们这帮狠心妒忌的神祇，你们憎恨仙女的作为，当她们和凡人睡躺，你们便公开嫉妒，不加掩饰地批评，批评她们试图把凡人招为同床侣伴。甚至当玫红指尖的黎明拥猎户座为伴时，你们这些生活闲适的神仙们也个个心怀不满，直到贞洁的阿耳忒弥丝——享用金座的女神，在奥提伽岛，射出温柔的羽箭，结束了他的性命。同样，秀发飘飘的黛墨忒耳，痴迷于亚西昂，和其睡躺寻欢。宙斯知晓后，在受过三遍犁耕的农地里，一道霹雳，将其炸翻。现在，你等众神，因我收留一位凡人而不满于我；在他独身驰骋龙骨，沉浮之际，宙斯掷出闪光雷鸣，炸碎了他酒蓝色海面上的航船，伙伴们全部沉入大海，疾风猛浪将他冲到我这边，是我救了他，迎他进家门，关怀备至，爱护有加；甚至告诉他长生不老、安享永生不灭生活的方法。在神界，谁也不能违背诋毁宙斯的意愿，既然如此，让他去吧，倘若这是宙斯的命令，让他在浩渺的大海随波逐流；而我也将不再为他提供便利，因我既无带桨的海船，亦无伙伴助他越过苍茫的洋面。但我将给予他忠告，毫无保留地告诉他，使他不再经受伤害，平安返回家园。”

言罢，信使阿耳吉丰忒斯答道：“既然如此，那就送他去吧，以免宙斯愤怒，日后心怀积怨，把满腔的怒火对你发泄。”

言罢，阿耳吉丰忒斯离她而去。高贵的海仙，听过宙斯的旨令，随即外出觅寻，寻找心胸豪壮的奥德修斯——只见他坐在海边，双眼泪绵绵，甜美的生活随着思乡还家的泪水衰竭；即便海仙的爱慕早已不能使他心中畅快。夜里，在洞穴中，迫于无奈，他陪伴女神安入梦乡，违背心中的意愿，迎合海仙炽烈的情爱；白天，他孑然一身，独坐海边，泪流满面，任他伤心哭喊，心痛如麻，也只能凝望浩渺的大海，哭淌着无尽的眼泪。美丽的海仙走近他身边，轻声说道：“可怜的人儿啊，不要再哭泣悲伤，留你在我身边，实在虚耗你的大好年华。现在，我将真心送你归家。去吧，用那青铜利器，砍下长长的藤蔓，捆绑起来，做成载你回家的宽大木船，筑建高高的仓基，供你装载食物之用。我将送你面包、淡水和红红的醇酒，使你增加体力，免受饥渴；我还会为你穿上新衣，送上顺道的长风，你大可安返家园，少受伤害——如若神明赞同——他们统掌无边无际的苍穹，无论是筹谋策划，还是实现诺言，都比我强健有力，神力通透无边。”

她言罢，稳重刚强的奥德修斯声音颤抖，开口说道：“女神啊，我想这并非送行那样简单，你心中一定另谋打算。你让我渡过苍茫大海，仅仅一只木筏，这是何等的惊险，何样的艰难，即使是一只快速的大船，承受宙斯的劲风，也难以穿越。所以，我不会轻易登船，除非你，美丽的女神，立下庄重的誓言，不再有任何隐秘的安排，使我吃苦，将我陷害。”

言罢，卡鲁普索，美丽的女神，咧嘴笑了笑，用手抚摸着他的头，轻声说道：“嘿，你个无赖，心里竟装有这些心思，说出如此话来。让大地见证，苍天明鉴，还有斯图克斯的落水——幸福的神祇一同见证，在此，我立下庄重誓言，保证不再萌生新的花招儿，使奥德修斯蒙受苦难。倘若我是你，我也会如此设想一番，使用相同的方法，逃离难关。我知晓要通情达理，同情苦难，并非你想象的钢筋一般，不近人情，不晓是非。”

言罢，美丽的女神快速转身，引路前行，奥德修斯踩着女神的脚步，紧跟其后。女神和凡人一同前行，来到宽广的洞穴里。女神招呼其就坐于赫耳墨斯方才之座椅，随后在餐桌上摆满凡人的食品，诸如肉类，供其食用，然后坐在神样的奥德修斯的对面。女仆为她送来甘露和神用的食物，他们共同举杯，一起享用美味餐肴。餐饮后，丰美的女神首先说道：“莱耳忒斯之子，宙斯的后裔，智慧的奥德修斯，现在，你仍然一心想着归家，回返家园吗？好吧，既然如此，我祝你一路顺利。但是，我想你肯定知道，在你踏足乡土之前，你仍将遭受诸多磨难，但是，如若你留下，和我在一起，你将不会体验生命终结之苦，而是永生不死，安享福乐，即使你思念妻子，想念家园。但是，我敢断言，我不比你妻子逊色，无论是容貌，还是体态——凡人又怎能和神仙匹敌容貌和体态？”

言罢，博闻强识的奥德修斯答道：“尊贵的女神殿下，不要为我动怒。我心里十分清楚，任裴奈罗珮何等聪慧，也不是您的对手，无论容貌还是身形，她只是一个凡人，而您是永垂不朽、长生不老的神仙。但即便如此，我所希冀的是回返家园，等待归家的好时光。如若哪位神明意欲将我摧毁在酒蓝色的海洋上，我将承受打击，顽强斗争。我已遭遇诸多磨难与艰险，经历大风大浪，战场厮杀，就让这次航行为我再添愁闷吧。”他如此说道。

其时，太阳已西沉，夜幕降临大地。他俩边说边走向岩洞深处。但是，当黎明的曙光散发出玫红色的光芒，奥德修斯穿上衣裳，披上披肩。身后，女神身穿一件闪亮的长袍，质量轻盈，做工细腻精巧；腰围炫美金带，头系围巾。她开始考虑豪爽的奥德修斯的航程。她赠予奥德修斯一把巨斧，此斧头，青铜铸就，锋快无比，刚好扣合奥德修斯的手心，还有一只漂亮的橄榄木把柄，紧嵌铜斧的孔穴。接着，女神又给他一把锃光发亮的扁斧，并为其引路到海岛的另一端，那里林木参天，有桤木、白杨树和直指苍穹的松树；这些树木早已风干枯萎，适合制作轻快的木筏。卡鲁普索，美丽的仙女，把他带到树木林立的地点，然后自己转身回返洞府。奥德修斯动手伐木，很快就完成了此项任务，他共砍倒二十棵树木，然后用铜斧修剪，巧妙地劈出平面，溜直放成排。其时，美丽的女神带回一把钻子，供其钻孔之用，再用木钉和栓子连接这些孔。奥德修斯像一位娴熟的木匠，熟练地制作木筏的底舱；接着，他搬来树干，做出舱板；再将排列紧实的边柱擦入船边。他努力埋头工作，此时，长长的木段已制建成船身了。然后，他制造出桅杆和相应的桁端和划桨，借此来掌握木船航行的方向。在木筏的四周，他用柳条做防护栏，以抵挡海浪的冲击。

其时，卡鲁普索，美丽的女神，送来大片的布料，用以制作船的风帆。奥德修斯动作熟练地整理布匹，快速地安上绳索、吊索和帆布。最后，他在船底垫上木头，把木筏推下美丽的大海。到了第四天，一切准备就绪；第五天，美丽的海仙为其沐浴更衣，换上香气四溢的衣衫，送他离开海岛。此外，女神在船上放了两个大袋：一个装满醇香的酒浆，一个注满清水，还有一些食物——奥德修斯心中喜爱的美食。女神召来一股温暖和煦的微风，为奥德修斯践行。

奥德修斯起身上船，张开船帆，端坐正中央，熟练地操控船桨；他从未感到睡意袭来，因他的眼睛从未离开普雷阿得斯和缓缓沉降的布忒斯和大熊座——人们称其为北斗七星，她总在一个地方旋转，目光永远在猎户座；众星中只有北斗七星不曾沉入大海。卡鲁普索——美丽的海神，曾出言相告，要顺着北斗七星的右侧，冲破水浪，勇往直前。接连十七天，奥德修斯与水浪作战，努力冲破难关。直到第十八天，若隐若现的山景在水面显现；离他最近的地面，那是法伊阿基亚人的土地；它看起来像一块盾牌，陷在浓浓的大雾里面。

此时，震地之神正从埃塞俄比亚人那里赶来，从索鲁摩伊人的山冈上，远远眺见他的身影。即便如此，他看见了奥德修斯正驾着木船在海面。此情此景，波塞冬顿感恼怒，他从未如此生气愤怒；他摇着头，内心言说道：这是怎么回事？无疑，就在我出访埃塞俄比亚人的时候，神灵们已经改变了对奥德修斯的看法。现在，他已来到法伊阿基亚人的边界，很快就将摆脱承受灾难的国度。不过，我仍要他吃足苦头。

只见他积聚天空的团团云朵，用手中的三叉戟搅动大海深处的水流。顿时，一阵阵狂风巨浪在海上翻涌；乌云笼罩大地和海面，疾风大浪互相吞噬。黑夜快速降临大地。东风和南风交织缠绵，西风卷起巨浪，北风从天上袭来，掀起汹涌的浪涛；奥德修斯吓得双腿无力，心志涣散。立刻，他对自己说道："可怜的人儿啊，我最终将漂去何方？"

"恐怕现在是女神的话语灵验，她曾说，在归家之前，我在海上仍将遭遇一番苦难，眼下，这一切正在上演。看看这黑压压的乌云，宙斯把它们齐放在天际，用来困扰海洋，狂扫各地。现在，彻底的毁灭在等着我，死亡已成定局。和我相比，那些战死特洛伊大地的达奈兵壮，为了取悦阿特柔斯的儿郎，要幸福三倍，甚至四倍。但愿我也在那时死去，接受命运的捶击。那一天，成群结队的特洛伊人对我扔出青铜利器，为裴琉斯死去的儿男而战。那样，我就可以获得火焚的礼仪，获得阿开亚人给我的荣誉。想如今，我却如此凄惨地终结我的一生。"

当他正在自言自语，一波巨浪以排山倒海之势从天袭来，木筏在水中不停打转，奥德修斯被扫出船板，手中的舵杆已不在。猛烈的飓风将水花旋转，桅杆拦腰折断，船帆和甲板全被卷散，降落在远处的山尖。而奥德修斯身陷浪谷，无法立刻从滔天巨浪中脱离出来。埋压了很长一段时间后，海神赠予的衣衫不时将他往下沉淀。终于，他可以探出头来，吐出口中的咸苦海水。尽管艰辛至此、疲惫不堪，奥德修斯仍未忘记身后的木船。他纵身一跃，抓住船舷，缩坐在其中间，躲避海浪的拍击，暴风的摧残。巨浪顶起木船，浪潮忽高忽低；就像秋来的北风横扫平原，现在，南风把船只抛给北风玩耍；东风又把它递给西风追赶。

此时，卡德摩斯之女——脚踝秀美的伊诺，又名琉科泰娅，过去，她是口说人间语言的凡女，现在，她生活在大海深处，尊享女神的荣耀——见此场景，心生怜悯，不愿他再承受波涛击打之苦。她浮出水面，幻化成一只振翅的海鸥，停靠在奥德修斯的船上，对他说道："可怜的人啊，为何裂地之神——波塞冬，对你如此愤怒，让你遭受如此大灾大难？尽管如此恨你，却不能将你彻底击败。好吧，按我说的来办——你脱去你这身衣裳，留下木船在风中摇摆，尽管挥动双臂，奋勇向前，游向法伊阿基亚人的海岸，就一定可以脱离这次灾难。拿着这块方巾，系在胸前，你大可不必担心再次受苦遇难。但是，当你双手触碰陆地的一刹那，你要解下方巾，将其丢回大海，远离陆地，继而转身离开。"

女神送出头巾，转身跃入波浪起伏的海面，像只海燕，顿时被黑压压的海水覆盖。卓著的奥德修斯心情沉重，愁绪万千。自言自语道："不，这说不定又是哪位神灵的恶作剧，要我放弃木船？毫无疑问，我不能这样做，那片陆地还在遥远的对岸，在那里我才能脱离苦海。是啊，我得想出一条妙计——只要木筏不散，木段相连，我就人不离船，勇敢承受致命的煎熬；但如若船散木断，我再照此前女神所言——脱掉衣服，入海游赶。此计妙绝。"

正当他心中欣喜之时，波塞冬，裂地之神，掀起惊天巨浪，一股股激流，狠朝奥德修斯袭来。像一阵狂风暴雨冲击一堆干枯树叶般，弱者被击得粉碎，四分五裂，奥德修斯的木筏散落各处，木块也被砸得粉碎。奥德修斯环抱一根木条，像骑上马背，他扯掉女神赠予的衣衫，飞快地在胸前系好伊诺的方巾，纵身一跃，扎进海浪深处。只见他双臂不停拨动水花，拼命向前划摆。裂地之神，看着他在水中挣扎，摇着头，心中暗语：在这汪洋大海中，尽管挣扎吧，我要你尝尽苦头，直到宙斯的子民发现你为止。言罢，波塞冬扬鞭鬃毛飘逸的骏马，去往埃枷伊，那里有他金碧辉煌的宫殿。

但是，雅典娜，宙斯的女儿，正谋思新的想法。她平息所有暴风的走势，控制它们安静平息下来。她让在上帝之子——奥德修斯面前的北风转向，浪潮停止，直到他到达法伊阿基亚人中间，不再担忧死亡和危险。

连续两天两夜，他漂泊在波涛汹涌的大海上，心中一次次预感到死亡的接近，但是，在发辫秀美的黎明送来第三个白昼时，一切尽归平静，疾风不再，海面沉稳。随着一波升起的浪涛，奥德修斯瞥见了在不远的地方，陆地已显现。

宛如久卧病床，因病魔侵袭疼痛不已的老父亲，喜迎爱子的归来。此时，忧愁已去，仿佛神明为他消除了病灾一般，奥德修斯正如那位老父亲，眼见陆地和树林，他奋力前游，试图靠岸。但是，在离岸滩仅有几米的地方，他听到波涛击打岩礁的声响。一股滔天巨浪，以迅雷不及掩耳之势，迎面扑来，冲打在陆地岸，溅起的雪白水沫，将眼前一切掩埋。此地既无港口，亦无船舶停靠点，有的只是岩峰和绝壁峭岩。奥德修斯被眼前的一切吓坏了，他双膝已无力气，心神早已飘散，心中不停地呐喊：宙斯有意将我从绝望海洋救出，而我也拼命逃出这片水域；可如今，我却找不到出去的口径，在这片汪洋大海，我担心风暴再次将我席卷，卷往拥挤的海洋深处，让我痛苦呻吟；或许，某位神明再次从海底派出怪兽，与我纠缠。安菲特里忒有的是这一类伙伴——我知道，光荣的裂地之神恨我，恨得深切。

正当他心里焦虑万分，一股巨浪向他袭来，把他抛扔在岩边——他的皮肤被剥裂，骨头被粉碎。其时，灰眼睛女神——雅典娜在他心灵注入一股力量。奥德修斯用双手紧抓岩面，咬紧牙关，直到巨浪扑打过来。虽然熬过了此关，回流的浪涛将他抓紧的岩石冲散，把他扔向另一边，像一只乌贼被强行拖出洞穴，岩石粘住双手，扯去掌上的皮肤；海涛压住他的脸面，将他掩埋。

不幸的奥德修斯正接受命运的制裁，被风浪掩埋。如果没有灰眼睛女神雅典娜为他送来求生的信念，他不可能脱离浪涛，游向岸边。当他奋勇向前游去，他看到了登岸的最佳地点，那里有着光滑的岩石和遮挡风浪的隐蔽点。眼前奔流的河水，让奥德修斯心中窃喜，默默祈祷：“听我说，王者，无论你是何位神祇，我在向你靠近，亟需你的帮助，一位奔命的不幸之人，逃出大海的杀捕和波塞冬的咒言。即便对不死的神明，落荒的浪人亦可祈求援助。像我一样，忍受了种种磨难，趋贴你的水流，身临你的膝边。可怜我的不幸，神啊，容我对你称告，我是个对你祈求的凡人。”

他祈祷完毕，神灵立刻为奥德修斯停止了流淌的溪流和奔腾的水浪，呈现出一片柔顺安静的水面在他面前；把他引入安全的入水口前，见此场景，奥德修斯双膝折弯，双手下垂，跪倒在溪水里面，因为他的心灵早已被咸水摧毁。他全身肿胀，一股股海水从他口鼻喷了出来。他精疲力竭，瘫倒在地，既不能呼吸，也不能讲话，一阵阵倦意袭击着他的精神。但是，现在，重新呼吸喘气，精神饱满后，他解下女神赠予的方巾，丢回河流里面，任奔流的咸水带它飘离而去。伊诺立即一挥手，接回方巾。

奥德修斯踉踉跄跄，走出河流，倒躺在芦苇丛中。他亲吻盛产作物的大地，心情沉闷烦躁，心中思忖道：前路漫漫，我将归往何方？倘若我彻夜观望河床，恐怕明晨，我早已被无情的风霜击垮；如今，我早已疲筋力软，极度虚乏，明晨的冷风必将再次袭击河床。倘若我爬上山阴那边的灌木丛中，睡躺于此，即便躲过疲倦和寒露，睡一个好觉，我仍然担心被野兽掠入口中，成其囊中之物。

心中反复思忖、琢磨，他认定灌木丛为最佳选择。于是，他走向树林，却发现在其不远处前景更为广阔。他从两株灌木丛下匍匐向前，钻进一片野生橄榄树丛，那里枝叶相缠，密密匝匝，风雨不能穿透，日光不能照耀，海风亦无法吹荡。

卓著的奥德修斯满心欢喜，铺就一个开阔的床铺——足够两人睡躺，他睡躺在枝叶间，用落叶做铺盖，将自己掩埋——像有人掩埋了燃烧的木块，除此之外，再无有关火点的影像。雅典娜趁机降下睡眠，奥德修斯合上眼睑，静心入睡，除去一路搏浪的艰辛疲惫。

# 卷六

瑙西卡——阿尔基努斯的女儿，来到河边，浣洗全家人——父亲、母亲、兄胞的衣裳；现在，她一边等待天上的太阳，晒干衣服，收拾回家，一边和侍女们抛球玩耍。奥德修斯饱腹后，穿好衣衫，出发前往瑙西卡之父——阿尔基努斯的官房。

坚定不移的奥德修斯精疲力竭，身体满是辛劳和疲惫，他美美地睡了一觉。此时，雅典娜前往法伊阿基亚人的土地和城堡——他们曾经居住在呼裴瑞亚，那里地域辽阔，毗邻库克罗佩斯——骄傲自满的人群，因其力量巨大无比，常常欺凌他们。

神一样的瑙西洛俄斯将族民迁离，大家在这里落地生根，代代相传，生生不息；他筑建围墙，为子民修建房屋，为神灵搭建寺庙，开荒辟地，划分田园。因命运无情的摧残，他被阎王叫走，居住在冥府。现在，神明赠予阿尔基努斯智慧，统治一方子民。灰眼睛女神雅典娜正前往他家，为智慧的奥德修斯谋取回归。

雅典娜来到一处气派的卧房，那里睡躺着一位姑娘——拥有神样身段和清秀模样的瑙西卡，高风亮节的阿尔基努斯的女儿——美惠三女神赐予她美丽的容颜；在其身旁，两位侍女陪伴，分躺在门柱两边，华丽的门扇虚掩。

雅典娜像一缕轻风，飘至瑙西卡的床前，此时雅典娜借用和瑙西卡年纪相仿的美名远扬的杜马斯之女的形象，悬空站在她的头顶上方，开口对公主讲道："瑙西卡，你母亲怎会生有如此粗心大意的姑娘？华美的衣服不曾进入你的眼帘，你不曾将它们洗涤收好，而是任其随便堆放，肮脏不堪；不久后，你的婚礼将要举行，那时，你需要穿戴漂亮，并要赠予牵引你到夫君前的人儿你的衣裳，让你的美名传播四方，也让养育你的爹娘欢喜一场。来吧，我们明早破晓时分出发去浣洗，我亦将和你同行，作为你的侍女，为你帮忙。你要将一切准备好，记得你将不再是少女，你即将嫁作他人妇。当你自己还是千金小姐时，法伊阿基亚所有出色的青壮年都在关注着你。

"明晨，请示你高贵的父亲，恳请他为你套栓骡子和马车，装好待洗衣物、长袍和床套。你也最好乘坐马车，不要步行，因为我们要去之处，在离城区遥远的地方。"

言罢，灰眼睛女神雅典娜告别少女，返回到奥林匹斯山上——众神的府邸，那里永远没有风吹，没有雨淋，也没有霜雪的覆盖；相反，那里空气清新，晴空万里，处处闪耀着光亮。备受祝福的神仙们在那里享受日子的欢欣。不久后，破晓时分来临，黎明唤醒了衣袂飘飘的瑙西卡，她被刚才的梦境所惊吓；她走下床铺，穿过大厅，来到父母身旁——母亲正坐在火炉旁边，身旁侍女围绕，正忙碌于手中的紫色线杆；遇见父亲时，他正准备出门，应高傲的法伊阿基亚人之邀，前去拜见著名的国王。瑙西卡来到父亲身旁，站在靠近他的地方，开口说道："尊敬的父亲大人，请你让人为我套车牵马，我将载着华美的衣衫去河边涤荡，因我的衣衫上有太多的污渍需清理掉；当你召集诸侯聚会议事时，你也需要干净整洁的衣裳。你的五个可爱的儿子已长成青壮，其中两个已婚娶，其他的仍旧是风华正茂的单身汉，仍需华丽的干净衣裳。他们渴望在舞台中间，受万人爱戴，这一切我必须要操心秉办。”

瑙西卡如此说道，却因女儿家的娇羞，没有向父亲言说欢喜的婚事。洞悉一切的父亲心中十分明了，对爱女说道：“孩子啊，去吧，对你我不会吝惜几匹骡子和高大货车，或者其他你想要的物件，仆人们自会为你打点套备，你不必担心。”

随即，他唤来仆人，发出命令：在宫房外，牵来骡子，套好货车；瑙西卡提出亮光闪闪的衣服，放在一切就绪的华丽货车上；当她进入车辆时，母亲拿来一篮可口美味的食物，她把香醇的美酒添入羊皮瓶中。

母亲还为女儿和同去的仆人们带来了舒滑的金装橄榄油，供她们浴后涂抹身体。瑙西卡扯过缰绳，扬鞭挥舞，驱使骡子，开始行程。骡蹄“嘀嗒嘀嗒”，瑙西卡并非独自行动，车上还载着她的侍女们和那一堆亮闪闪的华美衣衫，她们紧张前行，没有丝毫松懈。

现在，她们来到秀美的自然山川前，那里的水流永不枯竭，清泉从地下涌上来，自由流淌。这些丰富的水资源，足以将车上的衣服洗净，不管有多脏。侍女们将骡子从马车上卸下，让其自由放松；她们将骡子驱赶至河岸边，那里水草丰盛，到处是盛开的甘甜红花草，动物们沿着漩涡的河口，自由采食岸边植物。接着，她们走向马车，抬下衣箱，将衣服拿出，摆在溪水岸边；她们全力洗刷并漂净，互相进行比赛。

现在衣物已洗净，只等晾干。她们将卵石洗净，所有衣物在岸边整齐铺开，即使浪潮击打岸滩。之后，她们擦洗身子，涂抹橄榄油，在河堤享用午餐，等待骄阳将衣服晒干。午饭后，她们心情愉快，瑙西卡和女仆们取下头巾，包裹成球，她们在那里抛球玩耍。白色裙衫的瑙西卡开始歌唱，歌声如阿耳特弥丝的弓箭，沿着泰格图斯山脉，穿越在整个山间，回想旧时美好时光——和山间水地的仙女及宙斯的女儿一道，在山间追逐野猪和斑鹿，奔跑嬉戏于山间水道，勒托见此心花怒放，拍手称好。她昂首翘望，眉毛高挑，显现在诸位仙女身旁，想必她也知道，她们全都美艳漂亮。就像这样，瑙西卡在女仆中显得特别引人注目。

然而，当瑙西卡叠放好华丽的衣衫，准备套车回家时，灰眼睛女神雅典娜突发奇想。如若奥德修斯醒来，看见这位俊俏的姑娘，不正能做他的向导，带领他到费阿克斯人的城邦。雅典娜心中不觉叫好，于是她指引瑙西卡将球投向湍急的水流。姑娘们见此，不禁失声大叫，尖叫声惊醒了容貌俊美的奥德修斯，他随即起身坐下，心中思量：天啊，这是什么地方？此地的百姓性格怎样？他们是热情友善，信奉神的指导，还是野蛮无道，对外来者暴虐相向？为何我听到一群女子的哭喊声？也可能是一些仙女，在山尖、水地和清泉边嬉戏游玩。可能，我已来到人类居住的地点，不管怎样，我得亲自去看看，探探境况究竟怎样。

于是，俊秀的奥德修斯小心翼翼地从灌木丛中爬出来，他从密密匝匝的枝叶中折取一枝，遮住裸露的身体。此时此刻，他看起来像一只山间雄狮，力大无比，信心满满，任凭风雨吹打，无所畏惧；他目光炯炯，两眼闪闪发光，奔跑在牛羊间，追羊逐鹿，不在话下。辘辘饥肠，催他跨越栅栏，闯入牛羊圈。

就是以这样一种状态，奥德修斯来到发辫秀美的姑娘们面前。尽管无衣蔽体，但他心中明白，他必须移步向前，向姑娘们请教。但在她们看来，他满身斑痕，全被海水和岩石毁坏，且突然出现在海边，吓得姑娘们尖叫漫天，四处逃窜。唯有阿尔基努斯之女——瑙西卡心中勇气十足，待在原地，静若泰然；一切只因雅典娜赠予了勇气在她心间，将恐惧从四肢抽离开来。瑙西卡原地不动，与奥德修斯迎面相站。此时，奥德修斯心中盘算：“是上前环抱姑娘的膝盖，对她美言一番，还是站立原地，用温和的语言，恳求她借他衣服，指明进城的道路？”

两相比较，他更觉后者为妙，无须抱膝请求，只需花言巧语一番，以免惹她生气动怒，一切枉然。因此，奥德修斯语气温和，言辞恳切：“我恳请你，女王，你是居住在神的宫殿还是人间庭院？如若你是神仙，控管广阔天际，看你的身段、容貌和体态，全是宙斯女儿的模样；如若你居住在人间庭院，想必你的父母和兄长全为你自豪，因为他们比常人享有三倍的福分——因为你，他们心里喜气洋洋；每当看见你翩翩起舞的模样，他们心中明了——一朵花儿正悄悄绽放。但是，更感幸福的是那个以众多聘礼迎你进门，做他新娘的男子。

“无论男子还是女士，我都不曾眼见如你俊俏的凡人，你的美让我如此惊讶。不过，在提洛岛，我曾见过一件绝佳品——阿波罗神坛旁的一株青翠棕榈树，长得如此挺拔娇艳。就在对岸，我曾带着我的同伴，远足至此，却迎来我此生的祸灾。

“久久凝望，心中赞叹不已，大地上从未有过如此出色的树木。就像这样，当看见你，我心中赞慕不已，惊叹你的容貌和体形；但心中也悲伤恐慌，我虽然历经万难，却不能环抱你的膝腿。在浩瀚的海洋上，我遭受了狂风的肆掠，海浪的击打，从奥杰吉厄岛出发，一路艰险，颠沛流离十九日，直到昨日登岸。现在，神灵将我带到贵邦，继续命运的摧残，我心知折磨不会中断，苦难仍将蔓延，神灵们不会让我轻易渡过难关。

“女王啊，请怜悯我的不幸；历经如此多的困苦和磨难，你是我遇见的第一人。这片土地，归谁所有？在这座城市里，我没有亲戚朋友；没有人告诉我进城的道路，没有人送我遮羞的衣裳。倘若你来此宝地，带有何样布匹包裹；祈愿神明助你实现心之所愿，愿他们赐予你一位丈夫，一所家居；愿你心想事成，一切舒心——此乃人间最好的赏赐。夫妻同心，家居一所，气氛和谐，家庭美满；这将让敌人寝食难安，为朋友送去欢欣，而你们自己也因此美名远播。”

白衣飘飘的瑙西卡答道：“陌生人，你不像坏人也不像蠢蛋，奥林匹斯山的宙斯，赐福于众生，不论本性善恶，人人有份；你的境遇，乃为宙斯赠予，你必须忍受。现在，既然你来到我们的领域，我们的城土，你将不会缺少衣物和其他生活供应品——落难者希求得到的帮助。我会为你带路到城镇，告诉你我们部落的名称和人们的名字。这里是费阿克斯人的土地，而我是阿尔基努斯的女儿，他是这里的伟大首领——法伊阿基亚人力量和勇气的象征。”

她这样说道，转而向发辫秀美的女仆们喝道：“姑娘们，停下吧，不要因为眼前这位男子而惊慌奔跑。你们将他看成敌人？但敌人永远不会降临，现在不会，将来也不会。不会有敌人向我们发起进攻，因为我们是不朽神灵的子民，我们居住在人烟稀少、波浪滔滔的海边，远离其他民族，没有生民与我们杂居。这位不幸之人，一路颠沛流离，来到我邦，我们理应照顾帮忙，热情款待。所有来客，无论生人还是流浪者，都受宙斯关照，礼份虽轻，但情义不浅。所以，姐妹们，拿出酒菜和美食，款待客人；找个隐蔽无风的地方，为他沐浴并穿上衣裳。”

一番吩咐后，女仆们都止步不前，相互呼唤同伴。她们按照瑙西卡——阿尔基努斯高尚品格的女儿的吩咐，领着奥德修斯到一处隐蔽无风的水流前，安排他坐下；在其旁边，女仆们放下一件斗篷、一件衣衫和金装的舒滑橄榄油，告诉他可在溪流中自在擦洗。聪明的奥德修斯对女仆们讲道：“姑娘们，还请你们站得远一点，容我洗去肩上的盐碱，涂上橄榄油，因我已长久没抹橄榄油了。但是，让我光着身子在发辫秀美的你们面前洗浴，我有失颜面，害臊得很啊！”

奥德修斯一番言说，姑娘们转身离去，回禀美貌的女主人：“奥德修斯在溪流中擦洗，洗去海水在他肩头和后背留下的斑驳痕迹，以及头上的盐垢。”

当奥德修斯洗浴完毕，他用橄榄油涂抹全身，然后穿上未婚少女给他的衣服。雅典娜——宙斯的女儿，使出仙术，让奥德修斯看起来更加挺拔、魁梧；他卷曲的发髻从头上垂下来，像风信子花朵；也像一位技艺高超的工匠，借着雅典娜赐予的本领，用精湛的技术将黄金浇灌在银片上面，制作的精美艺术品——他的头颅和肩膀犹如雅典娜制作的艺术品。奥德修斯走向海滩，坐在那里，闪烁着熠熠光辉。他俊美的轮廓，魁梧的体形；瑙西卡惊叹不已，随即对发辫秀美的侍女们嘱咐道：“听着，身着白衣的女子们，我有事要讲，此人来到神样的法伊阿基亚人中，没有违背奥林匹斯山神的意愿，刚才他似乎形貌不堪入目。但愿我的未来夫婿，形貌如此人般挺拔俊美，愿意留居此地。来吧，姐妹们，摆出食物与酒水，热情款待这位新来的客人。”

侍女们侧耳倾听，谨遵主人的命令。她们在他身旁摆满酒水和食物；坚贞勇敢的奥德修斯大口吃喝，狼吞虎咽——一路狂风肆虐，浪涛击打，顽强拼搏，却不曾好生进食用餐。

此时，身着缥缈白衣的瑙西卡想到了另一件待办之事，她叠好衣物，放入华丽的骡车，套好腿脚健壮的骡子，爬进车里。接着她呼喊着奥德修斯，恭敬地对他讲道：起来吧，陌生的客人，我将带你进城，带你到我那聪慧父亲的宫房里。在那里，你可以结识权贵，接触法伊阿基亚人的上流人群。但是你要听从我的指令，我相信你既不傻也不笨，会遵循我的安排。当我们在田间村野行走时，我在前领路，你和侍女大可紧跟车辆，结伴而行，快步前进；但当我们踏足城门时，必须分道而行；城门口有高耸围墙和眺望塔，两边各有一宽敞的港湾和狭长走廊，航船均由此靠岸，拖上岸边，各有放置地点。在波塞冬庙宇旁边，是集合所用的场地，地面用地下的石头铺就而成。人们在那里修缮船上用品，比如缆索和风帆，还有桨板。法伊阿基亚人不在乎弯弓箭壶，他们只喜欢桅杆、船桨和海船，以供他们出海，穿越灰色的洋面，体验航海的欢欣。我不愿他们看见我与陌生男子同行，以免日后被人诋毁，造说不雅言论。如若我们今天同行，被某个无耻之徒看了去，日后定会麻烦缠身。

“或许，还会当面提问：‘和瑙西卡同行的男子是谁？他如此英俊挺拔。她在哪里遇见他？不用说，肯定是她未来的夫婿，她自己外出寻觅而来，在迷途海岛，被她捡到，因为我们境内，没有此样生民。或者是她苦苦祈祷，神明赐福，让他们遇到。这样且不更好，反正她看不上境内同胞，自己出门寻觅佳婿，尽管许多优秀男子竞相追求于她。’他们如此言说，必将毁我名声，坏我德行。就我女儿家而言，我也不赞成违背父母朋友意愿，私自结交男人，擅作主张，决定婚姻大事。

“因此，朋友，你一定听从我的嘱告，以得到家父的护送，尽快回返家园。在路旁，你会看到一片挺拔的杨树，那是敬献雅典娜女神的树林，泉水流淌，草坪环绕。那里也有家父的园林，枝头硕果累累，欣欣向荣一片；距离城门喊声可及，你可以在那里坐等，直到我们已进入城中，回到父亲的宫门。你可大概估计，我们是否已抵达目的地。接着，你可入城询问，询问我父亲——德高望重的阿尔基努斯的门庭。阿尔基努斯的府邸结构独特，与普通人的房屋大不一样，即使无知孩童，也可做你向导，把你带到。

“但是，当你进入宫殿和场院，你要快速通过大堂，直到看见我的母亲——她坐在火炉旁，手拿线杆，正编织着紫色毛线——可能见此场景，会让你诧异一番。她的座椅斜靠柱子，身后有侍从陪伴。她的座椅旁边是我父亲的宝座，他正襟危坐，一派王者风范，正品尝美酒醇酿，像神仙一般，逍遥自在。你可径直走过他身旁，伸出双臂，搂住我母亲的膝盖；只要你博取了她的好感，让她心生怜悯，这样，即便你的家在那遥远的山川，你也可以早日回返家园，面见亲人，感受坚固结实房屋的温暖。”

一切交代完毕，瑙西卡挥动手中闪亮的皮鞭，催促骡子前行；骡子撒腿快跑，将溪流丢在身后边。瑙西卡熟练地使用长鞭，控制骡子奔跑的速度，以便步行的仆人和奥德修斯可以追赶上来。

其时，太阳西沉，他们也来到著名的杨树林，那片敬献给雅典娜的神圣园林。卓著的奥德修斯席地而坐，大声祷告，他对宙斯的女儿诵告：“请听我说，庇护的神明，宙斯的女儿，永不疲倦的女神。上次我在大海上，任凭波塞冬将我侵袭，你曾答应让我来到法伊阿基亚人的领地，接受他们的怜悯和拥戴。”奥德修斯如此祷告一番，雅典娜听到他的祷告，但她不愿在他面前显现，因为她对父亲的兄弟——波塞冬还有几分惶恐，因其一直对神样的奥德修斯盛怒不息，直到奥德修斯回归故里。

# 卷七

国王——阿尔基努斯和王后将奥德修斯迎至家中，热情款待。晚宴后，王后留意到奥德修斯的服饰，给他机会讲述岸边的经历。阿尔基努斯承诺，次日清晨护送奥德修斯返回家园。

当两头强健的骡子将瑙西卡带往城中时，超凡卓越的奥德修斯还在林中念念祈祷。当来到城下父亲的宫房，她停在门口止步不前，兄弟们聚集而来，围绕她身边。超凡脱俗的小伙儿动手卸下骡架，抬出衣服，走向房间。

由一名手拿火把的老妪陪伴，瑙西卡走入自己的房间；老妪专管房内事务和就寝入眠方面的事务。老妪来自阿培瑞，乘船而来，她被人们挑选为礼物，赠送给阿尔基努斯——他统治着法伊阿基亚整个天下，法伊阿基亚人民诚服于他的管理，敬他如神明一般。在宫殿，老妪打点白衣飘飘的瑙西卡的生活起居和食膳；现在，她在屋里点燃灯火，替瑙西卡准备晚餐。

与此同时，奥德修斯起身进城，雅典娜口吐浓雾，笼罩在奥德修斯身边，以防某位法伊阿基亚人见他陌生，出言不逊，询长问短，故意刁难。

当他来到期盼的城楼前，灰眼睛女神雅典娜幻化成少女模样——她手提水罐走来，站在奥德修斯面前。超凡脱俗的奥德修斯友好地询问："孩子，请你为我引路到阿尔基努斯国王的宫殿前，他居住在这个地方。我来自遥远的国家，不幸遭遇灾难，我无亲无故，孑然一身，流浪至此，寻求国王的庇护。"

灰眼睛女神雅典娜随即答道："既然如此，陌生的长辈，我将为你引路到你心中想去的地方，国王的宫殿与我家毗邻；但是在行走途中，你不可言语，不要好奇路上的行人，不要上下打量他们或者提问；他们没有耐心，也不会热情接待，尤其是对异乡来的客人。他们信奉帆船的速度，跨越浩瀚大海洋流的激情四射，这些都是裂地之神——波塞冬赠予的礼物，他们的帆船快得像振翅高飞的鸟儿，一闪而过。"

雅典娜转身引路，快步如飞；奥德修斯紧随女神步伐，紧跟不舍。以航海闻名的法伊阿基亚人，从未看见他们疾步前行，在城市中穿梭，因为长发秀美的雅典娜心中关怀奥德修斯，她在四周布满迷雾，不会让其看见他们的穿行。奥德修斯赞叹法伊阿基亚人的港口和华丽壮伟的海船，赞叹他们高大绵长的城墙和栅栏。当来到国王著名的宫殿，雅典娜首先讲话："陌生的长辈，这里便是你要来的地方，进去吧，心里不要恐惧害怕。勇敢的人都不惧怕冒险，哪怕身在异乡。在宫中，你将会看到尊敬的国王正享受盛宴；但是，你会在大厅遇见女王，人们唤她阿瑞塔，她与国王同祖同宗。家族中的长子为瑙西托俄斯，为裂地之神波塞冬和珀里玻亚生养。珀里玻亚，为心胸开阔的欧律墨冬最小的女儿，是女人中最清秀标致的典范；欧律墨冬曾为巨人之王，统管心高气傲的巨人族邦。

"然而，他却毁掉了人们对他的爱戴，亦将自己葬送毁灭。但波塞冬爱上了他的女儿，和她睡躺缠绵，生下了壮志满腹的瑙西托俄斯，其后，瑙西托俄斯一统天下。后来，瑙西托俄斯育有两子——瑞克塞诺耳和阿尔基努斯，但瑞克塞诺耳被银弓之神阿波罗杀害。其时，瑞克塞诺耳新婚不久，生有一女——阿瑞塔，后来，阿尔基努斯娶她为妻，使其在女性中拥有至高无上的地位，在神灵的帮助下，阿瑞塔为丈夫料理家产，无人可及。从她可爱的孩子、钟爱的丈夫到全城的百姓，全都尊敬她，爱戴她。当她行走在城区乡间，人人都热情慰问，或点头示意，敬仰尊她如神灵，从未改变。

“不仅如此，她心地善良，通情达理，善于处理纷争，无论是女子之间的争吵，还是男人之间的打闹。所以，如果能博取到她的好感，你便有机会回返家园，与你的亲人朋友相见，起居在你高大宽敞的房屋里面。”

灰眼睛女神雅典娜随即转身离去，她作别宜人的斯开里亚岛，跨越浩瀚的海洋，来到马拉松宽阔的雅典娜大道，进入埃瑞克修斯金碧辉煌的宫房。此时，奥德修斯来到阿尔基努斯有名的门庭前，他心中思绪万千，伫立在青铜门槛的前面。

一束光线，不知是太阳还是月亮的光芒，穿过阿尔基努斯的高檐大厅，青铜墙面反射出万丈光芒，光线直逼进里面的卧房，卧房的光顺着墙角和黄金镶边的门槛洒满整个房间。

门的两边是两只黄金白银铸造的大犬，是火神赫菲斯托斯亲手制造的，为守护勇猛豪爽的阿尔基努斯的宫殿，保佑他们远离死亡，永保安详。

大厅里，沿墙的两边排放着座椅；从内屋一直伸到门边，铺盖着细密的精工织纺的垫片，那是女人的手艺。法伊阿基亚人的首领们在此聚会吃喝，他们的库存永远食用不完。

黄金雕铸的年轻人，脚站坚固基座，手握照明火把，为宴席上的宾客们照亮厅堂。房里有五十名侍女在辛勤劳作，有的在推动石磨，碾压金黄色的谷粒；有的在纺织机前织布摇线，像杨树上的枝叶，随风摇摆；零星的几滴橄榄油点，撒在了纺织好的布匹上面。

法伊阿基亚的男子们个个都是玩转快船、乘风破浪的好手，无可匹敌；法伊阿基亚的姑娘们织纺布匹，织工精巧绝美，心智灵敏机巧——因为雅典娜赋予了他们这些特性。房门外，是一片辽阔的果树林，面积之大，犁地需要四天才可遍及每寸土地；树林周边用篱笆做界，篱笆内是树干粗壮、高大且盛产果实的树木，有梨树、石榴树和硕果累累的苹果树，还有无花果树和橄榄树。一年四季，树上的水果从不间断，无论是春天、夏天、秋天还是冬天，树上的果实总是一批接着一批，一轮接着一轮，轮番贡献；梨子之后又有梨子挂满枝头，苹果丰收之后，新的枝叶又重新冒出；每棵树都如此，果实永不停止。在果林里，还有一片葡萄园，硕果累累，一串接着一串；有的种植在温润的田野里，在太阳下晒干，收获；有的正从枝头采撷，有的正压榨成汁。前排的葡萄藤上，挂满密密匝匝的青涩果串，有的花朵刚谢，有的已是微微转熟的天蓝。葡萄架的另一端是整齐划分的菜园，各种各样的蔬菜，多得叫不出名儿来，绿油油的一片，煞是好看；一年四季，蔬菜从不间断，任你轮番采撷，蔬菜源源不断；灌溉菜园的水流乃是园林旁的两条溪流，一条灌溉整片果园，另一条养育城中百姓，此条溪流从法伊阿基亚的院门前喷出流淌。奥德修斯为眼前阿尔基努斯门前神明赠予的奇妙景象赞叹。

超凡脱俗的奥德修斯，伫立在门前，静观眼前美景，直到心满意足后，方才起身离开。只见他迅速跨过门槛，来到大厅，法伊阿基亚人的国王和大臣们正手捧酒杯，祭洒明亮眼眸的阿耳戈斯——每当他们准备上床休息前，总是要用美酒祭奠这位神明。

现在奥德修斯身边浓雾漫天，他穿过大厅，来到阿瑞塔和国王——阿尔基努斯面前。他伸出双手，环抱阿瑞塔的膝盖；此时，浓雾散开，在场的人们无不瞠目结舌，心中疑惑不解，只是呆呆地望着他的陌生脸面。奥德修斯出言请求："阿瑞塔——神明一般的瑞克塞诺耳的后代，我历经磨难，来到您和您亲人身边，以及在座诸位面前——愿神明赐予你们幸福美满的生活，愿你们的子孙后代拥有享不尽的荣华与富贵。而我自己，只希望可以尽快返回家乡，与我阔别多年的亲人朋友早日见面。"

言罢，他侧身就座于火炉的柴火边，大厅内寂静无声，场内气氛严肃静然。最后，年迈的费阿克斯人长老——英雄厄开纽斯，他口齿伶俐，知晓许多传说故事，开口言道："此番待客之道可不好，阿尔基努斯，也不符合我们的优良传统：让来客蹲坐于灰烬之中，依靠在火炉边；大家均不言语，只因在静候您的旨令下达。来人啊，抬来银钉嵌铆的靠椅，伺候这位客人就座；调兑美酒，供我们享用，也祭祀雷神宙斯，请求帮助的人们，他们的权益应受到重视。让仆人摆好晚餐，拿出贮存已久的食物，招待这位陌生的来客。”

言罢，地位崇高的阿尔基努斯握着奥德修斯的双手，将他从火炉边扶起，就座于他身旁的华丽座椅的、英勇的拉俄达玛斯——阿尔基努斯最爱的儿子，之前一直就座于此。女仆提来漂亮的金罐，盛出清水，供奥德修斯清洁双手；接着，一张光亮顺滑的餐桌摆在了奥德修斯面前，容貌清秀端庄的女仆端来面包，摆出美味的饭菜，大量的食物堆放在他面前，任其吃喝。酒足饭饱后，心胸开阔的国王阿尔基努斯，命令随从庞托努斯调兑一壶美酒，供厅内宾客享用，也祭祀雷神宙斯和他庇护的请求帮助的人们，他们的权益应受到重视。

言罢，庞托努斯送来调兑好的佳酿，他先在大家的酒杯中略添一点，以祭神灵；然后为大家添满酒杯。祭祀过神灵后，大家便饮起酒来，待诸位酒兴过后，阿尔基努斯开始发话：“法伊阿基亚人的大臣们，我受心灵驱使，有几句话不得不讲。现在，既然大家已酒足饭饱，那么我也不便挽留大家，诸位尽可回家，就寝休躺；明日清晨，我们将唤来更多长老，在此厅堂设宴款待祭祀神明；然后计划护送这位客人返回，我们要商讨如何让其避免再度遭受苦难与愁灾，如何安全返回，与亲人朋友团聚，哪怕远隔千山万水，我们也要确保他免于痛苦磨难，安全归家。在那之前，自打出了娘胎，他忍受了命运的残酷折磨。但是，如若他是一位从天而降的神明，出现在我们的面前，他们一贯以凡人的姿态，现身于盛宴面前或是壮观的祭祀场面，与我们同坐，共享欢宴；即便某位独自行走的路人，路遇神灵，也绝不会对其隐形不见，因为我们像库克罗普斯和野生部落的巨人那样，均是他们的家族后代。”

阿尔基努斯言罢，超凡脱俗的奥德修斯起身说道：“尊敬的阿尔基努斯陛下，你万万不可多想，鄙人也只是一个会生老病死的凡人，不是什么统管天际的不朽神明，论容貌、身段与体态，远远不及。倒是论吃苦受难，您尽管将您所认识的凡人与我做比，我绝对不逊分毫，甚至多出不少。事实上，我满肚子的苦水，我遭受的磨难，想必你们都不曾听说。但是，现在，请容许我食用晚餐，尽管心中万分悲伤，但不顾羞耻的肚子催我进食以忘忧愁。明日清晨，你们尽可行动，让鄙人尽快回返家乡，我已历经千险万难！让我眼见我的家产、我的亲人朋友、我的仆人和我宏伟的宫殿，我死而无憾。”

他一番言说，众人一致表决，同意护送他回返。祭祀过神明，酒足饭饱后，众人起身，回返家中休憩睡躺。奥德修斯留在宫中，阿瑞塔和神样的阿尔基努斯陪在他左右，此时，仆人正收拾餐桌，搬走桌上的餐具。其实，白衣袖臂的阿瑞塔，认出了奥德修斯的衣衫和披风——那是她带领仆人，亲手缝制而成，于是她娓娓说道：“陌生的朋友，我想首先问话，你来自何方？身为何人？你身上的衣服是何人交予你的？我记得你曾说你是漂洋过海流浪至此的，是吗？”

奥德修斯开口答道：“尊敬的王后，此事说来话长，确实不易啊！神灵赐予我的种种磨难，多得说也说不完。我将针对您的问话，告与你详细事件，在离这里很远的地方，有一座名叫奥杰吉厄的岛屿，矗立在海洋中央；岛上住着阿特拉斯的女儿，机灵的卡鲁普索，长长的发辫，孑然一身，独居岛上，无神仙的守候，也无凡人的陪伴。只有我这不幸之人，被命运安排到她的身旁——我曾航行在湛蓝色的海面，宙斯一声惊雷，我的航船随即粉碎开来。我英勇的同伴们全都葬身海底，我侥幸抓住了船架，傍着它，在海洋漂游了足足九天，第十天傍晚，神灵将我带到奥杰吉厄岛——秀发飘飘的卡鲁普索居住的岛屿。她将我收留，热心接待，关爱备至，甚至告诉了我享受长生不老的秘方，但她终究未能说服我在那儿安家。我在岛屿上度过了七年的岁月，每日以泪洗面，泪水湿透了卡鲁普索赠予我的衣裳。时日剧增，我迎来了岛上的第八年，不知是宙斯的命令还是女神心生怜悯，她亲口告诉我可以离开；她催促我出发，送我登上坚固的木船，另外送与我食物、酒水和衣裳，并唤来和风，送我出发。

“连续十七天，我航行在海面，与海浪抗衡，第十八天，茫茫大海终于出现了若隐若现的山巅，那是贵国的边界，那时，我心底荡漾，惊喜万分。但是我仍然要继续遭受灾难，因为裂地之神不断地破坏，他掀起滔天巨浪，呼来风暴，蜂拥的水浪不断击打我的木船，即使我声声呼喊。其后，一阵疾风猛浪把木船撕成碎片，无奈，我只得赤手空拳，在浩瀚的大海游赶，直到风浪把我送到你们的口岸。但是如若我在那里登岸，夺命的风暴定将我抛到陡峭的悬崖，所以，我调转方向，向来时的方向游去。我竭尽全力，终于来到河流的出口，暗暗觉得这是登岸的绝佳地点——没有岩石，反而有抵挡风浪袭击的庇护屏障。我快速登岸，踉踉跄跄地前行，在黑夜来临之际，我不抵饥饿与劳累，瘫倒在地。我努力挣扎，爬起，离开宙斯奔涌的流水，躲在一处隐蔽的丛林里。就着地下厚厚的落叶和神明送与的睡意，我倒头便进入香甜的不知苏醒的梦乡。在落叶堆里，我身心疲惫，不觉漫漫长夜早已悄然离去，第二天下午时分的太阳也在慢慢西沉，这时我才从香甜的睡眠中苏醒过来。就在那时，我发现令千金的女仆们在河岸上嬉戏玩耍，令千金被她们包围其中，像极了仙女。我向她简单述说了我的遭遇，她心胸阔达，通晓是非——如若路遇陌生男子，你可能不希望她如此处事，只因年轻人向来粗心大意。她赠予我诸多食物，还有醇香的美酒，还送与我这身衣服，让我在河里沐浴洗净身上的盐垢。即使我心里伤悲不已，但我所言句句属实。”

奥德修斯一番言罢，阿尔基努斯开口答道：“远道而来的朋友，话虽如此，不过我女儿确实有所疏忽，她没有连同仆人一道将你带来家中，毕竟她是你在本地开口所求的第一人。”

机智的奥德修斯开口答道：“陛下，请不要因为我责备令贤淑。姑娘确实要求鄙人与女仆一道，只是我等凡人难免猜疑，唯恐您眼见我们一道行走，会心生怨恨，因此，我没有听从姑娘的好意。”

阿尔基努斯再次开口答道：“朋友，我不会允许无缘由的怒火从我心中冒出，凡事还应适可而止。宙斯啊，人类之父，雅典娜、阿波罗，我向你们祈愿，但愿如此俊杰，成为我的女婿，婚娶我的爱女，与我一道长住此地。如果你自愿留在这里，我将赠予你一所住房和数不尽的家产。如若不愿，我们谁也不会滞留，若有违反，宙斯定当惩戒不友善的举措。护送你回返之事，我明天定派人嘱办，你大可放下心来。登船起航后，你可以睡躺休息，他们自会在海面上安静前行，安全送你回返家园或是你心中向往的任意地方，即使它远在欧波亚，距离本国最遥远的地界——根据去过那里的水手们的描述，曾经，他们护送金发的拉达曼提斯——盖亚大地女神的儿子；航行途中，他们未曾遭遇任何险阻，当天便返回国土。在波浪跌宕的海洋上，你将会亲眼看见我们的海船与年轻人是世界第一流的，你心中自会分辨。”

听闻阿尔基努斯一番言语，卓著的奥德修斯心中欣喜，他开口向宙斯祈祷：“宙斯啊，人类之父，请让阿尔基努斯提及的一切实现，让他在五谷丰登的大地上，美名远播，直至千秋万代，也让我顺利回返家园。”

如此一番你来我往，你一言我一语，直到穿白衣衫的阿瑞塔嘱咐女仆在门廊下方备床，铺厚实的紫红色毛毯，上铺床单，用羊毛做苫盖。女仆们退出厅堂，手拿火把，动作利索，即刻操办，一切妥当后，来到奥德修斯身旁，告诉客人：“远道而来的客人，床铺已铺好，可上床歇息。”

女仆言罢，奥德修斯顿感疲乏，睡意袭来。就这样，超凡脱俗的奥德修斯躺在了门廊下方拼接的床上；阿尔基努斯则在里屋的卧房歇息，身旁有夫人做伴。

# 卷八

第二天，为奥德修斯准备的款待项目是摔跤及其他活动。奥德修斯满意地观赏了士兵们的表演。突然兴起，他举起一块比士兵们表演用的大得多的石头，把他们都击败了。阿尔基努斯和众人赠予他礼物。国王询问了他的姓名，了解了他的国家和冒险经历。

当黎明重现天际，散发着玫红色的光芒。阿尔基努斯，灵杰豪健的王者，起身离床，城堡的游荡者——奥德修斯——宙斯的后裔，亦站离床位；灵杰豪健的阿尔基努斯领着人们走向法伊阿基亚人聚会的地点，筑建在海船的边沿。

他们行至会场，在溜光的石椅上就座；雅典娜穿行城里，幻化为聪颖的阿尔基努斯的使者的模样，谋备着心志豪莽的奥德修斯的回归，站在每一位首领身边，对他说道：“跟我来，法伊阿基亚人的首领和统治者们，前往聚会的地点，弄清那个陌生人的身份——新近来到聪颖的阿尔基努斯家里，漂逐大海的水浪，体形像不死的神明一样。”

一番话使大家鼓起了勇气，增添了力量，人群迅速集聚，坐满石椅，蜂挤在会场。许多人惊诧不已，望着莱耳忒斯聪颖的儿子——在他的头颅和肩膀上，雅典娜送来神奇的雍雅使他看来显得更加魁梧高大，从而赢得了全体法伊阿基亚人的喜爱，受到了他们的尊敬和畏慕，成功地经受了各种考验——法伊阿基亚人将以此把奥德修斯探察。当人们聚合完毕，集中在一个地点，阿尔基努斯当众发话，说道："听我说，法伊阿基亚人的首领和统治者们，我的话乃有感而发，是受到了心灵的催使。这里有一位生人，来自东方或是西方的部族，我不知他为何人，浪迹此地，恳求在我的家中。他要我提供航送，求我们予以确认。所以，让我们像以往那样，尽快送他出海，来我家中的人们从未忍着悲愁，为求得护送长期等候。来吧，让我们拽起一条黑船——一条首次航海的新船，拖下闪亮的大海；再从我们地域选出五十二名青壮，要那些最好的青年。当你们全都把船桨绑上架位，便可下船前往我的居所，手脚麻利地备下肴餐，我将提供丰足的食物，让每个人吃得痛快。这些是我对年轻人的说告，至于你等各位——有资格握拿权杖的王者，可来我那辉煌的宫房招待陌生的客人，在我们的厅堂。此番嘱告，谁也不得抗违。我们还要召来通神的歌手德摩道科斯，神明给他诗才，同行不可比及，此人总能欢悦我们的心怀，不管诗情催他唱诵什么事件。"

言罢，手握权杖的王者引路先行，众人跟随其后；同时，一位信使被派遣去寻唤那通神的歌手。按照国王的旨意精选出来的五十二名青壮沿着荒漠大洋的滩岸开路，很快就来到海边停船的地点。青壮们首先拽起海船，拖下幽深的大海，在乌黑的船身上竖起桅杆，挂上风帆，将船桨放入皮制的圈环，将一切准备妥当之后就冉冉升起雪白的风帆，拔起那沉重的船锚进深沉的水面。当他们抵达聪颖的阿尔基努斯宏伟的房院时，一眼望去全是聚会的人群，甚至在门廊下都聚满了人，其中男女老少都有。阿尔基努斯穿过人群给他们献出绵羊十二头、长牙闪亮的公猪八头、脚步蹒跚的壮牛两头作为丰盛的宴席。

这时，使者将杰出的歌手引入人群之中，非常钟爱凡人的缪斯女神给了这个杰出的歌手一好一坏的赠礼：女神剥夺了他的视力，他再也看不见东西了，同时又赐予了他甜美的嗓音。庞托努斯替他准备了一张银钉嵌饰的座椅，靠着高高的房柱，处于众宾客的中间。信使将那声音清脆的竖琴挂在这位杰出的歌手头顶上面的钉栓上，告诉他如何伸手取得，并在他身前放下餐桌和一只精美的编篮，还有一杯浓郁香醇的美酒，供他在想喝之时饮用。这时大家都伸出双手享受桌上的佳肴美酒。当他们吃饱喝足的时候，缪斯命令歌手为在场的所有英雄演奏一曲，以颂扬其功绩和著名的事件，而奥德修斯和裴琉斯之子阿基琉斯之间的那一场争吵让人记忆犹新。因为他俩曾在祭神的丰盛宴席前破脸相争，甚至出言粗暴凶蛮，最好的是阿开亚人的争吵，它使民众的王者阿伽门农心欢——福伊波斯·阿波罗曾对他有过此番预言，在神圣的普索，其时，阿伽门农跨过石凿的门槛，寻求神的示言；眼下，灾难已开始展现，降临在特洛伊人和达奈壮勇头顶身边，那是出于大神宙斯的谋愿。

当著名的歌手唱诵着这段往事时，奥德修斯伸出硕壮的大手，撩起宽大的海紫色的篷衫，盖着头顶，遮着脸面，不希望让法伊阿基亚人看见他潸然泪下的样子。每当这位通神的歌手辍停诵唱时，他便取下头顶的篷衫，擦去眼泪，拿起饮酒的器物，做出祭神的样子。但是，每当德摩道科斯重新开唱时，他不得不接受法伊阿基亚首领们的催请，因为他们喜听这些故事。之后奥德修斯便会重新掩起头脸，呜咽哭泣。就这样，他暗自流泪，不为众人所见，但是只有阿尔基努斯一人观察和注意到了这一细节，因为他坐在生客旁边，能够听见他的哭声和悲沉的呼叹。国王当即发话，对喜爱船桨的法伊阿基亚人说："法伊阿基亚人的首领和统治者们，请听我说！现在，我们已经吃饱喝足了，享受足了竖琴的弹奏。现在，让我们去这屋外，进行各项比赛，一试身手，以便让我们的生客回家后告诉他们的朋友：同别人相比，我们的竞技是多么妙绝，无论是拳击、摔跤、跳远，还是甩开腿步的赛跑。"

言罢，他领头先行，众人跟随其后；使者将声音清脆的竖琴挂在高处的突栓上，然后拉着德摩道科斯的手，带引着他随着法伊阿基亚人的贵族，走出宫殿前往观看比赛的地方。在他们后面，还跟着熙熙攘攘数千之众的人群。其中许多的出色青壮都挺了出来，有阿克罗纽斯、俄库阿洛斯、厄拉特柔斯、那乌丢斯、普仑纽斯、安基阿洛斯和厄瑞特缪斯，庞丢斯和普罗柔斯，索昂和阿那巴西纽斯，还有忒克同之子波鲁纽斯的儿子安菲阿洛斯，以及那乌波洛斯之子欧鲁阿洛斯——杀人狂阿瑞斯般的凡人，他的身段和容貌，除了雍雅的拉俄达玛斯，法伊阿基亚人之外谁也不可比及。人群里站着的还有雍贵的阿尔基努斯的三个儿子，分别是拉俄达玛斯、哈利俄斯和神一样的克鲁托纽斯。第一个项目，以快跑的方式开始比赛。赛场上的青壮们都在奋力地向前追赶，使地面上卷起滚滚尘埃。最终克鲁托纽斯飞快地跑在最前面，领先的距离有一条地垄的长短，把对手们远远地甩在了后面。第二个项目，他们举行了充满痛苦的摔跤比赛，欧鲁阿洛斯击败了所有的对手，最终夺魁。在跳远比赛中，安菲阿洛斯超过其他赛者；投赛中，厄拉特柔斯投出了别人不可企及的饼盘；拉俄达玛斯——阿尔基努斯健美的儿子在拳赛中得冠。当他们体验了竞比的愉悦后，阿尔基努斯之子拉俄达玛斯在人群中呼喊："来吧，朋友们，让我们问问这位陌生的客人，是否知晓和精熟某项技赛——看他的体形，不像是卑劣之人，瞧他的大腿和小腿上的肌腱，那双有力的大手，还有粗壮的脖子，浑身的力气；他也不缺盛年的精壮，只是众多不幸的遭遇拖累了他的躯体。文凭说过，没有什么比大海更折磨人了，哪怕他十分强健。"

听罢，欧鲁阿洛斯开口答道："拉俄达玛斯，你的话条理分明，说得一点不错。去吧，去和他说说，激挑他参加竞赛。"

听了这番话，阿尔基努斯杰卓的儿子走上前去，站在中间，对奥德修斯说道："你也站出来吧，陌生的父亲，试试这些竞技，倘若你精熟其中的任何一件。你一定知晓体育竞比；我们知道，对活着的人们，没有什么能比凭自己的腿脚和双手争来的荣誉更为隆烈。出来吧，试试你的身手，忘掉心间的愁烦。你的回航不会久搁，你的海船已被拉下大海，你的船员正在恭候。"

听罢这番话，足智多谋的奥德修斯答道："拉俄达玛斯，为何此般讽刺挑激？我已遭受诸般折磨，我忧心忡忡，不想参与比赛。在你等聚会的人群中间，我思盼着回归家园，为此我恳求你们的国王和所有的族人。”

此时，欧鲁阿洛斯出言讥辱，当着他的面道：“陌生人，我看你不像是个精擅比赛的汉子，虽说竞技之事如今到处盛行不衰；你更像是个往返水路的商贾，乘坐桨位众多的海船，船员的头目，运货的商人，只知关心自己的货物，物品的进出，从倒换中谋得利益。你不是运动场上的健儿。”

听罢这番话，足智多谋的奥德修斯恶狠狠地盯着他，答道：“我的朋友，你的这番话说得蹩脚次劣；你看来似乎过于大大咧咧。看来此事不假，神祇不会把珍贵的礼物统赐凡人，无论是体形、智慧，还是口才。有人相貌平庸，长相一般，但却能言善辩，使人见后心情舒畅；他能雄辩滔滔，不打顿；能和颜悦色，平稳谦逊，展现在会聚的民众前；人们望着他穿行城里，仿佛眼见神仙一般。而另有人相貌堂堂，像不死的神祇，但出言平俗，没有文饰雅典，和你一样，相貌出众，即便是神明也难能使你变得更美——你的心里空白一片。现在，你已激起了我的愤怒，以此番颠三倒四的胡言，在我的心胸里面激起波澜。我并非如你所说，是个竞技场上的门外汉；相反，告诉你，我一直是最好的赛手，凭我的精壮，我的手力。现在，我已历尽愁难，含辛茹苦，出生入死，闯过拼战的人群，跨过汹涌的洋面。但即便吃过种种苦难，我仍将就此试试身手，只因你的话使我心痛，激起了拼比的情怀。”

言罢，他提着披篷跳将起来，抓起一块远远重过法伊阿基亚人投掷的更大更厚的石饼，用硕壮的大手握着在空地上旋转几圈后一松手，石饼就呼啸着穿过空气，吓得法伊阿基亚人，操作长桨的水手，以及以航海闻名的船员等都匍匐起身子朝着地面，以躲避疾飞的石块。石块的落点远远超过了先前的。这时，雅典娜以一位男子的模样，标出落石的击点并开口说道：“即便是个瞎子，也可通过触摸区分出你的坑迹，因为它不和其他坑迹聚混，而是遥遥领先。所以就此项比赛而言，法伊阿基亚人中谁也不能均等或超越你。”

她言罢，卓著的、历经磨难的奥德修斯看到赛场上有人站在他的一边，非常高兴。他再次用更为轻松诙谐的语调对法伊阿基亚人说道：

“年轻的人们，现在你们可竞达我的落点，然后，我想，我可再做一次投掷，和这次一样，或比之更为遥远。至于其他项目，你们谁要是有这份勇气和胆量，尽可上来和我比试，无论是拳击、摔跤还是赛跑，我都不拒绝。上来吧，法伊阿基亚壮士，只要不是拉俄达玛斯本人都可以上来，因为他是我的客主——没人会和朋友争赛。此人必定缺乏见识，或干脆是个无用的笨蛋，倘若置身异邦，对接待他的主人发起挑战，将毁坏自己的声誉。但对其他人，我会加以重视并不会予以拒绝，我将领教他们的本事，面对面地竞赛。人间诸般赛事，我项项拿得出手，我知道如何对付溜滑的弯弓，当会率先发箭，击中队群中的敌人，虽然我身边站着许多伴友，全都对着敌阵拉开弓弦。唯有菲洛克忒忒斯比我强胜，在弓技之中，当我们阿开亚人开弓放箭，置身特洛伊地面。但是，同其他活着的、吃食人间烟火的凡人相比，我的弓艺远为领先。不过，我将不和前辈争比，不和赫拉克勒斯或俄伊卡利亚的欧鲁托斯争雄，他们甚至敢同不死的神明开弓竞赛。所以，欧鲁托斯死得暴突，不曾活到老年，在自己的房居；愤怒的阿波罗把他杀掉，因他斗胆挑战阿波罗，用他的弓杆。我投的标枪，远至别人射箭一般，只是在跑赛之中，我担心某个法伊阿基亚青壮可能把我赶超：我已被大海那一峰峰巨浪整得垂头丧气、疲惫不堪，而且船上的食物也即将用完，我的肢腿因之失去了活力。”

他言罢，全场寂静无声，突然，阿尔基努斯开口说道：“我的朋友，你的话语听起来并非出于怨愤。既然此人在赛场之上把你激怒，为了不让他小看了，你当然愿意一显本来就属于你的才能，而聪达之人应该知道怎样说话才得体，以致不会将自己贬低。听着，注意我说的话，以便日后让你的妻儿朋友以及其他的英雄都知道我们的杰作，这些技能是宙斯在我们祖辈生聚的时候所赐的。虽然我们不是技艺精湛的拳师，也不是无敌的摔跤手，但我们的腿脚轻快，是出色的水手。我们不仅喜欢丰富的美味佳肴和竖琴舞蹈，而且享有众多替换的衣裳，最钟恋的是睡床和用滚烫的热水洗澡。来吧，法伊阿基亚人中最好的舞手，一起跳起来吧，让我们的客人在返乡之后，告诉他的亲朋们，比起其他地方的人们，我们的航海技术，我们的快腿和歌舞，是非常精湛和无与伦比的。去吧，赶快取来此时正息躺在宫居某个地方的德摩道科斯声音清亮的竖琴。”

神一样的阿尔基努斯言罢，信使起身并返回国王的宫殿拿来了竖琴；这时，公众推举的负责比赛娱乐活动事宜的九位理事们站立了起来，平整出一大片圆形空地作为舞场。使者将取来的声音清脆的竖琴交给德摩道科斯，德摩道科斯移步至场中央，身边围站着一群刚刚迈入风华之年的小伙，他们都是双脚踢踏着平滑舞场跳舞的行家。奥德修斯注视着舞者灵活的步调，心里赞慕不已。

德摩道科斯拨动竖琴，开始诵唱动听的词句，唱诵的是阿瑞斯和头戴鲜花冠环的阿芙罗底忒的情与爱，唱诉着他俩如何悄悄相会并初次睡躺在赫法伊斯托斯的睡床上。阿瑞斯送了她很多的礼物，而且玷污了王者赫法伊斯托斯的婚床。太阳神赫利俄斯目察了他俩在床上欢爱的一切举动，当即把这件事告知赫法伊斯托斯。赫法伊斯托斯听罢，带着揪心的愁伤行往自己的工场，搬起硕大的砧块，放于托台，锤打出一张扯不开挣不断，可把偷情的他俩罩合抓捕的罗网。他拿着因对阿瑞斯的愤恨而打造的这个凶险的机关前往他的寝房，并安放到那张珍贵的睡床上。他铺开网套，沿着床边的柱杆围成一圈，且从房顶的大梁上垂下众多的纤小细密，像蜘蛛的网丝悬吊在床上，即便是厉害的神祇亦不能眼察。他的这个机关十分险诈。当布下的这张罗网罩着整个床面时，便前往他钟爱的去处——远比人间其他地方坚固的城堡莱姆诺斯。操用金缰的阿瑞斯对此看得真切，眼见著名的神工赫法伊斯托斯离去后，随即赶往后者光荣的居所，急不可待地企想和头戴花环的阿芙罗底忒合欢同床。女神刚从克罗诺斯强有力的儿子宙斯的宫居返回，坐在房内；阿瑞斯走进住房握着她的手，说道：“亲爱的！来吧，让我们上床作乐，睡躺一番；赫法伊斯托斯去了莱姆诺斯，已不在此地了。”

言罢，阿芙罗底忒欣然应允，同阿瑞斯走向睡床并平躺在床面上。顷刻间，神妙的赫法伊斯托斯精打密编的罗网网线从四面扑来，使他俩既动不得手脚，又不能抬起身来。他们心知中了圈套，已经逃不掉了。著名的强臂神工站在他们身边——赫法伊斯托斯已返回家来，因为赫利俄斯一直替他监看，告诉他事情的进展，所以他不曾抵达莱姆诺斯就返回了。赫法伊斯托斯心情沉重忧悒地站在门边，发出倾泄粗莽愤怨的可怕的呼啸，对所有的神明叫喊：“父亲宙斯，各位幸福的长生不老的神仙，来吧！前来看看这幅滑稽且荒谬的奇景吧！阿芙罗底忒，宙斯的女儿，却和杀人害命的阿瑞斯偷情，使我蒙受耻辱。只因他长得俊美，双脚灵便，而我却生来瘸腿，虽然这不是我的过错，但愿我的父母不曾把我生养下来！你们看见了，他俩卧躺在我的睡床上，拥抱作乐，情意绵长。见此画面，我的心痛得厉害。不过，我想他们不会愿意继续睡躺的，哪怕只是一会儿；我敢说，他们是无意卧躺的，只是无奈我的铸网把他们紧紧箍扎，直到她的父亲交还所有的彩礼——为了这个不要脸的姑娘，我曾做过付偿：他的女儿虽然漂亮，但却不能把激情掌控。”

他言罢，众神接踵而来，拥聚在青铜铺地的官房之中，其中有环拥大地的波塞冬，善喜助信的赫耳墨斯和远射之王阿波罗，但女神们却出于羞涩，全都留在各自的家房。站在门厅里赐送佳美之物的不死者们，眼见神妙的赫法伊斯托斯的杰作，忍俊不禁。此时，神们望着自己的近邻，开口说道：“恶丑之事，不会昌达。瞧，慢腿的逮着了快腿的，像现在一样，迟慢的赫法伊斯托斯，虽说瘸拐，却设计逮住了俄林波斯诸神中腿脚最快的阿瑞斯，阿瑞斯必须偿付通奸带来的损伤。”

就这样，神们互相议论，一番说告；这时，宙斯之子阿波罗，对赫耳墨斯说道：“赫耳墨斯，宙斯之子，信使，赐造佳美的神明，你是否愿意和她同床，睡躺在金色的阿芙罗底忒身旁，被这些强韧的网线蒙罩？”

听罢这番话，信使阿耳吉丰忒斯答道：“但愿此事当真，我的远射之王阿波罗！即便罩上三倍于此的绳线，有不尽的丝网和所有的神明都旁站观望，我仍愿睡躺在金色的阿芙罗底忒身旁。”

他言罢，不朽诸神哄堂大笑，只有波塞冬没有笑，而是在不停地恳求，恳求赫法伊斯托斯，著名的神工，释放阿瑞斯。他说道：“让他出来吧，我保证他会按你的要求，当着不死的神祇的面，付足所欠的一切和每一分合宜的回偿。”

听罢这番话，著名的强臂神工答道：“波塞冬，我的裂地之神，不要祈求我这么做。对于可悲的无赖，保证是无用的废物。当着不死的众神，我怎能把你揪住不放？倘若阿瑞斯抽身而去，既躲避了债务，又逃出了线网怎么办？”

听罢这番话，裂地之神波塞冬答道：“赫法伊斯托斯，倘若阿瑞斯溜之如你所说，逃避债务，我将担起替他付偿的责任。”

听罢这番话，著名的强臂神工答道：“好吧！既如此，我不能，也不宜回绝你的劝讲。”

言罢，强壮的赫法伊斯托斯解开封网，放出了阿瑞斯和阿芙罗底忒，他们当即跳出来。脱离强固的网面后，阿瑞斯朝着斯拉凯跑去，而爱笑的阿芙罗底忒则返往塞浦路斯的帕福斯，那里有她的领地和青烟袅绕的祭坛。典雅姑娘们替她沐浴，抹上仙界的油脂，永不败坏的佳品，供长生不老的神祇擦用，并替她穿上漂亮的衣裳，使她美得让目击者惊诧。

就这样，经过著名的歌手一番唱诵，奥德修斯听得心情舒畅，其他听众——操使长桨，以航海闻名的法伊阿基亚人，也皆大欢喜。

其后，阿尔基努斯命嘱哈利俄斯和拉俄达玛斯起舞，他俩的舞蹈在一国之中谁也攀比不上。于是，舞者手拿一件漂亮的、由能工巧匠波鲁波斯制作的紫红色圆球。二者中一人弯腰后仰，抛出手中球冲向投带幻影的云层，另一人高高跃起，在离地的空中轻轻松松地伸手接住。玩过了高抛圆球的竞技，他俩随即跳起舞蹈，踏着丰产的大地，迅速变动位置，旁围的年轻人抬脚和拍，踢打出一片轰然的声响。这时，杰出的奥德修斯开口对阿尔基努斯赞道：“哦，尊贵的阿尔基努斯，你的称告确实不假。你的属民，如现时证明的那样，确实是最优秀的舞蹈家。眼见他们的表演，我惊诧不已。”

他言罢，灵杰豪健的阿尔基努斯心里高兴，对欢爱船桨的法伊阿基亚人说道：“听着，法伊阿基亚人的首领和统治者们！我认为，这位陌生的来客是个严谨之人；所以，我提议，让我们拿出表示客谊的礼物，此乃合宜的做法。国地内有十二位尊贵的王者，掌权的王贵，训导民众的统治者，连我一起，总共一十三位。这样吧，你们各位每人拿出一领崭新的披篷、一件衫衣和一塔兰同贵重的黄金。然后，我们把礼物归聚一起，以便让生客手捧我们的礼物，高高兴兴地前往进用晚餐的厅堂。欧鲁阿洛斯对他讲过不合宜的话语，因此，还要当面道歉，除了拿出一份礼偿。”

他言罢，众王一致赞同，并各自让自己的使者前去提取礼物。突然，欧鲁阿洛斯对阿尔基努斯开口说道：“尊贵的阿尔基努斯，凡人中的俊杰，我会毫无疑问地遵照你的嘱告并对您的客人赔礼。我将给他一柄青铜的、剑身安着白银的握把，并且附带一管剑鞘的利剑，剑鞘是由新锯的象牙而制作的。我想他会十分珍爱这份贵重的佳品。”

言罢，他把铆嵌银钉的铜剑放到奥德修斯手中，开口说道：“陌生的父亲，我向你致敬！如果我有什么话语说得不对，愿那狂啸的风暴把它们一扫而光！久离亲朋的你在遥远的海外受尽了磨难，愿神明保你得以回抵故乡见妻儿。”

听罢这番话，足智多谋的奥德修斯答道：“我也向你致意，亲爱的朋友！愿神明使你幸福。但愿你不会牵挂送我的这柄铜剑。”

言罢，他将嵌缀银钉的铜剑挎上肩头；此时，太阳西沉，人们送来由阿尔基努斯高傲的使者们抬捧的光荣礼物；阿尔基努斯的儿子们接过精美绝伦的礼物，然后放在他们尊敬的母亲身旁。这时，灵杰豪健的王者阿尔基努斯领着人们进入宫殿，然后阿尔基努斯身坐在高高的椅面上，对阿瑞塔说道：“去吧，夫人，让人抬来一只你所拥有的最好的一个衣箱，并亲自放入一领簇新的披篷和一件衫衣。然后，让人点火热起铜锅，备下滚烫的浴水，让他沐浴过后，目睹排放得整整齐齐的由雍贵的法伊阿基亚人带到此地的礼物，欣赏享受宾客的喜悦，聆听歌手的诵唱。我将给他一只精美绝伦的金杯，让他泼洒家中的酒，以奠祭宙斯和列位神明，记着我的好意，终生不忘。”

他言罢，阿瑞塔走向女仆，令她们以最快的速度在火堆上架起大锅；

仆人们架好铜鼎并注入洗澡的清水，添上些木块，燃起通红的火苗；柴火舔着鼎底，将水烧热。与此同时，阿瑞塔从她的睡房搬出一只绚美的放入精美礼物的箱子，送给法伊阿基亚人赠送黄金和衣服的陌生客人，外加她本人馈赠的一件漂亮的衫衣和一领披篷。她对生客说道："小心箱盖，赶快打上绳结，以防你卧行在乌黑的海船上睡得熟甜时有人行劫。"

听罢这番话，卓越的、历经磨难的奥德修斯当即合上箱盖，迅捷地以基耳凯夫人教会的本领给箱子绑上了绳线，绳结打得花巧复杂。绑完箱子，家仆即时催他沐浴，奥德修斯眼见滚烫的浴水，心里甜蜜得很。自从离开长发秀美的卡鲁普索的家乡，已有好长时间没有享受此般沐浴——在女神家里，他被服侍得如同神明一样。女仆们替他抹上橄榄油，穿好衫衣，然后覆之以绚丽的披篷。当他走出浴池，进入喝酒的人群，展现出神赐的美貌，瑙西卡站在撑着坚固的屋顶的房柱边，双眼凝望着奥德修斯，赞慕他的俊美，随后说道，"别了，陌生的客人。当你回返故乡，不要把我忘怀，因为是我拯救了你。"

足智多谋的奥德修斯听罢这话答道："瑙西卡，心志豪莽的阿尔基努斯的女儿，我真希望赫拉的炸雷高天的夫婿宙斯，能答应让我回家眼见故乡的美景，即使能够如愿，我仍将祈祷家中能有一位像女神你一样的妻子，能聊尽余生之愿；姑娘，别忘了，我的生命来源于你的送赏。"

言罢，他走到国王阿尔基努斯身边的人座椅旁。这时，他们备出食物和美酒与众人分享；使者走进人群，在靠着高高的房柱，即宴食者中间的地方放下一张座椅，并引来杰出的歌手——受人尊敬的诗人德摩道科斯。足智多谋的奥德修斯叫过使者，告诉他，去割取一份已经动刀的长牙白亮的肥猪肉，将大块的脊肉递给德摩道科斯，让他享用并带去问候。

使者端着肉份，放入英雄德摩道科斯手中，德摩道科斯高兴地接了。于是，众人伸出双手，抓起眼前的餐肴。当各位吃饱喝足后，聪慧的奥德修斯对德摩道科斯说道："德摩道科斯，我要在所有的凡人中把你称颂！我想一定是宙斯的女儿缪斯或是阿波罗教会了你诗唱的内容。关于阿开亚人的命运、作为和承受的痛苦，你唱述得极其逼真，仿佛你亲身经历过这些，或听过曾亲身经历这些事情的人们的诉说。来吧，唱诵一段在雅典娜的帮助下，由厄培俄斯制作的攻城的木马，神勇的奥德修斯带领着冲打的武士冲入高堡将伊利昂扫荡。倘若你能形象地讲述这些，我将向所有的凡人宣告，你是人类中最杰出的唱诗者，让所有人都崇拜羡慕你的歌唱才华。”

言罢，受女神催动的歌手开始唱诵，这时阿耳吉维人把自己的营棚点燃并登上甲板坚固的海船，扬帆离去。其实奥德修斯连同他的精兵强将早已坐藏于木马之中了，傍着聚会的特洛伊壮勇将木马拖入城堡高处，让它直腿竖立，围着它的身影坐下议论这木马，他们分持三种不同的意见：一是挥起无情的铜剑，劈开高大的木马；二是把它拉向绝壁，推下石岩；三是让它留在原地，作为一件贡品，安慰神的心胸。经过再三商议，最终采用了第三种方案，在命运的约束下，城堡最终被摧毁，因为藏坐在木马之内的阿耳吉维最好的战勇，将给特洛伊人带来毁灭和死亡。他唱诵了阿开亚人的儿子们如何跳出木马之腹并攻劫了城堡；他唱诵勇士们如何分头在陡峭的城上出击搏杀；而奥德修斯又如何以阿瑞斯的狂勇偕同神一般的墨奈劳斯攻打城堡，并寻觅德伊福波斯的住处。奥德修斯说，那是他所经历过的最惨烈的，有着心胸豪壮的雅典娜助佑的最后获得成功的战斗。

奥德修斯听着著名的歌手如此一番唱诵，心胸难免酥软，泪如泉涌般流出眼眶，浸湿了面孔。像一位扑倒在心爱丈夫的尸体上痛哭流涕的妇人一般，英勇的战士在自己的城下保卫城堡，为救护孩童而阵亡的都活在民众的内心深处；妇人眼见丈夫死去，扑倒在他的身上大口地喘着粗气，发出尖利凄惨的号哭，而后面的敌人还用枪矛的杆头击打她的脊背，并强行逼她起来充作奴仆，遭忍磨难。听到此，奥德修斯的眉毛下滴淌着辛酸的眼泪，不为众人所见，却被坐在生客近旁的阿尔基努斯体察和注意到，耳闻他的哭声和悲沉的呼叹。他当即对欢爱船桨的法伊阿基亚人说道：“听我说，法伊阿基亚人的首领和统治者们！让德摩道科斯停奏声音脆亮的竖琴，可能这段诵词不能使每一个人感到愉悦。因为自从我们神圣的歌手拨响竖琴开始，我们的客人便没有中止过悲沉的叹息；我相信他的心里一定承受着巨大的悲伤。让我们的诗人停止歌唱，以便使在座的人们都能心情舒畅，要知道我们所做的一切都是为了尊贵的来宾。只要略通常识的人都知道，主客之间其实应如亲兄弟一样。所以，不要再藏有诡妙的心机，敞开你的心房说出来吧！告诉我在家时父母对你的称呼，还有那些住在城里的市民同胞；每个凡人在出生的时候都有个名字，不管贫穷还是富裕，一旦出生父母便会给他取好名称。告诉我你的国、你的城市和同胞，好让我的海船载着你回家；法伊阿基亚的船不需要舵手，他们的海船能感知人的心思和目的，知晓凡人居住的每一座城市及每一片肥沃的土地，能以极快的速度穿越深蓝的海面，从来无须担心有触礁的危险和沉船的顾忌。但是，我父亲那乌西苏斯曾说波塞冬已对我们心怀怨恨，因为我们能够顺当安全地载运所有的客人。他说，有一天裂地之神将一艘在大海混沌的洋面上回航的精制的法伊阿基亚海船击毁，并凸起一座大山包围着我们的城垣。听老人这般说道，神明可能会实践此番预言，亦可能时过境迁，会慢慢地忘记。现在，我要你如实回答：你漂游过哪些地方？到过哪些凡人居住的国家？告诉我哪些地方的人民建立的城堡墙垣坚固？哪些个部落暴虐、粗蛮、无法无规？哪些个族帮能友待外客，敬畏神明？告诉我你为何哭泣，是因为你听悉阿耳吉维人攻占伊利昂的那些达奈人的遭遇？这毁灭的罗网是神明替凡人编织出的，以便让后世的人们听闻诗人的诵唱。可是有哪位勇敢的战士、女儿的夫婿或妻子的阿爸死在伊利昂？这些都是本家血亲外最亲近的人们，最近的亲人。抑或，死去的战斗勇士是你的伙伴，一位骠莽的斗士，心心相印的挚友。他们的情分如同兄弟一样。”

# 卷九

奥德修斯首先讲述了他在依斯马拉斯塞科因人那里的遭遇，然后讲了罗托法基的事，最后讲了他是怎样被塞可罗普斯·波里费姆斯利用的。

听了这些话，明智的奥德修斯开口回答："尊贵的阿尔基努斯，毫无疑问，他是一位杰出的歌唱家，值得我庆幸的是我有机会聆听到一位像他这么伟大的歌唱家的歌咏——在他神一般的歌喉熏陶的场景里。我不能想象人间会有比这更令人高兴的场面：所有本地的民众都沉寂在这喜庆的气氛中，在食宴、在厅堂，人们整齐地坐在地上，聆听他动人的诵唱。人们身边摆满了食桌，餐桌上堆积着大片的肉面包，斟酒的人排着队依次往杯子中倾倒香醇的美酒。在我看来，这是最美的景状。但是现在，我要讲述的是我痛心的经历，有些会使我回忆起令人悲伤和痛苦的事情，这些连我自己也不能控制。我不知道从哪里开始，也不知道从哪里结束——老天给了我数不清的磨难。那么现在我就告诉你们我是谁，让你们记住我的名字，以便你们在躲过无情的死亡的时候，或者死亡之后，我能够有幸做东招待你们，虽然我的家坐落在离此很遥远的地界。我是奥德修斯，莱耳忒斯之子，我以谋略精深享誉人间；我名声越来越大，如日中天。我家住在阳光灿烂的伊萨卡，那里有高耸的大山，大大的山峰，和奈里托斯婆娑的枝叶，周围有一个接着一个的海岛，杜利基昂、萨墨和林木繁茂的扎昆索斯靠离得很近，但我的岛屿位于群岛的西端，离海岸线最近，朝向有些昏暗的区域，而其他海岛则面向太阳升起的东方。我故乡虽然到处都是嶙峋的岩石，却是块养育人的宝地；我想不出人间还有什么比它更让我觉得伟大的地方。事实上，卡鲁普索，丰美的女神，曾经想把我挽留在深旷的岩洞，意欲招我为夫君，而且基耳凯——埃阿亚的女仙，也曾想用诡计把我强留。在她的神殿，她也想让我做她的夫君，但这些是不能让我改变主意的，因为我的家乡是最可爱的地方，我的父母是最贴心的亲人，即便是身为浪子的我生活在遥远的地界，拥有宽旷的地域，但远离双亲，栖居异国他乡，仍让我归心似箭。现在我将告诉你我的回归，在我离开特洛伊的时光是充满艰辛的旅程，宙斯也令我感到为难，他总给我伤害。

“疾风吹打着我漂走，从特洛伊的地面来到伊斯马罗斯的海滩，那是基科尼亚人的地方。我攻劫他们的城堡，杀了他们的民众，夺得他们的妻子和众多的财富，在那处国邦，我尽我所能分发了战礼，使人人都得到应得的份额。其时，我拼命催促他们快跑，迅速撤离，可是那些自满的笨蛋总是不听我的劝阻，只知道一味地饮酒和享受，杀掉很多壮牛和肥羊。与此同时，我在海滨基科尼亚召来邻近的基科尼亚部勇——那些居于内陆的邦土。他们来了很多的士兵和能征善战的武将，在战车上的勇士也精通战术，在需要的时候，他们就可以发起进攻。宙斯亦给我们送来厄运，让我们遭受不幸的是在天刚放亮的时候我们被袭击了，所以我们必将承受巨大的苦难。双方开战，在速度很快的飞舟上，互投枪矛，那是带着青铜的镖剑。在新的黎明到来的时候，我们站稳脚跟，尽管他们比我们人多，可是我们还是击退了他们的进攻。但是，当太阳西移，到了替耕牛卸除轭具的时候，基科尼亚人终于打退和击败了阿开亚兵众。来自海船上的兵勇，每条船上都有顽强的伙伴，很多的人被击杀，其余的仓皇逃命，很幸运地躲过了死亡的命运。

“从那里出发，我们继续前进。我们心里悲哀，怀念死去的战友，但又庆幸逃离了灾难。为了我们失去的亲爱的伙伴，尽管情势危急，我仍然下了暂缓前进的命令，蜿蜒的海船原地不动，直到我们对被基科尼亚人击杀而死去的伙伴发出三声表示敬佩的呐喊，他们是多么的不幸，死在了原野上。这个时候，宙斯汇聚乌云驱来北风，冲打我们的海船，一阵狂野凶虐的风暴，掀起层层积云，掩罩起大地和海域。黑夜从天空降临，海浪卷着我们的船队横走，暴烈的狂风撕扯着我们的风帆，有的被撕成碎片。我们都很惧怕死亡的来临，就收起船帆，放入船身，摇起木桨，急急忙忙地划向陆岸。我们在那里停留了两天两夜，痛苦和疲劳使我们感到无法忍受。但是，当清晨的黎明送来第三个白天的时候，我们竖起了桅杆，升起白帆，坐上了海船，任凭海风和舵手把我们带向前方。其实要不是在海船绕行马勒亚之际，北风和激浪把我们推离航线，疾冲向前，滑过了库塞拉地面，我们已经安全抵达故园。

“一连九天，我们随波逐浪，被凶暴的强风推揉在鱼群汇聚的大海里，直到第十天，我们才在岸边落脚，那里是食拓枣者的邦界，后者专吃一种开花的蔬餐。在那里登陆以后，我们提取了清水，伙伴们的动作利索，很快我们就在快船边食用晚餐。当晚餐结束以后，我便遣出一些伙伴，探访前方的道路，要他们弄清这里可能住着何样的生民。我选出两人，再选出第三位作为报信的人。他们当即出发，不久就遇见食拓枣者的人群，那些人没有谋算夺取他们的性命，而是拿出拓枣让我的伙伴尝尝。然而，当他们三人吃过蜜甜的枣果后，便没有谁愿意送信回来，都不想离开。他们都想留在那里，和枣食者们住在一起，以枣果为餐，忘记还家的事情。最后我强制带走了他们，任凭他们怎么哭啼，我还是把他们拖上船面，塞在甲板下，绑得结结实实，发出命令，要其他可以信靠的伙伴们赶紧上船——我害怕有人尝吃枣果，忘却还家的事情。为了让他们迅速登船，所有的人滑动桨位，以整齐的座次荡开船桨，击打着灰蓝色的海面。

“从那里出发以后，我们的船继续向前，虽然我们心中很悲痛。在来到库克罗佩斯们的邦界以后，我们遇到一个无法无规、骄蛮暴虐的部族，他们的一切仰仗天赐，依靠不死的神明，既不动手犁耕，也不种植任何东西，任凭植物自生自长，无须撒种，不用耕耘，就有小麦、大麦和成串的葡萄，为他们提供力量的是宙斯的恩泽。他们没有议事的集会，也没有共同遵守的礼仪和法规，有的住在高山大岭的峰峦，有的住在深旷的岩洞里，每个男子都是自己的妻子和孩童的法律，不管别人的一切。

"那里有一座林木森郁的海岛，从港湾的边界向内延伸，既不远离库克罗佩斯人的住地，也不贴近它的跟前，遍长着林木，遮掩着数不清的野山羊生聚在山间——那里没有居民骚扰它们的安闲，没有屠捕的猎人在深山老林出没，在高山的峰巅追杀它们，没有放牧的羊群，没有农人，自古以来从未开垦，从未种植，荒无人迹，哺喂着成群的野山羊，"咩咩"叫唤。库克罗佩斯们没有海船，不能把船首涂得鲜红，也没有造船的工匠制作坚固的木船，使他们得在海中行走。为了满足生活的需求，他们需要造访异邦客地，找出人的居住地，驱船渡海，互相通商往来，从而使这座岛屿成为繁荣昌盛的地界。这是块肥沃的土地，可以栽培各种庄稼，合宜的季节里，在水源丰足的草坪松软的草场，在灰蓝色的大海边沿；亦可种植葡萄，收取食用不尽的甜果；那里有平整待耕的荒野，生产出丰产的谷物，在收获的季节，表层下的泥土肥得冒出油星。岛上还有座良港，易于停船，不用连绑，徐风从海面上缓缓送来，既不用甩出钻石，亦不用紧系的绳缆，人们只需跑上海岸，静静等水手们的心愿驱使行船。此外，在港湾的前部，有一泓闪亮的泉水从岩洞下涌冒出来，周围杨树成林。我们驱船在那里靠岸，凭借某位神明的指点，穿过朦胧的夜色，四处一无所见，浓厚的迷雾蒙罩着木船，天上见不着闪光的月亮，它已藏身于灰黑的云间。我们中谁也看不见海岛的身影，也见不着冲涌的长浪拍打岸沿，直到甲板坚固的海船抵靠滩面。木船泊岸后，我们收下所有的风帆，足抵滩沿，傍临大海，睡躺在地，等候神圣的黎明的到来。

"当最早的黎明垂着玫瑰红的手指重现天际的时候，我们漫游在海岛上，欣慕所见的一切；水仙们带着埃吉斯的宙斯的女儿，拢来岗地里的山羊，供我的伙伴们猎食。于是我们即返回海船，取来弯卷的硬弓和插节修长的标枪，分成三个小队向前出发，神明能够保佑我们，让我们获得我们想要的猎物。我们共有十二条海船，由我统领，每船分得九头山羊，但我的份额要多些，我一人独得十头。我们坐着吃喝，直到太阳西沉，整整痛快了一天，嚼着吃不尽的羊肉，因为行前各船带了许多满装的坛罐，里面装着没有喝完的红酒，我们喝着香甜的美酒，最后还仍有一些剩余。我们举目望去，望着邻近的库克罗佩斯人栖居的地点，眼见袅绕的炊烟，耳闻绵羊和山羊"咩咩"的叫唤，那是我们曾荡扫基科尼亚人神圣的城垣。当太阳西沉，黑夜把大地笼罩，我们平躺在那里睡觉，长浪拍击的海滩。然而最早的黎明，垂着玫瑰红的手指，重现天际。我召开了一次集会，对众人说道：'你们留在这里，我的最可爱的伙伴们，我将带着我的海船和船上的伴友去探寻那里的土著居民，弄清他们是怎样一个民族。到底是一群暴虐、粗蛮、无法无规的部落，还是些能善待外来人员，敬畏神明的民族。'

"于是，我把我的伙伴叫上了海船，让他们解开船尾的缆绳，众人迅速登船，船上的人迅速地滑动双桨以整齐的桨姿拍打着韵蓝的海面。当我们的船来到了那个相距不远的地方时，在陆基的岸边傍临大海眼见一个山洞，高耸的洞口，垂挂着月桂，里面是羊群的畜栏，大群的绵羊和山羊晚间在此过夜，洞外是个封围的庭院，墙面高耸，都是嶙峋的岩石镶嵌在泥土里。还有贴靠着高大的松树和耸顶着枝叶的橡树。洞里住着一个魔鬼般的怪人，当时正牧羊于远处的草场，孤零零的一个——他不和别人合群，独自游居，我行我素，没有约束。事实上，他是个让人见后惧诧的魔怪，看来不像个吃食谷物的凡人，倒像一座长着树林的峰面，竖立在高山之巅的岭峦。

"于是，我带着十二个精壮的伙伴，让其他的伙伴留在了船上，便去探路了。我拿出一只山羊皮缝制的口袋，里面装着醇黑香甜的美酒，这是马荣给我的礼物，他是欧安塞斯的人，阿波罗的祭司，阿波罗，卫护伊斯马罗斯的神仙。因为我们出于对他的尊敬，保护了他和他的妻儿的安全。他居住在福伊波斯·阿波罗的神圣的地域，给了我光荣的礼件，便就是这件礼物了。他给了我一个用黄金打造的七塔兰同和一个白银的兑缸，还送给我十二坛好酒，醇美甘甜，不曾兑水，一种绝妙的好东西。家中的男仆和女佣对此一无所知，只有心爱的妻子和他自己，另有一名家仆知晓此酒的奥秘。每当饮喝蜜甜的红酒，他总是倒出一杯，添兑二十倍的清水，纯郁的酒香让人跃跃欲试，垂涎欲滴。其时，我用此酒灌满一个硕大的皮袋，装了一些粮食——我的内心告诉我，很快会遇见一个生人，他身强力壮、粗蛮凶悍，他不知礼仪，不受法规的约限。

“我们行动迅速，来到洞边，但却不见他的踪影，其时他正在草场之上，牧放肥壮的羊儿。我们走进洞里，眼前看到的是一只只篮子，满装着沉甸甸的酪块，还有一个个围栏，里面拥挤着绵羊和它们的幼羊，分别关在不同的栅栏：头批出生的，春天生养的和出生不久的，都有各自的群体。所有的围栏做工坚实。容器、奶桶和盛接鲜奶的盆罐，全都装着奶清。那时，伙伴们提出先把一些奶酪搬走，再回头把羊羔和小山羊赶出栏圈，然后迅速逃回我们的海船驶向大海。但我没有听取他们的劝议，不然该有多好——我心想应见见那人，看看能否收得一些礼物回转。然而，我们将会发现，他的神色很难使我和我的伙伴们感到愉快。

“我们燃起一堆柴火，做过祭祀，拿起奶酪，张嘴咀嚼，坐在里面，等候洞穴的主人，直到他赶着羊群回返家里。他扛着一大捆干透的烧柴，以便在进食晚餐时点用，扔放在洞里时发出可怕的碰响，吓得我们缩蜷着身子，往洞角里藏钻。接着，他把肥羊赶往洞中的空时之处——都是供他挤用鲜奶的母羊，却把公羊、雄性的山羊和绵羊留在洞外深广的庭院里。然后，他抱起一块巨石，堵住大门，那是一块硕大的岩石，即便有二十二辆坚实的四轮货车，亦不能把它拖离地面——这便是他的门挡，一面高耸的巉岩。接着，他弯身坐下，将他的绵羊和“咩咩”叫唤的山羊，顺次一头接着一头挤取鲜奶，随后将各自的羔崽填塞在母腹下面。他把一半的白奶凝固起来，放入柳条编织的篮里，作为乳酪藏存，让那另一半留在桶里，以便随手取来，尽情饮用，作为晚餐。当忙忙碌碌地做完这些，他点起明火，发现了我们，开口问道：‘你们是谁，陌生的来人？你们从哪里起航？踏破大海的水面，是为了生意出航，还是任意远游，像海盗那样，浪迹深

海，冒着生家性命，给异邦人送去祸灾？'

“他说的这一番话，吓得我魂飞胆裂，被那粗沉的声音和鬼怪般的貌态所惊吓。但即便如此，我还是开口答话，对他说道：‘我们是阿开亚人，从特洛伊返回家乡，在浩渺的大海被各种方向的疾风吹离了航线，我们只想驾船回家，只是走错了海道，循着另一条路线，着陆此间。如此安排，定能使宙斯欢心。我们声称，我们是阿特柔斯之子阿伽门农的部族，他的声誉，如今天底下无人可以比肩——他攻掠了一座如此坚固的城堡，杀了这么多兵民。然而我们却不如他走运，来到这里，在你的膝前恳求；但愿你能给出表示客谊的款待，或给出一份礼物，这是我们生客的权益。神明在上，最强健的汉子，我们在你面前恳求。宙斯，客家的尊神，保护浪迹之人的权益，惩报任何错待生人和恳求者的行为。'

“等我的话说完的时候，他不带怜悯的开口回答说：‘陌生人，我看你真是个笨蛋，或从遥远的地方前来，要我回避神的愤怒，对他们表示敬畏。库克罗佩斯人不在乎什么带埃吉斯的宙斯或其他任何的神明；我们远比他们强健。我不会因为惧怕宙斯而放过你和你的伙伴，除非你们服从我的心愿。告诉我，让我知晓，你来时把建造精固的海船停在哪里，是在远方的大海，还是近在眼前？'

“他如此的一番话是想让我说出我的海船在哪里，因为我经验丰富所以不受欺骗，开口回答，也许我的话在别人看来有一点狡猾：‘尊敬的波塞冬，裂地之神砸碎了我的海船，把它推向礁岩，在你邦界的滩岸，撞上一峰巉壁，被海风刮得杳无踪影，而我，还有我的这些伙伴，躲过了灾难到达这里。'

“等我的话说完的时候，他仍然不作声，心中不带怜悯，突然跳起，伸手将我的伙伴抓住两个，捏在一起朝着地上砸去，仿佛摆弄一对小狗，倒出他们的脑浆，涂流泼泻，透湿了地面。他撕裂死者的身体，一块接着一块，备下晚餐，穷吃暴咽，像一头山地哺育的狮子，不留一点存残，吞尽了皮肉、内脏和卷着髓汁的骨架。我们对着宙斯高举双手大声哭喊，眼见此般酷景，却无能为力。库克罗佩斯填饱了巨大的肚皮，吃够了人肉，喝足了不掺水的羊奶，便躺倒睡觉，四肢伸摊在羊群中间。当时我自己也在心里盘算，打算走上前去，从胯边拔出利剑，扎他的胸膛，横隔膜和肝脏相连的部位，用手摸准进剑的入点。但我转而一想，觉得此举不佳——如果这样做，我们自己将面临突暴的死难。我们的双手推不开堵塞出口的高耸峰石岩。没有其他的办法，我们只能守在洞里，等待着黎明的到来。

“当黎明时分垂着玫瑰红的手指重现天际的时候，库克罗佩斯点起明灯，开始动手挤奶，白光闪耀的母羊成群结队，顺次一头接着一头，随后将各自的羔崽填塞在母腹下面。当忙忙碌碌地做完这些，他又一把抓过两个活人，作为自己的早餐，吃饱喝足了，就赶起肥壮的羊群，走向洞口，轻松地搬开巨大的门石，然后又把它堵上，就像有人合上箭壶的盖子一般。就这样，库克罗佩斯吹着尖利的口哨，赶着肥壮的羊群，走上山冈，把我们关留在洞里。我们明白，必须想出一个凶险的计划来惩治他，倘若雅典娜给我这份荣光。我冥思苦想，最后觉得有一个很好的办法。羊圈边有一棵硕大的橄榄树，皮色青绿，库克罗佩斯把它砍截后放在那边，以便风干后当作手杖。在我们眼里，它的体积大得好似一根桅杆，竖立在宽大乌黑的货船里，配备二十支船桨，便能行驶在汪洋大海上。用眼睛揣测，树段的长度和粗壮就像桅杆一般。我走上前去，砍下一截，交给伙伴，要他们把它弄整齐平滑。他们削光树段，而我则站在一边，劈出尖端，放入炽烈的柴火，使之收聚硬坚。然后，我把它暗藏起来，藏在散乱的粪堆遍布的洞穴地面的羊粪下。然后，我命令伙伴们拈阄儿定夺，他们中谁将承受此番苦难，让他们和我一起，将这尖尖的木棒插进他的眼睛里。最后我们一共选出了五个人。随着夜色的降临，库克罗佩斯回到洞边，从深广的庭院赶着毛层深卷的羊群，当即将所有的肥羊拢入洞里，一头不曾留下——不知是因为产生了什么想法，或是受了某位神明的指点。他抱起巨石，堵住洞口，然后弯身坐下，挤取鲜奶，绵羊“咩咩”叫唤，顺次一头接着一头，随后将各自的羔崽填塞在母腹下面。当忙忙碌碌地做完这些，他又一把抓过两个活人，备作自己的晚餐。当时，我手端一只象牙大碗，满注着乌黑的醇酒，走向库克罗佩斯身边，说道：‘拿着，库克罗佩斯，喝过我们的酒浆，既然你已食罢人肉的餐肴，看看我们载着怎样的好酒，倘若你能可怜我们的境遇，放我们回家，在我们船上有很多这样的美酒。我把它带来给你，作为你祭酒的奠酒。见过你的强壮和力量以后，我们是不敢再登上你的领地的。'

"他听我说过话，接过美酒，一饮而尽，高兴得神魂颠倒，尝了一碗美酒的甜头后，便开口向我索要说道：'慷慨些，再给我一点；告诉我你的名字，赶快，以便让我给你一份待客的礼物，快慰你的心。不错，库克罗佩斯人盛产谷物的田野亦可生产大串的葡萄，酿出醇酒——宙斯的降雨使它们熟甜，但你的佳酿取自仙界的食物和神用的奈克塔耳。'

"他说完，我又给他一份闪亮的美酒。一连三次，我为他添送，一连三次，他都大大咧咧地把酒喝得精光。当酒力渗入库克罗佩斯的脑袋，我开口对他说话，言语中饱含机警：'库克罗佩斯，你想知道我光荣的名字，我可以告诉你，但你必须得说话算话，给我一份表示友谊的礼件。我没有名字，人们都这般称我，我的父亲、母亲和所有的朋伴。'

"我说完，他开口答话，不带怜悯：'这么说来，我将把你放在最后吞食，先吃你的伙伴——这便是我的赏物，给你的礼件！'

"说完，他仰面倒了过来，肩膀压在地上，粗壮的脖子僵硬地歪向一边，这种睡眠足以使他失去性命，使他就范。从他的喉管里嗝出喷涌的酸酒，带着人肉的秽物；他醉了，呕吐后便昏睡了过去。当时，我把棍段插入厚厚的柴灰，使之升温加热，并出言鼓励所有的伙伴，要他们不要害怕，不要退避躲闪。当橄榄木段热至即将起火的温点，尽管颜色青绿，但却发出可怕的光。我就近拔出树段，使其脱离火花；伙伴们站在我身边。某位神明在我们的心中注入了巨大的力量。我们手抓橄榄木段，挺着劈削出来的尖端，捅入他的眼睛。我运作在高处，压上全身的重力，拧转着树段，像有人手握钻器，穿打船木；而我的工友则协作在下面，紧攥皮条，旋绞着钻头，在两边出力，使之深深地往里咬切——就像这样，我们抱着尖头经过烈火硬化的树段，扭转在他的眼睛里，沸煮着人眼周围的血水。蹿着火苗的眼球烫烧着眼眶的周边，焦炙着眉毛眼睑，火团裂毁了眼睛的座基。

像一位铁匠将一锋巨大的砍斧或扁斧插入冷水，发出“嗞嗞”的噪响，经此淬火处理，铁器的力度增强——就像这样，库克罗佩斯的眼里“嗞嗞”作响，环围着橄榄木的树干。他发出一声巨烈且可怕的号叫，山岩回荡着他的呼喊，把我们吓得畏畏缩缩，往后躲闪。他从眼里拔出木段，带出溅涌的血浆，发疯似的撩开双手，把它扔离身旁，竭声呼喊，求援着跑向了那些住在他的邻旁多风的山脊上自己的岩洞里库克罗佩斯同胞。听到他的呼喊，他们蜂拥着从四面赶来，站在洞穴周围，问他遇到了什么麻烦：‘出了什么事情，波吕斐摩斯？为何叫得如此凄惨，在这美丽的夜晚，打扰我们的睡眠？是不是有人冒违你的意愿，赶走你的羊儿？是谁这样胆大，用他的武力欺骗你，试图把你杀了？’

“听罢这番话，强健的波吕斐摩斯在洞内答道：‘我的朋友们，没有人用他的武力把我欺骗并试图把我杀了。’

“听了他的话，他们开口答道：‘倘若无人欺你孤单，对你行凶动武，那么，你一定是病了——此乃大神宙斯的送物，难以避免；最好祈告你的父亲，请求王者波塞冬帮援。’

“说完，他们便动身离去。我心里暗自发笑，心里高兴，庆幸我用我的名字和周全的计划把他们欺骗。当时，出于揪心的疼痛，库克罗佩斯高声吟叫，伸手触摸抱住石柱移开门，坐在出口之中，摊开双手，准备去抓试图逃跑的羊群。逃出洞穴的人们以为我愚蠢，才会做出此番举动，殊不知这正是我的计谋：争取最好的结果，打算想出某种办法，使我和我的伙伴们逃避死亡；使出我的每一分才智，每一点灵诘，在这生死存亡的关口，巨大的灾难正显现在我们面前。

我辛苦地思考，觉得这个主意很棒：洞里有一些公羊，雄性的绵羊，饲养精良，相貌壮伟，体形硕大，毛层屈卷厚实，黑得发亮。我悄悄地把公羊拢到一起，用轻柔的柳枝——取自魔怪般的库克罗佩斯，这个无法无天的家伙通常睡觉的地方——把它们绑连起来，三头一组，让中间的公羊怀藏一位伙伴，另两头公羊各站一边，保护藏者的安全。每三头公羊带送一人，而我自己，选中了另一头公羊——羊群中远为出色的佼杰，逮住它的腰背，缩挤在腹下的毛层，静静地躺倒不动，以坚忍的意志，双手抓住油光闪亮的毛卷，紧攥不放。就这样，我们忍着悲痛，等待着黎明的到来。

“当清晨的黎明重现天际，垂着玫瑰红的手指，公羊们急急忙忙地拥出洞口，走向草场；而母羊们却等着压挤，垂着鼓胀的奶袋，似乎濒于破裂，在羊圈里“咩咩”叫唤。与此同时，它们的主人正遭受巨痛的折磨，触摸着每头羊的脊背，趁着羊群出现在他的面前，略作暂停的间息，但却不曾想到——这个愚蠢的家伙——我的伴友一个个出逃，紧贴在毛层厚密的公羊的肚腹下。羊群中，大公羊最后行至洞口，迟缓于卷毛的分量、我的体重和满脑袋的智慧。强健的波吕斐摩斯抚摸着公羊，说道：‘今天，心爱的公羊，你为何落在最后，迟迟行至洞口？以前，你可从来不曾跟走在羊群后头，而是迈着大步，远远地走在前面，牧食青绿的嫩草，抢先行至湍急的河边；第一个心急火燎地赶回圈舍，在夜色降临的时候。现在，你却落在最后。或许，你在替主人伤心，为他的眼睛？一个坏蛋，先用美酒昏醉了我的心智，然后偕同那帮歹毒的伙伴，捅出了我的眼珠。我发誓，不能让他躲过死的惩贷！但愿你能像我一样思考，开口说话，告诉我那家伙躲在哪里，藏避着我的暴怒。我将即刻把他砸个稀烂，让他脑浆飞溅，涂满洞内的每一个地方，以此轻缓我痛苦的心，谁也没有那个浑蛋带给我的祸殃更重。’

“说完，他松开了公羊，让它走开。当我们逃出一小段距离，离庭院和山洞不远的时候，我自己先从羊腹下脱出身来，然后松开绑索，让伙伴们下来，频频回首张望，迅速赶起垂着大块肥膘的长腿的群羊拢至我们的船边。看着我们躲过死亡，安然归来，我亲爱的伙伴们兴高采烈，但马上转喜为忧，哭悼死去的同伴。但是我不能让他们出声，紧皱的眉毛使每一个人停止哭泣，命令他们赶快动手，将毛层屈卷的肥羊装上海船。众人迅速登船，坐入桨位，以整齐的座次，荡开船桨，击打灰蓝色的海面驶向远方。当我们离岸的距离，远至喊声及达的围边，我放声嘲骂，对着库克罗佩斯呼喊：‘你想生食我的伙伴，库克罗佩斯，凭你的强蛮和粗野，在深旷的岩洞，现在看来，你只是个懦夫弱汉！暴虐的行径已使你自食其果，毫无

疑问，残忍的东西，竟敢吞食造访的客人，现在你在自己家里将会受到宙斯和列位神明对你的惩罚！'

"听了我说的话后，库克罗佩斯的心里暴出更猛的怒气，搬下大山上的一面石峰，挥手掷来，落在乌头海船前面，只差那么一点擦着舵桨的边沿，落石掀起四溅的水浪，激流推扫着海船，硬把我们从海面冲向陆岸，几乎搁上滩沿。当时，我抓起一根长杆，推船离岸，出言鼓励伙友，开动我们的脑袋，要他们拼出全身力气，划离死亡的威胁，众人俯身桨杆，猛划向前。然而，当我们跑出离岸两倍于前次的距离，我又打算高声呼喊，嘲骂库克罗佩斯。伙伴们一个接着一个出言劝阻，用温柔的话语：'粗莽的人，为何试图再次诱发那个野蛮人的愤怒，他刚才投来的那峰岩石，击落海中，把我们的木船退回岸边，使我们想到必死无疑的大难。那时，倘若让他听见有人呼喊，哪怕只是一句话语，他便会砸烂我们的脑袋，用一方巨大凶猛的石块捣碎我们的船板；他就有那般强健！'

"他们这样的一番劝告，却仍然不能说动我悲愤的心灵；我满怀愤怒，高声叫喊：'今后若有哪个人问你把你弄瞎的是谁，是谁弄得你这般难堪——告诉他，捅瞎你眼睛的是我奥德修斯，城堡的荡击者，居家伊萨卡莱耳忒斯的男儿！'

"听了我的话，他悲伤地感叹，开口说道：'哦，我的天！昔日的预言今天得以兑现！这里曾经有过一位卜者，他一个好人，高大强健，忒勒摩斯，欧鲁摩斯之子，卜占比谁都灵验，在库克罗佩斯人中活到晚年。此人告诉我今天发生的一切必将在某一天兑现，而我则必将失去视看的眼睛，经由奥德修斯的手力。我总在防待某个英俊的彪形大汉，勇力过人，来到此间，却不料到头来了个小不点儿，一个虚软无力的保儒，先用酒把我灌醉，然后捅瞎我的眼睛。过来吧，奥德修斯，让我给你一份客礼，催请光荣的裂地之神，送你安抵家园，因为我乃他的儿子，而他则自称是我的亲爹。他可亲手治愈我的眼睛，只要愿意，其他的神明或是什么人，谁都不行。'

"他说完，我开口答话，说道：'但愿我能夺走你的魂息，结果你的性

命，把你送往地府，就像知晓即便是裂地之神亦不能替你治愈瞎眼一样确凿不移！’

“我说完，他开口祈祷，对王者波塞冬，举手过头，冲指多星的天空：‘听我说，环绕大地的波塞冬，黑发的神仙，倘若我确是你的儿子，而你承认是我的父亲，那么，请你允诺：决不让奥德修斯，城堡的荡击者，居家伊萨卡的莱耳忒斯之子，回返家园！但是，倘若他命里注定可见亲朋，回到营造坚固的房居，他的国度，也得让他迟迟而归，狼狈不堪，痛失所有的伙伴，搭坐别人的海船，回家后遭受悲难！’

“他如此一番祈祷，黑发的神明听到了他的声音。那时，库克罗佩斯举起顽石，体积远比第一块硕大，转动身子，猛投出手，压上的力气大得难以估计；巨石落在乌头海船后面，几乎擦着舵桨的边沿，只差那么一点，落后掀起四溅的水浪，激流冲搡着木船，硬把我们推向海滩。就这样，我们回到那座海岛，滩边停等着其余甲板坚固的海船，聚在一块儿。伙伴们围坐船边，心情悲哀，盼望我们回归，等了好长时间。及岸后，我们驻船沙面，足抵浪水拍击的滩沿，傍临大海，赶出库克罗佩斯的肥羊，从深旷的海船，分发了战礼，尽我所能，使人人都得到应得的份额。分羊时，胫甲坚固的伙伴们专门给我留出那头公羊，我把它祭献给王统一切的宙斯，克罗诺斯拥聚乌云的儿子，在那沙滩之上，焚烧了腿肉，但大神不为所动，继续谋划如何摧毁我们所有甲板坚固的海船，连同我所信赖的伙伴。

“就这样，我们坐在那里吃喝一直到太阳下山，整整痛快了一天，嚼着吃不尽的羊肉，喝着香甜的美酒。当太阳西落，神圣的黑夜把大地蒙罩，我们平身在长浪拍击的滩沿休息，当清晨的黎明垂着玫瑰红的手指重现天际，我出言鼓励伙伴们，要他们上船，解开船尾的缆索。众人迅速登船，坐入桨位，以整齐的座次，荡开船桨，击打灰蓝色的海面。从那里出发，我们继续向前，虽然我们心中悲哀怀念死去的战友，最亲密的伙伴，但我们庆幸逃离了死亡。

# 卷十

奥德修斯接受了风神的款待，从他那里获得了强风作为礼物，其他风则被装在袋子里。风神的手下却把带子打开，将奥德修斯吹回到风神那里，风神拒绝接待他。他和安提费兹在列斯特拉贡尼亚遭遇危险，十二只船损失了十一只，所有手下人全部遇难。此后他来到埃俄利亚岛，在那里他手下一半的人被锡西变为猪猡。在赫耳默斯的帮助下，他把手下人重新变为人并与锡西待了一年之久。

“随之，我们来到了埃俄利亚岛，岛屿在水中浮动，其四周铜墙铁壁，坚不可摧。此乃希波塔斯之子——荣受不朽神灵庇护的埃俄洛斯居住的地方。埃俄洛斯有子女十二个，皆生活在宫廷之中，分别为六个俊俏的女儿和六个身强体壮的男儿。他将六个女儿分别婚配给六个儿子，作为他们的贤惠伴侣。他们终日围绕在父母身旁，无论食宴还是嬉玩。美味佳肴，多得数不尽，全都堆在他们面前，供其自由享用。白昼间，宫廷里满是美味飘香，声响不断；黑夜里，他们身旁躺有温柔娇妻，身盖织毯，卧于绳线编织的睡床之上。

“当我们来到这座城市，步入到精美的宫房，整整一个月，埃俄洛斯盛情款待。问及关于伊利昂、阿耳吉维人的海船和阿开亚人的回归等问题，我详细作答，为其讲述了战争的经由。之后，当我请求其为我的回返提供帮助时，他的肯定回答没有片刻迟疑。他给予我一只牛皮袋，此牛皮取自一头九岁壮牛的躯干。袋内灌满呼啸肆掠的疾风——埃俄洛斯之子让其掌管风势，或吹或止，全凭他的意愿，由他定判。他将皮袋置于宽大的航船，用绳索将其系严，以免泄漏，即使是一丁点，也不容许跑掉。但是他放出了泽夫罗斯（西风），使其推动航船，助我回返。可惜天意如此，注定我不得回返，我的愚蠢使我惨遭毁灭。

“接连九天，我们航行在浩渺的洋面，日夜航行不断，到了第十天，终于可以望见故乡的轮廓，此时离城不过数里开外，已可眼见人们添柴拨火的场景。随之，倦意爬上眉梢，我早已筋疲力尽，无力支撑，只因我总是亲自操掌帆的绳索，心中不愿将其交与伙伴，一心梦想尽快回到自家门庭。但是，伙伴们却开始议论纷纷，说我从希波塔斯之子——心志豪莽的埃俄洛斯处获得大量金银财物，准备运回自家屋内。这时，与其相邻的人开口说道：‘看看眼前这个人吧，无论他身在何方，漂流何地，城民们对他都尊敬有嘉，爱慕之至。他从特洛伊掠得大量奇珍异宝，带回家园。而我们，虽然也经历了同样的航程，付出了同样的辛劳，却两手空空。此时家园就在前面，看看奥德修斯，再看看我们自己，唉……现在，埃俄洛斯，出于友情关爱，又赠予他这些财宝。快，让我们也瞥瞥袋中之物，看看有何财宝，有多少金银。’

“他们如此附和道，尽管此议不义，但此时却都纷纷赞同。于是皮袋被悄悄打开，各种疾风随之肆虐，转眼之间，他们已被风暴扫向洋面，任凭他们不舍家园，任凭他们泪流脸面，风暴的攻势，却丝毫不减。其时，我猛然从睡梦中醒过来，心中开始盘思如何抉择——是任随天意，跳船入海，将命运置于浪尖；还是静忍等待，与剩余活着的人们相伴。我选择了后者，坚持忍耐，用披蓬遮住头脸，躺卧于船板之上，肆虐的风暴将航船带回埃俄利亚岛滩，此时此刻，伙伴们内心的苦楚，一股脑地倾诉出来。

“我们在那里靠岸登陆，伙伴们利索地取来清水，傍着航船，我们吃喝晚餐，当晚餐完毕后，我带着一位信使和一名伙伴，朝往埃俄洛斯辉煌的宫殿走去，只见他身旁妻小围绕，一家人温馨和睦地坐在餐桌前享用晚宴。我们进入宫房，傍着房柱，就着门槛坐下，他们惊奇地望着我们。埃俄洛斯开口说道：‘奥德修斯，你们为何回返？是遇到了什么邪恶的阻力，还是别的什么原因？我们曾为你打点一切，将一切置备得妥妥当当，助你回返家园，或是你心之向往的地点。’

“他言罢，我忍住内心的伤楚，将一切向他言明：‘这帮该死的同胞葬送了我回返的良机。还有那该受诅咒的睡眠。亲爱的朋友，请您再次助我们一臂之力，您完全有这个能耐啊！’

“尽管我的言辞动听，但他们全都沉默不作声响，只有父亲一人开口说道：‘你们这帮世界最邪恶的人们，马上离开我的海岛！我不能护送或者帮助任何受到神灵痛恨的人们，滚出我的岛屿，你们的回返已显明你们已遭受到不死者的愤懑。’

“言罢，他将我们撵出了宫门，尽管我高声呼唤，悲情相求，他们仍置若罔闻。从埃俄利亚岛离开，虽然内心悲苦不堪，但我们不得不扬起风帆，摆动船桨，行驶在浩渺的海面。我们的愚蠢使我们失去了和风的推送，不懈地划桨耗费着我们的心力与体力。

“尽管如此，我们仍不得不努力划船，接连六天，夜以继日地拼赶。直至第七天，我们到达一处陡峭的地方——拉摩斯的城堡，莱斯特鲁戈尼亚人怪的忒勒普洛斯。在那里，回归的牧羊人招呼着出行的同行，交相问候。那里有一位牧人，不分白昼与黑夜，不事睡眠，白天放牧牛群，夜晚看管羊群，一日之内挣得两份酬劳。白昼与黑夜的交替，转瞬间便转换。

“我们将航船驶进一座良港，两边是高耸入云的峭壁石岩，石岩无空段，其边口矗立着两道突兀的岩石，石顶朝向峰面，藏掩着一条狭窄的入口。同伴们奋力划桨，由此入口进入，航船一一进入，全都泊在深旷的港湾。港湾内风平浪静，既无波涛，更无细浪，湖面静如明镜。四周一片寂静。我独自将行船泊在入口外，依傍着岩边，扯出缆绳，将船只系牢于石壁。我爬上一壁粗皱的峰面。我站立其上，四下观望，这里既无人工劳作的迹象，也无耕牛的土壤，只有一缕徐徐袅袅的青烟直至在荒野上方。于是，我派遣几名伙伴，前去探寻访问，要他们弄清此处居住着何样的民众，以何物为食。我选出两人，另有一位去者作为信使。他们迅速离开船板，走向一条平整大道，一辆货车从高耸的山峦驶来，车上载满木材，向城沿方向驶去。他们在途中遇到一位女子——莱斯特鲁戈尼亚部族的安提法忒斯壮实的女儿，她正在路边城前取水。此水来自水流清甜的甘泉，人们都来此取水，再返回城里的家园。我的同伴站在她面前，开口说话，问及此地的王贵和统管这一方的首领。她随手指点，指向一座房顶高耸的宫殿——她父亲的房院。当我的同伴去到那座辉煌的殿堂时，他们发现一个女人，身形敦实，宛如一座粗圆的小山般。眼前景象，使他们心惊胆战。她立即呼唤来她的丈夫——安提法忒斯——主导了我同胞们的凄惨死案。他一把将我伙伴中的一员扯过去，备作食餐，另两人见状，吓得拔腿逃还，直到到达我的海船。

“随之国王发出召唤，声音遍及这个城峦，强壮的莱斯特鲁戈尼亚部民闻讯出动，数千民众蜂拥而至，从四面八方聚来。他们面相狰狞，与我等凡人不像，看起来实为巨怪猛兽。他们居高临下，站在峰崖边，将一块块人一般大小的石头，对着我的伙伴，毫不留情地扔下来。被击中的伙伴们撕心裂肺地惨叫，被砸中的航船“乒乓”作响。顿时，一阵可怕的嘈杂声响将我们掩埋。他们挑起我的同伴，像挑起一串鱼虾，扛在肩上，带至家中，充作其食餐。

“当其来到水流湍湍的港湾，向我们杀来时，我从腰间拔出我锋利的铜剑，劈断缆绳，调整船头，招呼我的伙伴们离开。我催励他们使出全身气力，划离危险，他们立即奋勇搏击，努力划桨。但是最终只有我的那条海船冲出峭壁，驶向宽阔的大海，而我的同伴们全部都葬身于此港湾。

“逃离此港湾，我们继续航行向前，尽管心中痛苦，怀念昔日的亲密伙伴，今日已羽化的战友们，内心却也庆幸从死亡边沿逃离出来。我们来到一座岛屿，名唤埃阿亚——一位发辫秀美却令人十分惧怕的女神。她通讲人语，是心地歹毒的埃厄忒斯的姐妹，尽管同是裴耳塞和俄开阿诺斯的女儿，秉性却完全迥异。凭借着冥冥之中神意的指点，我们驾船进入港湾，于此靠岸。自我们靠岸着陆，便弯身睡躺，接连两天在星夜赶路，着实疲惫，何况失去亲密战友的痛苦仍萦绕胸怀。但是当黎明送来第三个白昼时，我终于从疲惫中舒缓过来，马上提起长矛与锋利铜剑快速跑到一登高点，四下观望凡人生息劳作的迹象。我爬上一块粗皱的峰面，站立身子，四下查看，终于寻觅得一处家园，那里一缕青烟从广袤大地升起，穿过灌木，透过树林，环绕在基耳凯的家园。此情此景，我开始斟酌思量，既见柴火青烟，是否可前去探究一番。几番比较，我还是觉得此举最佳，就先回到我的快船，回到海滩面，让同伴们饱食一顿，然后派遣出几名探者前去侦探。然而，在回返的途中，在我接近我的航船之时，一位神灵见我孤身一人，心生怜悯，送出一头巨大公鹿，此鹿头顶冲指叉角，刚从林中出来——暴晒的太阳使它前往河边饮水。当它从河边返回时，我出手击中它的中背脊骨，青铜枪尖深刺其中，将其刺穿，公鹿一声嘶叫，栽倒在地。我一脚踹着其身，拔出青铜枪矛，将其放倒在地面。而后，我拔来些树枝柳条，编制出一根绳索，然后抓起巨鹿的四肢，将其捆绑，围绕在脖子上，扛上肩膀，撑着枪杆。此物实在十分庞大，仅凭一人之力，实是为难。我扔下巨鹿，走回城中，找来伙伴，站在他们身旁，用极其和善的语言道：‘尽管内心苦楚，朋友们，但我们还不至于坠入冥府，天意不绝我们啊。来吧，船里有我们吃喝之用，让我们填饱肚子，抗拒饥饿的煎熬。’

“我刚言罢，大家纷纷行动，在苍茫的大海岸边，注视着眼前巨鹿，此鹿之大，非同一般，大家大饱眼福，赞叹一番后，洗净双手，开始丰盛的晚宴。我们席地而坐，痛快吃喝，直至太阳西沉，神圣的暮色降临，将大地笼罩，我们在波浪拍打的浪滩平躺而睡。当黎明重现天际，散发着玫红色的光芒，我召集所有同伴，对众人讲道：‘伙伴们，大家听着，虽然我们遭受磨难的重创，但眼下，我们对黎明黄昏的踪迹一无所知，亦不知普照大地的太阳自哪方升上天空，自哪方落下。我们要赶快想想，看是否还有急救的办法，眼下，我们已是钱粮断尽，穷途末路了。我曾在一峰面上，四下观望，发现我们现置身于一座海岛，其四周海水围绕，但岛上地势极低。我曾眼见一缕青烟穿过树林，自岛内中心地带升起。'

"我的言语，破碎了他们的心灵，自见识了莱斯特鲁戈尼亚部族的安提法忒斯的作为，以及生食人肉的库克罗普斯的残暴，同伴们早已是惊弓之鸟，听闻我的言语，心中早是惶恐不已。

"我将伙伴们分为两队，一队由我带领，另一队由神样的欧鲁洛科斯带领。我随即将阄块装入我的盔帽之中，摇动抉择。最后，勇猛刚强的欧鲁洛科斯的阄石蹦出盔盖，于是，他带着二十二名友伴——哭哭啼啼，心中甚是害怕，动身出发。我队则留守原地，留守的伙伴们亦哭哭啼啼道别。他们行至林中的一片谷地，那里是基耳凯的居所。其修建房屋的石块，打磨得锃光发亮，房屋周围空旷一片。其四周狮群漫游，狼群结队，均受女神魔服。它们眼见我的同胞前来，不曾进攻，反而直立起身子，摇动粗长的尾巴，做出一副副亲昵状，像讨好主人的狗一样，见主人外出宴席归来，总是为其带回食物，使它们心欢。狮子和狼群也是如此模样前来讨好他们，但伙伴们看见这些兽类，心中悚然，他们站立在发辫秀美的女神门外，耳内萦绕女神甜美的歌唱。而女神正在屋内，沿着一幅宽大且永不破旧的织物，在屋内往返穿梭。女神手工细密，其织物精美，闪烁着熠熠光彩。波利忒斯，民众的首领，朋友中最忠诚最亲密的一位，开口对众人说道：'弟兄们，里面有人在编织物件，在屋内来回穿梭，唱着好听的曲调，此歌声余音围绕每个角落，她或许是位神人，亦可能是位凡女，来吧，我们对她呼喊。'

"话音刚落，大伙儿放开嗓门儿，高声呼喊，女神当即打开大门，邀请他们入内。我的伙伴们全都纯朴无知，直接随她而去，唯有欧鲁洛科斯例外，怀疑此事有诈，不敢近前。基耳凯将他们带入屋内，让他们在靠椅和椅凳上就座，用普拉姆内亚美酒，加入大麦、奶酪和淡黄色的蜂蜜，调制成饮料，并拌入邪门的魔药，使他们饮后忘却自己的家园。她呈递出饮料，众人喝饮后，她举起一根棍棒，击打屋内的人们，使其变幻成猪的模样，袭取猪的外形、猪的声音以及猪的鬃毛，并将其赶入猪圈。虽然他们变为猪的模样，但人的心智不变，依旧如从前。他们在猪圈内放声大哭。基耳凯丢入橡子、山毛榉和山茱萸的果实等猪的饲料，作为他们的食物。

“欧鲁洛科斯快速地跑回乌黑的快船，告诉他们伙伴们的不幸遭遇和悲惨的命运，虽然很想说话，但却说不出声来，内心已经遭受伤痛的重击，泪水泛满双眼，多想痛快地哭泣一场。我们惊讶了很久，开口问他情况，最后，他讲出话来，向我们讲述了失去同伴的经历：‘按你的吩咐，伟大的奥德修斯，我们穿过丛林，发现一座漂亮的住房，在隐蔽的山谷之中，光滑的石块砌成的房子，修建在一块空旷之地。有人正往返穿梭，沿着一幅巨大的织物，不知是仙女，还是凡女，放开清亮的嗓门儿高唱。伙伴们高声喊道，对她说话，房主随即打开耀眼的大门，出来招请我们进去，伙伴们全都纯朴无知，随她而去，唯独我一人清醒，怀疑这件事有问题，不敢上前。随后，他们全都消失了，谁也没有出来，虽然我在那里等了很久，耐心地等待。’

“听完这番话，我挎起那把巨大的铜剑，挂在我的肩头，带上弯弓，让他按照原路带我前去，但他双手突然抱住我的膝盖，哀求道，向我吐出了他的肺腑之言，对我说道：‘不要违背我的想法，宙斯养大的人儿，请别把我带到那边去！让我留在这里。我知道，你不能把你的同伴带回来，甚至连你自己都回不来。我们赶快带领剩下的朋友和伙伴，离开这里；我们是可以躲避那些末日的凶邪的！’

“他说完，我开口答道：‘欧鲁洛科斯，你可以待在这里，随便吃喝，但是我将趁着黑夜坐上深旷的黑船，一个人前去。这是我的义务，不可以逃避，我的压力很大。’

“说完，我从船旁出发，离开海滩。然而，当我向静悄悄的林子走去，靠近擅长医药的基耳凯宽大的房子，杵着金杖的赫耳墨斯走来和我见面。在院子门前，这位留着些许胡茬的青年男子，风华正茂的人，握着我的手，大声说道：‘去哪儿啊，不幸的人儿，独自一人，穿走在这无人烟的地方，行走在陌生的地方？你的朋友已落入基耳凯的手中，全部变成了猪的样子，被栅栏关起来了——你来到这里，难道想救他们？我告诉你，不可能，你也将落得和他们一样的下场。但是，我会让你免受灾难，把你救出来。你拿着这份神奇的药材，带在身边，去基耳凯的宫殿，它会让你躲过今天的凶险。现在，我将向你讲述基耳凯的手段，所有的歹毒的诡计。她会给你调制出一瓶饮料，把毒药洒在里面，但是她今天无法让你变形，我要把这份药材给你，你将躲过她的诡计。我来告诉你怎么行动才能避过她对你的加害。当基耳凯准备击打你，举起她那长杆的时候，你要快速抽出你锋锐的剑，从你的胯旁，迅速扑上去，装作要将她杀害的样子。她会感到很害怕，这时你要求她和你同床睡觉。那个时候，你不要拒绝她对你的厚爱，如果你想让她放了你的同伴的话，你要对她好一点儿。但是要让她发庄重的誓言，以幸福的名义起誓，保证不再继续设毒计害你。不然的话，她将趁你赤身裸体的时候，瓦解你的勇气，吸干你的阳精。’

“说完，阿耳吉丰忒斯给我送来了那份奇药，是从地上采来的。他让我看它的形状，长着乌黑的茎状物，开着乳白色的花儿，神仙们称它为‘神奇的药材’，凡人很难挖到它，但是神仙们却无所不能。

“随后，赫耳墨斯跟我道别，跨过树木葱郁的海岛，启程回到俄林波斯的峰巅；而我却将走向基耳凯的宫殿，心绪跌宕起伏，颤抖地跨越着，来到了秀发女神的门前，高声呼喊，双腿绷直；女神听后打开光亮的门，邀请我进去，我随同她进去了，带着巨大的愤怒。她让我坐在一个精美的靠椅上，上面镶嵌着耀眼的珠宝，前面放着脚凳。她给我调制出一份饮料，倒在一只金色的酒杯里，怀揣着恶毒的诡计，倒进了毒药，递给我。她见我喝完之后没有反应，于是立马举杖向我打来，大声喊道：‘去你的猪圈躺着吧，和你的伙伴们同在！’

“听她说完，我从我的胯边抽出利剑，猛扑上去，就像想要把她杀害的样子。她尖叫一声，弯着腰跑过来抱住我的膝盖，对我大声哭道：‘你是谁，来自哪个城市？你的父母又是谁，他们在哪里？你喝了我的魔药，居然没有变形，此事让我感到惊讶。别人只要从他的齿隙间把我的药喝下肚去，都会挡不住药力，看来你的心灵力量不可侵扰。这样看来，你肯定是聪明睿智的英雄奥德修斯。拿着金杖的阿耳吉丰忒斯总是对我说起你的到来，说你带着乌黑的海船从特洛伊回返。来吧，收起你的铜剑，将它插入鞘内，让我们前往睡床，躺下来做爱，在欢爱的床笫间，也许可以建立你我之间的信任。’

“听她说完，我开口回答说：‘这样可不行，基耳凯，你要我对你温存，而你却在你的宫殿把我的同伴变成猪仔？现在，你又不怀好意把我纠缠在这边，要我去睡房与你鱼水之欢，以便趁我赤露着身体，除去我的力量，损毁我的健康。所以，我不愿意和你同床，除非女神你立下庄重的誓言，保证不再设下新的阴谋，让我受到伤害。’

“听我说完，她马上按我的愿望立誓。当立下一番誓言后，我起步前往基耳凯精美的床边。

“与此同时，四名在家服侍基耳凯的仙仆在女神的宫殿里开始操持忙碌。她们是溪泉、丛林和神圣的奔腾入海的河流的女儿。她们之中，一位在座椅之上铺开精美的垫布，然后放上紫色的毛毯；第二位搬过白银制作的餐桌，放在椅前，然后在上面摆上金质的食篮；第三位用银质的缸碗调出醇香甘甜的美酒，倒入金杯；第四位提来清水，在一口大锅下面点起熊熊的柴火，烧热水温。当热腾腾的洗澡水在光亮的铜锅中翻滚，她让我进入浴缸，从大锅里舀出热水，加上凉水，调至我中意的温度，淋在我的头上，浇洗我的双肩，从我的肢腿间冲去损毁心力的疲倦。洗完，她替我抹上润滑的橄榄油，穿好衣服，披上件精美的披篷，让我坐在一张做工精致且嵌铆着绚丽银钉的靠椅上，前面放着脚凳。一名女仆提来精致的金罐，就着银盆倒出清水，供我们盥洗双手，又搬过一张光滑的餐桌，放在我们身边。一位庄重的家仆送来面包，供我们食用，又慷慨地陈列许多佳肴与足量的食物，请我们吃喝。然而，我却什么也不想吃，坐着思考别的事情，心中忖度着凶恶的景象。

“基耳凯见我在椅面发呆，没有食用食物，而是沉溺于强烈的悲哀中，于是走来站在我的身边，温柔地对我说道：‘奥德修斯，为什么像个不会说话的呆子一样干坐此地，伤心忧愁，不碰食物？是不是担心我会再次将

你捉弄？不，别害怕——我已经对你立誓，发下庄重的誓言。'

"她说完，我开口回答说：'告诉我，基耳凯，有哪个正直的好人没有救出自己的同伴和他们聚首会面，就能静下心来尝用甘美的酒肉？如果你诚心诚意地劝我吃喝，为什么不放出他们，让我亲眼看见我所信任的同伴。'

"听我说完，基耳凯手握枝杖，走过厅殿，打开圈门，像赶一群九岁的肥猪一样赶出我的同伴。同伴们站在她面前，她走入他们中间，用另一种魔药涂抹他们的身子。先前他们的身体上满是那种凶邪的药物催长的密密的长毛，女王般的基耳凯将它调入饮料，马上让他们躯干消散，恢复了人的外貌，相较以前更为年轻，看来显得更加高大俊美。他们认出我来，一个个走到我身前，抓住我的双手，悲伤的心情堵塞在我们心间，房居里哭声震天，凄苦至极，就连美丽的女神基耳凯也心生怜悯，前来站在我身边说道：'莱耳忒斯之子，宙斯的后裔，足智多谋的奥德修斯，去吧，回到海滩，到你的快船去，起先可以拉起木船，拖上滩岸，将所带之物和船用的器械放入海边的洞中，然后领着你所信任的同伴转身回返吧。'

"她的这一番话说动了我，我走向那停靠在沙滩的迅捷的快船，在那儿找到了我那值得信任的同伴，此时他在快船旁低声哭泣，面色痛苦地流着眼泪。就像乡村里，母牛刚吃得肚皮圆滚，走离草场走向栏中，牛犊子们围绕在母牛周围，成群结队地冲过栅栏，不停地'咩咩'叫唤着。伙伴们就像这样，奔跑到我的身边，心情激动得仿佛回到了家乡，回到了城堡——山石嶙峋的伊萨卡，生育他们的故乡。他们大声哭喊着，用那仿佛会飞的话语说道：'优秀的奥德修斯，看到你回来我们心里很高兴，好像回到了我们的家乡伊萨卡。我的朋友，快来告诉我们那些人的情况。'

"听了他们的话，我用文雅的语言说道：'让我们把木船拖上岸，将带来的东西和船上的用具放到海边的岩洞，再回到那边去，请你们所有人跟我向前，见驾你们的同伴，基耳凯神圣的家园里的人们正尽情地吃喝。屋子里有他们永远也吃不完的食物。'

"听我说完后他们立刻行动起来，我的伙伴欧鲁洛科斯用长了翅膀的语言说：'嘿，倒霉的人们，我们要到哪儿去？为什么要到基耳凯的宫殿？

那儿有无尽的灾难，她会把我们都变成猪、狼或者狮子，逼迫我们看守她高大的房屋，就像她上次对待库克罗普斯一样，同伴们和胆大的奥德修斯进入院子——正是奥德修斯这样一个鲁莽的人断送了他们的性命。’

“等他说完，我心中思考着是否要拔出长剑，从强壮的股腿边，砍下他的头，尽管他是我的近亲。但同伴们一个接一个地用甜美的话语阻止了我，他们说：‘宙斯养育的王者，如果你愿意，可以下令让我们将此人留在这里看守海船，由你带领我们前往基耳凯神圣的房殿。’

“等他们说完，我们就从船边出发，离开海滩前往目的地，当然，欧鲁洛科斯也没有被留下来守船，而是随我们一同离开。同时，基耳凯在房子里带着美好的祝愿给我的朋友洗浴，并给他们抹上了舒适的橄榄油，穿好衬衫，附加厚重的羊毛披篷。而我们就坐在主人的厅堂里面尽情地吃喝。两拨士兵相互凝望，当他们认出自己的同伴，泪如泉涌，哭声在房间里回荡。这时丰腴的女神走到我的身边说：‘莱耳忒斯之子，宙斯的后裔，睿智的奥德修斯，不要哭了。我知道你们经历了不少苦楚，在大海里承受了无尽的痛苦，在敌对势力面前，毫不妥协。’

“‘现在我要你们通过尽情吃喝，畅快饮酒来激起你们心中的豪情，找回那曾经的精神，在这种精神的指引下离开这儿，离开乱石交错的故乡。而不是像现在这样，萎靡不振，整日提不起兴致，无法忘记旅途的艰难。这些都是因为你们受尽了苦难和折磨。’

“女神的这番话说动了我们高傲的心灵，其后的日子里有着吃不尽的烤肉，喝不尽的甘甜美酒。然而，当岁月流转，季节更替，到了日长夜短的时候，我忠实的伙伴把我叫到身边说：‘奥德修斯，醒醒，难道你忘了你的故乡吗？假如你命中注定可以得救，那就回去建造坚固的房屋，返回故乡吧。’

“他们的话震撼了我的心灵，我们坐着尽情吃喝，直到太阳下山，吃着美味的烤肉，喝着甘甜的美酒。当日落西山时，黑夜笼罩着大地，他们在黢黑的房间里平身躺着，而我来到基耳凯精致的睡床边，抱着她的膝盖恳求她。我开口说：‘基耳凯，你应该实现你的诺言，你曾经答应送我们回

去，而现在我和我的朋友急切地希望回去，他们在我的面前痛苦的样子，耗费了我的心魄，而你却不在我的身边。’

“听完我的言语，丰腴的女神开口道：‘莱耳忒斯之子，宙斯的后裔，睿智的奥德修斯，我没有想违背你的意愿，留你们在这儿，但是你们必须和我做另一次远行，那就是到哀地斯的府邸和令人恐怖的裴耳塞丰奈的院落，去询问塞贝人泰瑞西阿斯的灵魂的下落，这位先知双目失明，但心智仍然健全，他保持着智辩能力，除了他，其他的都只是阴影。’

“听完这些话我肝胆俱裂，坐在床上号啕大哭，心中已有必死的决心，不想再见明天的太阳。但是，发泄一通后，我开口回答道：‘基尔凯，谁做我们这次远行的向导呢？我们都没有驾驶黑船的经验，也没有去过哀地斯的房院。’

“听我说完，丰腴的女神答道：莱尔忒斯之子，宙斯的后裔，睿智的奥德修斯，虽然航行过程中没有向导，但你不必担心，你要做的就是竖起桅杆，升起白帆，然后安静地坐在船中，让北风推着船前行，当你穿越俄开阿诺斯水流时，会看到一片树木葱郁的滩头。

“‘来到裴耳塞丰奈的树丛里，那里长着高大的杨树，落果不熟的垂柳。这时，你要在滩头停船，傍着水涡翻卷的俄开阿诺斯的激流徒步向前，进入哀地斯阴暗发霉的家中。在那里，普里弗勒格松，还有科库托斯、斯图克斯的两条轰响的河流，绕着一块岩壁卷入阿开荣，汇成一股水头。到了那儿，我的英雄，你要按我说的去做。挖出一个手掌见方的陷阱，给所有的死人倒下奠祭，先拌入甜蜜的羊奶，再注入甘甜的醇酒，最后添加饮水，撒上雪白的大麦，然后对疲软无力的死人的脑袋许下真挚的允诺：当返回伊萨卡地面，你将杀一头不孕的母牛，那是最好的选择，在你的房宫垒起柴垛，堆上你的财产；此外，你将给泰瑞西阿斯奉祭一头黑色的公羊，那是畜群中最耀眼的最佳选择。随后，你要向死人光荣的部族开口祈祷，祭出一头公羊和一头黑色的母羊，将羊头转向厄瑞波斯，同时转过你的脸部，朝对俄开阿诺斯的水流方向；这时，许多死者的灵魂会跑上前来，围在你身边。接着，你要催促激励同伴，告诉他们捡起倒地的、被宰于无情的铜剑的祭羊，剥去羊皮，焚烧肉身，祈求神明，祈祷强健的哀地斯和可怕的裴耳塞丰奈，与此同时，在你发问泰瑞西阿斯之前，你要抽出胯边锋利的铜剑，蹲坐下来，不要让虚弱无力的死人的头部贴近血边。这时，民众的首领，那位先知会马上来到你身边，告诉你一路的路程与途经的地点，告诉你如何穿过鱼群游聚大海还乡。’

“基耳凯说完，黎明照在金铸的宝座上。她替我穿上衣服，一件衫衣、一领披篷；而海边的女仙自己穿起一件闪亮的织工细巧且漂亮美观的白袍，一根精美的金带扎在腰间，披上一条头巾。这时，我穿走厅房，叫起我的同伴，站在他们每个人身边，用和善的语言对他说：‘别再躺在床上，沉湎于香甜的睡眠。让我们立刻上路，女王般的基耳凯已经告诉我要去的地点。’

“我如此一番话，说动了他们高洁的心灵。然而，我却并没有完整地带走我所有的伙伴——我们失去了埃尔佩诺尔，伙伴中最年轻的一位，虽然他并非十分骁勇，头脑也不够灵活。他喝得酩酊大醉，独自一个人在基耳凯神圣的宫殿中漫步，寻觅清凉的空气，躺倒昏睡。之后，他迷糊中听到伙伴们出发前发出的声响，以及喧杂的声音，蓦地站立起来，搞错了楼梯的方向，一脚踏空，跌下地面，碎断了颈骨。

“出发后，我对同行的伙伴们说道：‘你们或许以为，我们正在启程回返故乡的途中，但基耳凯已给我们指派了另一条航线，前往哀地斯的府邸，令人敬怕的裴耳塞丰奈的家中，咨询塞贝人泰瑞西阿斯的魂灵。’

“听我说完，他们个个心肺俱裂，坐倒在地，号啕大哭。

“我们来到快船边沿，回到海滩，眼中噙着泪水；与此同时，基耳凯已悄然来过此地，将一头公羊和一头黑色的母羊系上乌黑的海船，轻而易举地避过我们的视线——谁的眼睛可以得见神的往返？除非神们自己愿意。

# 卷十一

奥德修斯下到地狱，跟已故英雄们的灵魂对话。

“我们一行来到停泊海船的地方，将大黑船推上浩渺的海面，竖起桅杆，挂好风帆后。我们抱上祭羊登上船板，大颗的泪珠往下落。美发的、可怕的、精通人语的女神基耳凯，送来一股强劲的顺风，把我们的风帆吹得胀鼓，推着海船向前行进。我们迅速地将航海用具收拾停当，各自坐在自己的位置上，依靠舵手和风力掌握方向。海风吹着风帆，顺利地航行了整整一个白天，当太阳西下，水路渐渐变深变暗之后，我们到达了水流阴森的俄开阿诺斯河的岸边，那里居住着基墨里奥伊人，他们的城市永远笼罩在浓雾和云气之下，闪亮的阳光从来不照临他们，不论它是在早晨升上星辰闪烁的天空，还是在晚上落到苍茫的大地。这里的居民们日复一日、年复一年地生活在黑暗之中。到达了海岸，我们把船停泊下来，抱着祭羊，沿着俄开阿诺斯的水岸向前走，最后到达了基耳凯指点给我们的地方。

“我吩咐佩里墨得斯和欧鲁洛科斯抱着祭羊，自己则抽出锋利的宝剑，在地上挖出一个一尺见方的深坑，准备在坑边向所有死去的人献祭。我先倒入掺了蜂蜜的奶液，再倒入香甜的美酒，然后注入清水，最后撒上大麦粉。做完这一切，我虔诚地祈祷，对着那些所有死去人的灵魂，答应在我重返故乡伊萨卡后，一定为他们献出一条从未生育过的肥壮的母牛，还要祭祀泰瑞西阿斯，单独为他献上最好的一头黑色公羊。祈祷完之后，我拉过基耳凯送的两头祭羊，在林边将它们宰杀，汩汩鲜血流了出来。这时，死去的人的灵魂从地底下蜂拥而至，有新婚少妇、年轻的小伙子和年迈的老头儿，还有夭折的小姑娘，回忆着新近的悲愁。那些战场上的勇士，丧命于锋利的铜枪，枪伤处血迹斑斑，染红了身上甲衣。这些死人的灵魂从四面八方涌来，惨厉地号叫着，扑了上来，听得我面色灰白。这时，我强作镇定，赶紧命令我的同伴剥去祭羊的皮毛，焚烧羊身，向天神祈祷，特别是哀地斯和可怕的冥后佩尔塞福涅。我自己则从身侧抽出锋利的宝剑，守在坑边，挥动着，赶开围上来的灵魂，不让他们接触牲血，直到我问过泰瑞西阿斯。

“第一个到达坑边的是埃尔佩诺尔的灵魂，因为我们没有将他埋入广袤的地底下，当时十分仓促，必须马上出发，就没有为他举行葬礼，进行哀悼。见到他来，我心生怜悯，禁不住落下眼泪，用长着翅膀的语言问他：‘可怜的埃尔佩诺尔，你是如何到达幽黑的冥府？竟然比我们乘坐顺风的海船还要迅速。’

“听罢，他长叹一声，回答道：‘足智多谋的莱耳忒斯之子奥德修斯，那次过量的饮酒使我命丧黄泉，我为了凉爽，睡在高高的宫殿上，情急之中，竟一跃而起，忘了应该沿楼梯而下，结果狠狠地摔了下去。我脖颈部位的椎骨立时折断，只得来到哈得斯的冥府。尊贵的奥德修斯，请你帮助我，答应我的请求，看在伊萨卡人民的分儿上，看在你心爱的妻子和养育你的老父的分儿上，看在你的独子忒勒马科斯的分儿上，别拒绝我，当你从这里离开后，还要乘坐海船返回埃俄利亚岛，当你回到基耳凯的宫殿时，千万不要弃我不顾，请你埋葬我，向我致哀。’

“‘不然，天神可能因此而惩罚你。在收敛我之后，你可以安心返回家园。请你把我和我的铠甲一起焚烧，为我修造一个巨大的坟墓。并在上面

插上我生前使用过的长木桨，让后人来凭吊我这个遭遇不幸的古人。'

"听罢，我毫不犹豫，满口答应：'可怜的埃尔佩诺尔，我答应你的请求。'

"在坑边，我们交谈着，但我始终挥动着宝剑，不让他接近牲血。而他同伴的灵魂，喋喋不休地说着话。

"第二个到来的是我先母的灵魂，她是英武的奥托吕科斯之女安提克勒娅。在我离开伊萨卡，前征特洛伊时，她还健在。见到亲爱的母亲来到，我鼻子酸楚，泪流满面。虽然她是我的母亲，但我仍然拒绝让她靠近牲血，我必须首先问过泰瑞西阿斯。终于，特拜城的士兵的统帅泰瑞西阿斯来了，他手握权杖，认出了我，说道：'足智多谋的莱耳忒斯之子奥德修斯，你为何从阳光灿烂的阳间，来到了这个阴森可怕的地方，来见死去人的灵魂。你先拿开宝剑，退到一边。等我享用了坑中的牲血后，好告诉你真言。'

"听罢，我插回长剑，退去一边。那位高明的士兵统帅在坑中享用了一些牲血，开始告诉我预言：'光荣的奥德修斯，我知道，你归心似箭，但是天神决心不让你如意。海神波塞冬十分仇恨你，一定要给你制造灾难，因为你刺瞎了波吕斐摩斯的眼睛，而他是海神的爱子。尽管他愤怒地阻挠你，你还是可以在历尽千辛万苦后返回故乡，但是你必须管束好你的同伴。你们精良的海船穿越大海，会到达特里那基亚海岛，岛上生长着无所不见的光明神的一群群肥壮的牛羊，若你们一心想快点回家，不动牛羊，那么你们就可以返回伊萨卡。但是，如果你们伤害了那些牲畜，当然，你独自一个得以生存，搭上别人的海船，浪费了更多的时日，才最终返回你的家乡。可是，在你家中，你会碰到一群向你妻子求婚的无赖，正在大肆地挥霍你们家产。那时，你一定要向他们猛烈地报复，不管是用计谋，还是用武力，将他们一个个斩杀于你的家中。然后你要背上一支长桨，四处游荡，直至来到一片领土，居住在那里的人从未食用过有盐的食品，从来未见过船头红色的海船和划船用的木桨。木桨对于海船，如同翅膀对于小鸟。那时，会有一个明显的征兆，你绝不会错过：在半路上，你会碰到一个陌生人，他硬说你背着的木桨是一支扬谷用的大木铲。那时，你就可以马上把木桨插在土里，向海神波塞冬献上丰盛的祭品———头公羊、一头公牛、一头健壮的公猪，然后立即回家，向至高无上的所有的奥林匹斯天神们献上一台隆重丰盛的祭祀，一个个地祭祀祈祷，千万不要漏掉任何一个。这样，你就可以安享晚年，享受富有的生活，你的子民也都将和睦安康，直到将来有一天，海上来的死神安静地夺走你的生命。这就是我要告诉你的预言，这一切一定会实现。'

"听罢，我立刻这样回答他：'高明的泰瑞西阿斯，显然是天神安排了我的命运。再请你对我实话实说，那边坐着我先母的灵魂，不正眼看我，也不说一句话，只是表情木然、默不作声地坐着。高明的预言师，请告诉我，我如何做，才能使她想起我是她的儿子？'

"高明的泰瑞西阿斯答道：'这很简单，我当然会告诉你，任何一个死去的人的灵魂，得到你的允许来到坑边享用牲血，都会对你实话实说。但是你不让他们靠近，他们就会隐身而去。'

"泰瑞西阿斯说罢，转身离去，返回恐怖的哈得斯的冥府。我继续守在坑边，终于，我的先母靠上前来，享用了坑内的牲血，之后，她马上认出了我，用长着翅膀的语言大声哭泣着说道：'我的孩子，你怎么能来到这阴森恐怖的地方，而且还活着？要知道，活人是不可能到达这里的，因为有巨大的河流和湍急的水流，特别是浩瀚的俄开阿诺斯河，没有异常坚固的海船，谁也休想把它穿越！你是不是和同伴们从特洛伊出发，历尽磨难，多年漂泊，才到了这里？你还没有返回伊萨卡，还没有见到你的妻子吧？'

"听罢，我立即这样回答我的母亲："亲爱的母亲，我是为了寻找泰瑞西阿斯的灵魂，被逼无奈才到达这个可怕的地方的。正如你所说，我还没有踏上故乡的土地，我和其他同伴，从特洛伊出发后，一直漂泊在海上，经历了无数的风险。亲爱的母亲，请你把实话告诉我。是什么原因夺去了你的生命，是长期的病痛，还是猎神阿耳忒弥斯用她轻柔的羽箭取走了你的生命？还请告诉我，在伊萨卡的家中，亲爱的老父和我的儿子怎样生活，他们是仍然掌握着我留下的王权，还是已被赶下台，由别人夺了王位。他认为我可能再也回不了自己的城邦。还请你告诉我，我妻子的情况，她是

忠贞不渝地和儿子一起守护着家产，还是已经改嫁，成为其他阿开奥斯俊杰的妻子？'

"听完我的问话，我的母亲回答道：'奥德修斯，我的儿，你尽可以放心。你忠贞的妻子在家中日日夜夜地想念你，每日每夜流着泪，忍受着巨大的精神折磨。你的王位并没有人敢篡夺，你的儿子忒勒马科斯稳稳地握着家产，还经常举办一些适合身份地位的酒宴，诚挚地邀请他人，别人也照样回请他。你的老父仍住在庄园中，不进城里，在他的房子里，没有软床，没有暖被，和奴仆一起过着凄凉的生活。寒夜里，他们穿着破衣服，在柴火旁取暖。在炎热的夏日，在果实累累的秋日，他就会在厚厚的落叶上躺倒，心中悲痛，忍受着难以名状的痛苦，苦盼你的回归，以挨过他凄惨的晚年。而我，也是这样失去了生命，既不是长期的病痛让我撒手人间，也不是猎神阿耳忒弥斯用她轻柔的羽箭夺走了我的生命，而是因为思念你，我的儿子奥德修斯啊，因为盼望卓越而足智多谋的儿子，我才结束了生命。'

"听罢，我悲痛不已，很想冲上去，紧紧地拥抱住亲爱而又可怜的老母。可是，我冲上去拥抱了三次，都抓不住，她虚幻的灵魂三次游离我的双臂。这使我更加压抑不住悲痛，就用长着翅膀的语言对她说道：'母亲，你为什么不让我拥抱？如果在哈得斯的冥府，我们能紧紧抱在一起，那对我们俩来说是多大的安慰啊！你是不是只是一个幻影，受命于可怕的佩尔塞福涅，让我更加悲痛，充满绝望？'

"我亲爱的母亲立刻答道：'亲爱的奥德修斯，我的儿子！这并非是佩尔塞福涅有意戏弄你，任何一个凡人死后都会变成这个样子。一旦一个躯体失去鲜活的生命，连接肌肉和骨的筋腱就失去了作用，在熊熊烈火中化为灰烬，灵魂就会奔赴冥府，成为模糊不清的幻影。现在，你赶快离开吧，记住这里的一切，回到家乡后好讲给你的妻子听。'

"我们正在交谈，冥府的佩尔塞福涅，驱送来一群女人。她们以前都身份高贵，地位尊崇，不是一国之后，就是美丽的公主。可如今，她们拥挤在血坑边喝饮，而我则考虑如何将她们依次询问。我思来想去，想到了一个好办法，我又从身侧抽出锋利的宝剑，威吓她们，禁止她们同时饮血，让她们一个接一个地过来，这样我就可以一个一个听她们讲述自己的身世。

“首先走上前来的是出身尊贵的图罗，对我说，她是萨尔墨伊斯王之女，是艾奥洛斯之子克瑞透斯之妻，可是她深深地爱恋着秀美英俊的河神埃尼珀斯。她时常徘徊流连在清澈透明的河边。有一天，威力无比的海神波塞冬，化身为英俊的埃尼珀斯，在水流湍急的河口和图罗一起睡觉，他俩的周围护着一条高高的紫色水浪，像严密的屏障，挡住了外人的视线。海神解开了图罗的腰带，并让她深深沉沉地睡眠。当波塞冬满足了自己的爱欲之后，他握着图罗的手，轻声呼唤道：‘亲爱的夫人！你得到了我的爱情，十分幸运。因为一年之后，你就会生下两个和天神结合而生的孩子，你要好好养育他。另外，别告诉外人刚才发生的一切，别告诉他人我的名字，我是海神波塞冬。”说罢，波塞冬翻身跃浩渺的大海，而图罗则为他生下了佩利阿斯和涅琉斯。他们长大以后，都成为至高无上的宙斯的侍从。佩利阿斯住在广袤的伊阿奥尔科斯，拥有数不胜数的肥羊；涅琉斯住在多河的皮洛斯。图罗还有几个儿子，都是克瑞透斯的，他们是艾宋、费瑞斯与车阿米塔昂。

“接着，阿索波斯之女安提奥佩来到坑边。她说自己曾和宙斯同床共眠，为至高无上的天神生下了双胞胎安莫昂和泽托斯，是他们修建了有七个城门的特拜城，为敌外侵，还建起了高大坚固的城墙。尽管他们勇猛善战，也不能毫无防范。

“我还见到了安菲特律昂之妻阿尔克墨涅。她是天神般的举世无双的英雄赫拉克勒斯之母，与至高无上的宙斯结合才生下了这位勇士。还有墨伽位，傲慢的克瑞昂之女，嫁给了安菲特律昂的好战的儿子。

“我还见到著名的埃皮卡斯特。她是奥狄浦斯的生母，可是阴差阳错，最后竟嫁给了自己的儿子。后者命中注定要杀父娶母，是天神将这乱伦大罪公之于世。奥狄浦斯虽然仍旧统治富有的特拜城，但却饱尝天神安排给他的痛苦。羞愧难当的母亲自缢在后宫中，满心酸楚，灵魂坠入了哈得斯的冥府。而为母亲们复仇的女神则惩罚奥狄浦斯，让他经受不尽的折磨。

“接着，又过来了美貌绝伦的克洛里斯。她父亲接受了丰厚的礼物，将她嫁给涅琉斯。她是伊阿索斯之子安菲昂的小女儿，安菲昂是居住在奥马科墨洛斯的弥尼埃奥斯人的王者。作为皮洛斯王后，她生了许多杰出的儿子，有涅斯托尔、克罗弥奥斯和佩里克吕墨诺斯，还有一个秀美绝伦的女儿佩罗，她是众多英雄豪杰的求婚对象，但涅琉斯却扬言，谁能把伊菲克洛斯的那些凶猛的长角的大牛从费拉克赶到皮洛斯，谁就可以娶到高贵美貌的佩罗公主。预言家墨兰波斯帮助弟弟前去赶牛，却在天神的安排下，被伊菲克洛斯抓住，给他带上沉重的铁镣，在艰苦的野外，放牧牛群。时光飞逝，眨眼一年已过，伊菲克洛斯听了他的预言，就将他释放回家。这才使宙斯的意志得以实现。

“来饮血的还有勒达，她为自己的丈夫廷达瑞奥斯生下了两个高贵的儿子，驯马手卡斯托尔和拳击高手波吕丢克斯。丰产的大地将他们埋葬后，他们还可以获得生命，天神宙斯给了他们只有天神才可以享有的光荣：让他俩一个活着，一个死去，轮流转换。

“我还见到了欧洛斯之妻伊菲墨得娅，她扬称，她曾和海神波塞冬欢爱，生下了两个短命的儿子，神一样的奥托斯和闻名遐迩的埃菲阿尔特斯。他们高大英俊，魁梧雄伟，除了奥里昂之外，无人能和他俩相比。在他们刚刚九岁的时候，腰围就已达九肘尺，身高九尺。他们胆大妄为，不知天高地厚，扬言要进攻奥林匹斯山上的众天神，将奥萨山压在奥林匹斯山顶，这样就可以抵达天顶。如果他们长大，很有可能会实现他们的幻想，但宙斯与秀美的勒托之子阿波罗，在他俩下巴还未长出黑须，鬓角处还未长出毛发时，就将他们置于死地。

“我还见到了费德拉、普罗克里斯和心怀狡诈的弥诺斯的女儿，美貌的阿里阿德涅。后者跟随提修斯离开克里特岛到达圣城雅典，但提修斯还未得到她的温存，就永远失了她。阿里阿德涅死在阿耳忒弥斯的箭下，而后者是从狄奥尼索斯处得到的线索。

“我还见到迈拉、克吕墨涅和凶狠的埃里费勒，后者贪恋黄金，不惜送掉丈夫的生命。

“我见到了无数的女子，她们都是英雄的妻子或是女儿，我无法全部说出她们的名字。

“黑夜马上就要结束，我们也该休息了，我可以留在这里，也可以到船上和水手在一起。希望你们费心操办我的归返事宜。说罢，大厅之内寂静无声，人人都还沉浸在他讲述的经历之中。终于，白臂的王后阿瑞塔对大家说道：‘费阿克斯人，看这位客人的身材容貌和他的镇定自若，敏锐灵便的辞令，你们觉得怎样？能招待这样一位客人，是我们的无上光荣。别着急把他送走，让我们大方地赠送礼物，他非常需要，而天神也会赐福于你们，使你们家中库存充盈，财宝无数。’听罢，德高望重的埃克涅奥斯发言，他是费阿克斯人中年纪最大的一个，说道：‘亲爱的朋友，尊贵的王后的建议合情合理，我们应该谨遵不违。不知阿尔基努斯还有什么吩咐？’阿尔基努斯王这样说道：‘照王后的吩咐做吧，只要我还活着，还是费阿克斯人的王。这位尊贵的客人尽管归心似箭，但我还是真诚地希望你明天再走，我也好整理所有赠礼。你的回归是我们的大事，尤其对我来说，因为我是这里的国王。’”

足智多谋的奥德修斯答道：“尊贵的权力广泛的阿尔基努斯王，即使你留我在此地住一年，既送我礼物，又送我回乡，我也十分乐意听从，因为我可以带更多的财宝。等我回到我的故乡伊萨卡，人们会更加热烈地欢迎我的回归。”

听罢，英武的阿尔基努斯王说道：“足智多谋的奥德修斯，从外表看来，你绝对不是那种油腔滑调的卑鄙小人，虽然现在，大地各个角落都有他们这类人物的足迹，到处宣扬骗人的英雄经历。但你的讲述却真挚感人，引人入胜，如同一位演艺高超的歌手，向我们生动地讲述了你和其他阿开亚人的经历。但我希望你能对我说实话，在那里，你见没见到那些战死在伊利昂的其他阿开亚人的灵魂。夜还长着呢，不必这么早回去休息，请你继续为我们讲述你的传奇经历吧，我们都会在大厅中侧耳聆听，直到黎明女神升上天际也无所谓。”

听罢，足智多谋的奥德修斯这样答道：“尊贵的费阿克斯人的王阿尔基努斯，既然讲述和休息都有充足的时间，而你们又希望此刻继续聆听，那么我就继续讲述其他人的经历，就是那些可怜的同伴们的悲惨命运。尽管他们侥幸从特洛伊战场上逃生，却在胜利返乡之后，死于一个邪恶的女人的意志。

“在血坑边，冥后佩尔塞福涅将那些死去的女人的灵魂四处驱散，接着阿特柔斯之子阿伽门农的灵魂来了，在他周围是其他将士的灵魂，后者和他一起死在埃吉索斯的家中。阿伽门农吸饮了牲血之后，一下子认出了我。他大声痛哭，泪珠不断滴落，伸出两只大手，试图抓住我，但是他的四肢已软弱无力，不像以前那样强健了。见此情景，我也潸然泪下，用长着翅膀的语言询问道：‘人民的国王，阿特柔斯之子阿伽门农，你为何也来这里，是什么将你的生命夺走？是海神波塞冬吹起狂暴的风，掀起巨大的浪，把你翻卷到海中，还是在陆地上，被别人杀死？你同他们战斗是由于你抢劫他们的牛羊，或是你捣毁了他们的城市，抢走了他们的女人？’

“听罢，阿伽门农这样答道：‘足智多谋的莱耳忒斯之子奥德修斯，不是因为波塞冬，他没有吹起狂暴的风，没有掀起巨大的浪，我并不是淹死在海中，我确实是在陆地被人杀死的，但不是其他敌人，正是我妻子的奸夫埃吉索斯。他早就盘算要杀死我，见我回到故乡，请我赴宴，在他家中杀死了我，就像在牛棚里宰杀一头可怜的牛。还有我的这些同伴，也被杀死，如同在富贵人家举办的婚宴和聚餐时宰杀的肥美的猪。你曾见到许多人在战场上死去。但你无法想象我们惨死在厅堂上的可悲情景，那里摆着精美的盛满酒的调缸和美味佳肴，而我们却横尸其间，血流满地。我倒下后，耳边还传来普里阿摩斯之女卡姗德拉的惨叫，凶狠无比的克吕泰墨涅斯特拉将她杀死在我身旁。我虽中剑，却还有知觉，双手在地上颤抖着，而凶残的女人却不愿为我合上眼睑，看都不看我一眼，可见最毒妇人心。她们心中暗暗谋划如何杀害亲夫，铁石心肠，毫无怜悯之心。在归乡之前，我幸福地憧憬着在踏在故土之后，能够受到妻子儿女的热烈欢迎，而她却犯下这样的滔天大罪，使她自己的名声败坏，也使其他女人脸上无光，连那些品行优秀的女人也受到牵累！’

“听罢，我这样回答他道：‘这是至高无上的宙斯神的阴谋，他十分仇

恨阿特柔斯的后代，所以借女人之手实现他的心愿。为了海伦，已有多人死去，而你的妻子在你远征之际又策划对你的谋杀。’

“人民的国王阿伽门农又说道：‘吸取教训吧，奥德修斯，别相信女人，不要对她们太过温存，不要把所有的事情都告诉她们，要时时小心，这样，你就不会悲惨地死于妻子的阴谋之下。不过，你的妻子裴奈罗珮十分贤良，她是谨慎的伊卡里俄斯的女儿。当初在我们远征特洛伊，离开故乡之时，你和她结婚并不很久，孩子还小，抱在大人怀中，现在，他大概已长大成人了吧。他是个幸运的儿子，可以看到亲生父亲，会伸出年轻的臂膀，拥抱你。可是，我在见到自己的儿子之前，早被凶狠的妻子害死。所以奥德修斯，记住我的忠告，秘密返回故乡，别让外人知道。女人多变，不能相信。下面，请你对我实话实说，我那亲爱的儿子如今怎样，他是在奥尔科墨诺斯，还是在多沙的皮洛斯，或者和墨涅拉奥斯同住在斯巴达了？我知道，勇敢的俄瑞斯忒斯还活着。’

“听罢，我立即回答他说：‘阿特柔斯之子，我无法回答你的问题，我对他一无所知，所以不能胡说八道。’

“就这样，我们在坑边心情沉重地谈着，任凭泪水滚滚而下，而不去擦拭。这时，裴琉斯之子阿基琉斯的灵魂也来了，身后跟着帕特罗克洛斯，神一样的安提洛科斯和埃阿斯的灵魂，后一个在容貌和体型方面，除了阿基琉斯，阿开亚人中无人可比。埃阿斯的后代，捷足的阿基琉斯认出了我，用长着翅膀的语言哭着对我说道：‘足智多谋的莱耳忒斯之子奥德修斯，你竟如此大胆，来到悲深可怕的哀地斯的冥府！要知道，这里围聚着的都是那些没有知觉的死人的虚幻的灵魂！’

“听罢，我立即这样答道：‘阿开亚人最卓越的英雄阿基琉斯，我被迫来到这里只不过为了见到泰瑞西阿斯，请他指点我怎样才能顺利返回伊萨卡。你知道，我自从离开特洛伊之后，还一直没有踏上故乡的土地，一直在大海上漂泊。阿基琉斯，没有人比你更荣耀了，生前，你是众人瞩目的伟大英雄，人们如敬神般看你，死后，你又成为冥府中众多灵魂的首领，你没有理由伤心落泪。’

“阿基琉斯却这样回答道：‘卓越的奥德修斯，你无须安慰我。我在这样阴暗的地方苦不堪言，即使是做所有死人的灵魂的首领，我也不干，我倒愿意活在阳世，家境贫寒，身无分文，辛苦地为别人耕作。请你告诉我我儿子的情况，他是在我死后杀上战场，还是待在家中？还有我那可怜的老父裴琉斯的情况，他是继续受到慕尔弥冬人的拥戴，还是由于年迈、四肢无力，而遭到赫拉斯人和佛提亚人的抛弃？我多么希望能够像从前那样，给他们强有力的保护，就像我驰骋在特洛伊，保护阿开亚人。如果我能回到父亲身边就好了，只一会儿，我就会让那些夺走他权力和荣誉的恶人在我的双手和勇力面前瑟瑟发抖！’

“听罢，我这样对他说道：‘阿基琉斯，我对裴琉斯的情况一无所知，不过，你的儿子涅普托勒奥摩斯的经历，我可以向你说上一些，是我亲自乘船，前往斯库罗斯岛，将他请到特洛伊。当我们在伊利昂城下，商讨事务时，他总是第一个发言，句句在理，能超过他的只有德高望重的涅斯托尔和我。当我们在伊利昂城下与敌作战时，他从不胆小怕死，缩在群兵之中，而是一马当先，勇敢地冲在前沿阵地。无数的敌将敌兵死在他的枪下，他杀死的人太多了，我无法一一道出姓名。但是，我记得很清楚，是他杀死了特勒福斯之子——英武的欧律皮洛斯，后者和众多的克特奥伊人由于一个女人贪恋财宝而一起倒在了战场上。他非常魁梧，在我见过的人中，他仅次于天神般的阿伽门农。后来，我们藏在巨大的木马腹内，被特洛伊人搬进了伊利昂城。那时，由他负责一切，指挥打开或关闭进攻机关的木马之门。藏在里面的其他阿开亚将领都非常紧张冷汗直冒，不断用手擦拭，而只有他，镇定自若，面色平静，没有滴下一滴冷汗。他双手紧握武器，多次要冲出木马，将特洛伊人杀个人仰马翻。最后，当我们摧毁了圣城伊利昂之后，他带着战利品登上了海船，一毛一发都未受到损伤。在激烈的战斗中，他从来没有被铜尖碰着，这对其他人则是常有的事，战神总是狂暴地扫荡一切。’

“听罢，神一样捷足的阿基琉斯心中十分高兴，他为自己出众的儿子感到无比骄傲，然后他的灵魂转过身子，踏着青草大步离去。

“血坑边还有许多死去的人的魂灵，他们接连不断地和我谈话，诉说自己的不幸遭遇。唯有埃阿斯的灵魂站在那儿，不和我说话，看来余怒仍未平息。在海船边，阿基琉斯的女神母亲把儿子的铠甲作为奖品，奖给比赛优胜者，由特洛伊人和女神雅典娜做裁判，而我得到了那副铠甲。早知埃阿斯会因此长眠地下，我一定会放弃那一次胜利。他从容貌和战功来讲，除了阿基琉斯外，在阿开亚人中，无人能及。于是，我用温和的话语安慰他道：‘卓越的特拉蒙之子埃阿斯，为了那副铠甲，你愤然自杀，难道至今仍对我愤愤不平？失去了你，就好像失去了阿基琉斯一样，阿开亚人悲痛不已，忍受着天神降给我们的巨大损失。那件事情，该负责的不是别人，就是那个宙斯，他痛恨阿开亚人啊！走近些吧，平息你的怒火，舒缓你的心情。’

“听罢，他一言不发，没有走上前来，而是和其他一些灵魂转身隐去，其实我非常愿意和他聊一聊。但我还希望见到其他死去人的灵魂，盼望着和他们的会面。

“在那里，我还见到了宙斯之子弥诺斯。在哈得斯高大的宫门前，他手握黄金权杖端坐着，大声宣判。在他面前有许多死人，或站，或坐；还有魁伟高大的奥里昂，像往常一样，在冥府的青草地上狩猎，手里挥动着一根永不毁败的棍子，驱赶着他以前杀死的野兽。

“我还见到了大地之子提梯奥斯，他躺在那里，足足占去了五个佩勒特隆的面积。他伸展着双臂，任凭两只秃鹰不停地吞食他的内脏，鲜血淋漓——他竟然在勒托去皮托经由美好的帕诺佩斯时，对宙斯的妻子进行凶蛮的非礼。

“我还看到了坦塔洛斯，在接受残酷的惩罚，他站在湖水里，水没至他的下巴。可是，他十分焦渴时，湖水就飞快地消失，脚底下现出一片干涸的黝黑的淤泥。在他的头上，长着硕果累累的果树，有梨、石榴和闪亮的苹果，还有甜蜜无比的无花果和果肉厚实的橄榄。可是当他伸手摘取时，所有的一切都被大风卷入高高的云雾中。在冥府接受惩罚的还有西绪福斯，他弯着腰，双手双脚着地，用尽全力推动一块大圆石向上滚动。快要到山顶之时，他试图将巨石推过山顶，但每次巨石都滚落下来，又停在山脚。可怜的他，只得从山顶下来，重新用力推起巨大的石头，累得气喘吁吁，泪如雨下，满头满脸泥污。

“最后，我还见到了强大的赫拉克勒斯的灵魂。当时，他正和一群天神在尽情地饮宴，身边陪伴着至高无上宙斯之女赫拉，赫拉为宙斯所生，十分受宠。四周一片灵魂的号叫声，乱糟糟，如同一群惊飞的鸟儿。他走过来，如同漆黑的夜晚，手中握着强弓，弦上搭着利箭，警惕地左瞄右瞄，准备随时射杀。他系着一条黄金带，上面铸着一些可怕的让人不寒而栗的图案，有野熊、凶猛的狮子和野猪，还有博斗、厮杀、死亡等恐怖的景象。但愿铸造者别再造出这样的金带，尽管他技艺如此高超，想象如此丰富。他的视线落在我脸上，马上认出我来，热泪盈眶，用长着翅膀的语言说道：‘足智多谋的莱耳忒斯之子奥德修斯，难道你也和我一样，在阳光灿烂的阳世遭到巨大不幸，才到这个可怕的地方来？我身为至高无上的宙斯的儿子，却不得不听命于一个懦弱之人，冒着生命危险完成各种任务。他曾挖空心思责难我，派我来这里捉拿守候冥府的三头犬。在赫耳墨斯和目光炯炯的雅典娜的帮助下，我才得以顺利办完这件差事。’

“说罢，他就转身进入冥府。而我们留在那里，很想见到那些我仰慕已久的古代英雄，比如天神之子提修斯和佩里托奥斯等。但是，一大群灵魂蜂拥而至，可怕的号叫震耳欲聋。我很担心可畏的冥府王后佩尔塞福涅派出魔鬼戈尔工的脑袋，向我发难。

“于是，我率领同伴立即回船，让他们解开船尾的缆绳，立刻登上海船，坐在自己的位置上，俄开阿诺斯水流把我们送到大海之上。起先我们用力划桨，后来又吹来了和缓的顺风。”

# 卷十二

奥德修斯路遇基耳凯、绵枣儿和卡律布迪斯，凡是亵渎她们的人全被困在马恩岛上面。奥德修斯的航船被摧毁，伙伴连同航船一并毁亡。他讲述了他如何借用一根木板，在海上漂游九天，最终来到奥杰吉厄岛的——在那里，他与海仙，卡鲁普索生活了七年。

“其时，我们的海船驶离俄开阿诺斯的水面，回到浩渺的海面，波涛滚滚，我们回返到埃阿亚海岛——那是黎明女神的居所和宽广舞蹈场地之所在，也是早起女神——赫利俄斯的地方。靠岸泊船后，我们双脚踩在浪水拍击的沙滩上。毗邻大海，我们席地而睡，等候黎明的到来。

“当黎明重现天际，散发着玫红色的光芒，我遣出几名伙伴，前往基耳凯的宫殿，取回埃尔佩诺尔的遗体，他是死在那里的伙伴。然后，我们砍来木材，在岸边突兀的石板上，将他火焚掩埋，我们痛哭哀悼，泪珠不断。当焚烧完尸体和他的甲械，我们筑起了坟茔，用美观的船桨作为墓碑插在他的坟头。

“现在，一切就绪，女神基耳凯知晓我们从冥府出来。她打扮一番，带着女仆，向我们迎面走来。女仆手捧面包、深红的酒水和大量的新鲜肉块。美貌的女神站在我们中间，开口说道：‘鲁莽的人们，你们已从冥府活着出来，此遭说明你们有两次机会游走在人世间，而其他人仅有一次。来吧，在此吃肉喝酒一天，明日拂晓时分，你们即可登船起航，而我也将为你们指引航线，以免你们再吃苦受难，无论是陆地还是大海。’

“女神一番说告，说动了我们豪迈的内心。我们坐在那里一整天，随意吃喝，咀嚼着美味的烤肉，品尝着香甜的醇酿，直至太阳西沉，痛快了一整天。当太阳西下，神秘的黑夜将大地笼罩，大伙儿就地躺下，鼾声在船尾的缆索边萦绕。其时，女神握着我的手，将我拉向另一边，避开我熟睡的伙伴。她邀我坐下，而她躺在我的脚边，要我讲述我的所有遭遇。我详尽地将所有发生之事讲与她。接着，瑟茜开口讲话：‘即使这样，现在这一切已然结束，但你要听我嘱告，神灵会让你记住我所讲的。首先，你会遇到女妖塞壬，她会用歌声迷惑所有人，如若不加提防，接近她们，聆听美妙歌声，将会失去归家良机，亦将无缘家中妻小，更谈不上带去欢乐和笑声。塞壬喜爱坐居草地，四周白骨累累，一副副枯萎的皮囊；其歌声旋律优美，引人入迷。当路遇此歌声时，你要驱船直驶而过，当中不得停滞。此外，你要用温暖的蜜蜡，封住同伴的耳朵，让其不受歌声干扰。倘若你自己想聆听，让你的伙伴将你的手脚捆住，再与桅杆紧紧相贴，这样，你便可以欣赏其美妙歌声。但倘若你再央求伙伴，为你解绳松绑，那意味着你需要更多的绳索，更严实的捆绑。

“‘当伙伴们载送你冲过塞壬的诱惑之后，你将面临两条航线的选择，你必须自己思考判断。现在，我把这两条水路给你介绍一番：一条通向悬耸的崖壁，溅响着黑眼睛安菲特里忒掀起的滔天巨浪，幸福的神祇称之为晃摇的石岩，展翅的鸟儿不能飞过，就连为宙斯运送仙食的飞鸽也不例外，陡峻的岩壁每次都会夺杀一只飞鸽，父亲宙斯只好补足损失，添送更多的新鸽。凡人的海船临近该地，休想逃脱，大海的风浪和猖莽凶虐的烈火会捣毁船板，吞噬船员。自古以来，破浪远洋，穿越该地的海船只有一条，那就是无人不晓的阿耳戈，从埃厄忒斯的水域回返。然而，即便是它，要不是赫拉让它通过，出于对伊阿宋的护爱，亦会撞碎在巨岩峭壁之上。

"'另一条水路流淌在两面岩壁之间，一面伸出尖利的峰端，指向广阔的天空，直插环绕的乌云，因为这里很少会是晴天。无论是在夏暑，还是在秋收的时节，凡人休想爬上它的壁面，登上顶峰，哪怕他有十双手脚。突兀的石刃直指苍穹，仿佛磨光的一般。岩壁的中部，峰基之间，有一座岩洞，浊雾弥漫，朝着西方，对着昏黑的厄瑞波斯。从那儿，哦，聪明的奥德修斯，你和你的伙伴要驾驶好深旷海面上的求生船。没有哪个骠勇的壮汉，可以从摇曳的木船上手持弯弓，射到洞口，洞内住着斯库拉，她的嘶叫令人毛骨悚然。事实上，她的声音像只刚刚出生的小狗的吠叫，但她确是一头巨大的凶狠的魔怪。看到她的模样，哪怕是一位神明，也会感到害怕。她有十二只腿脚，全部垂悬空中。长着六条极长的脖子，各自耸顶着一颗可怕的脑袋，长着三层牙齿，密密麻麻，藏匿着幽深的死亡。她腰部以下的身子，蜷缩在空旷的洞里，但却伸出脑袋，悬挂在可怕的深渊之外。她探视着绝壁周围捕食鱼类，寻觅海豚、星鲨或任何大条的美味，安菲特里忒饲养着成千上万的海中魔怪。她的每个脑袋各逮一个凡人，抢出头面乌黑的海船，躲过抓捕的水手们从来不敢出言催喊。

"'另一面岩壁低矮，你将会看见，二者相去不远，只隔一箭之地，上面长着一棵巨大的无花果树，枝叶繁茂，树下栖居着吞吸黑水的神怪——卡鲁伯底丝。一日之中，她吐出三次，'呼呼隆隆'地吸入三次。当她吸水之时，但愿你不在那边，倘若遇难，即便是裂地之神也难救助你。驾着你的海船，疾驶而过，躲避她的吞捕，偏向斯库拉的石壁行船——哀念整船伙伴的牺牲，远比哭悼六位朋友的死去更痛苦。'

"她言罢，我开口答话：'女神，现在请你告诉我，当她抢夺我的伙伴，发起进攻的时候，我是否可以避开凶毒的卡鲁伯底丝和斯库拉的威胁?'

"听我言罢，美丽的女神开口答道：'真是个莽撞之人，心里永远只有厮杀和拼战！难道，面对不死的神祇，你也要打算表现一番吗？她不是一介凡胎，而是个作恶的神仙，凶险、艰蛮、狂暴，不可与之对战，亦无防御可言。最好的办法是躲开她的杀戮。即使你为此耗磨时间，傍着石峰披甲战斗，我担心她也会冲出来，用众多的脑袋，抓走同样多的伙伴。所以你要使出全身力气尽快行船，同时求告斯库拉的母亲克拉泰伊丝，不该生下这捣蛋的精灵，涂炭凡人。克拉泰伊丝会阻止女儿发起另一次攻击。'

"'之后，你将航行到斯里那基亚海岛，那里牧放着大群的肥羊和壮牛；七群牛和羊，每群五十头，这些都是太阳神赫利俄斯的财产。它们不生羔崽，亦不会死亡，放牧者是林间的神明——发辫秀美的女仙兰裴提娅和法厄苏莎，闪亮的亲埃拉和太阳神呼裴里昂的女儿。女王般的母亲生育和抚养她们长大，把她们带到遥远的海岛特里那基亚，牧守父亲的羊儿和弯角的牛群。假如你一心只想回家，不要去伤害牛羊，那么，你们在历经磨难之后便可如期返回伊萨卡；但如果你动手杀害牛羊，我便可预言，你的海船和伙伴们都将覆亡，即使你只身出逃，也只能迟迟而归，狼狈不堪，痛失所有的朋伴。'

"基耳凯言罢，黑夜也逐渐消去，又一个黎明将要来临。美丽的女神就这样走上岛坡离开了，而我则登上木船，召集伙伴们上来，解开船尾的绳缆；大家迅速登船，整齐地坐在各自的桨位旁，荡开了船桨，击打着灰蓝色的海面。那个美丽又可怕的通讲人话的女神基耳凯，送来顺航的海风；我们调紧船上所有的机械，弯腰坐下，任凭海风和舵手送导向前。此时，带着心头的悲痛和担忧，我对伙伴们说道：'朋友们，如果只有一两个人知晓姣美的女神基耳凯对我的告育，我想这样是不妥当的。所以，我将说出女神对我的告诫，让大家都知晓自己的前程——是不归死去，还是躲过死亡，逃避命运的追击。首先，她告嘱我们要避开神迷的塞壬，避开她们的歌声和开满鲜花的草地。她说，仅我一人可以聆听歌唱，但你等必须将我捆绑，勒紧痛苦的绳索，牢牢固定在船面桅杆之上；倘若我央求你们松绑，你们则应该拿出更多的绳条，把我捆得更严。'

"就这样，我把详情对我的伙伴细细转告后，我们制作了坚固的海船，借着神妙的风力，急速奔驰，靠近了塞壬的海滩。突然，风停了，一片静谧的宁静笼罩着海面，某种神力息止了汹涌的波涛。伙伴们站起身子，收下船帆，置放在深旷的海船，坐入舱位，挥动船桨，平滑的桨面划开雪白的水线。同时，我抓起一大片蜡盘，用锋快的铜剑切下小块，在粗壮的手掌里搓开，由于强有力的碾转和呼裴里昂王的热晒——太阳的光线，很快温软了蜡块。在迅捷的海船上，我用软蜡一个接着一个塞封伙伴们的耳朵，之后他们就捆绑住我的手脚，用绳索把我牢牢固定在桅杆之上。然后大家回归舱位，荡开船桨。当我们离岸的距离近至喊声及达的范围，走得轻巧迅捷，塞壬看见了逐渐靠近的海船，朝着我们送出甜美的歌声：'过来吧，尊贵的奥德修斯，阿开亚人的光荣和骄傲！停住你的海船，聆听我们的唱段。谁也不曾驾着乌黑的海船，穿过这片海域，难道要飞出我们的唇沿，不想听听蜜一样甜美的歌声吗——听罢之后，你们会知晓更多的世事，心满意足，驱船向前。我们知道阿耳吉维人和特洛伊人的战事，在广阔的特洛伊地面，出于神的意志，他们所经受的一切苦难，没有我们不知道的；所有的事情，都蕴发在丰产的大地上。'

"她们引吭歌唱，声音舒软甜美，我带着强烈的欲望想要聆听，摇动我的额眉示意伙伴们松绑。无奈他们趋身桨杆，猛划向前，佩里墨得斯和欧鲁洛科斯站起身子，给我绑上更多的绳条，勒得更紧更严。最后，当划船驶过塞壬停驻的地点，我们就听不见她们的声音，也不能再闻赏到舒美的歌喉了。我的好伙伴们挖出耳里充填的蜂蜡，随后动手解除了绑我的绳环。

"绕过海岛，一团青烟映入眼帘，一峰巨浪响彻耳畔。伙伴们心惊胆战，脱手松开船桨，全都溅落在大海的浪卷里。由于大家都不再荡划扁平的船桨，木船停驻在静伏的海面上。这时，我穿行在海船上，站在每个人身边，和善地鼓励各位伙伴：'亲爱的朋友们，大家知道，在此之前我们已几经磨难。眼前的景状，并不比上次惊险：库克罗普斯用横蛮的暴力把我们困在深广的洞里。即便如此，我们也凭借自身的勇气、计划和谋略脱身险境。我想，眼前的危险也将成为你我的经历，一切都会过去的。来吧，按我说的做，谁也不要执拗。在你们的舱位坐稳身子，荡开船桨，深深地击入汹涌的海水，全力以赴；宙斯或许会让我们脱险，躲过眼前的灾难。对于你，我们的舵手——在我们深旷的船上，你是掌舵的人儿，我发出此番命令，你要牢牢记在心间。你必须全力避开烟团巨浪，尽可能靠着石壁航行，以免在你不觉之中，海船偏向另外一边，那样你将会把我们都葬送掉。'

“听我言罢，众人当即行动。我担心伙伴们惊恐害怕，停止划船而躲挤在船板下面，所以没有告诉大家斯库拉的凶险，一种不可避免的灾虐。此时，我抛却了心头基耳凯庄重的告诫——叫我不要披甲战斗。我穿上光亮的铠甲，伸手抓起两枝粗长的枪矛，前往站在船首的甲板上，心想这样可以首先发现石缝里的斯库拉，以免神怪给我的伙伴们带来灾难。我翘首巡望，但却觅不见她的踪影，双眼逐渐疲倦，四处的岩面变得模模糊糊。

“于是，我们行驶在狭窄的岩道间，大声哀号，一边是神怪斯库拉，另一边是闪光的卡鲁伯底丝，真担心会被卷入大海的涛水。当她肆意地喷吐时，就像一口大锅，架着一蓬熊熊燃烧的柴火。整个海面沸腾翻卷，颠涌汹乱，从两边岩壁的峰顶迸溅出硕大的水沫。但是，当她转而吞咽大海的咸水，混沌中揭显出海里的一切，对着裸露的黑暗的海底岩石发出深沉可怕的‘叹息’，彻骨的寒意与惊恐抓住了伙伴们的心灵。出于对死亡的惧怕，我们注目卡鲁伯底丝的动静，却不料斯库拉从海船上抢走了六个伙伴，包括伙伴中最强健的壮汉。我转过头来，察视快船和船上的伙伴，只见六人的手脚已被高高悬起，悬过我的头顶，哭叫着呼喊我的名字。他们发出了最后的呼唤，倾吐着内心无比的悲哀。他又像一个渔人，在一面突出的岩壁，垂着长长的钓竿，丢下诱饵，钓捕小鱼，随着硬角沉落，拎起渔线，将鱼儿扔上滩岸。鱼儿不停地颠扑挣扎——就像这样，伙伴们被神怪抓上峰岩，也在拼死挣脱，最后还是被吞食在门庭外面。丧命的瞬间，他们嘶声尖叫，向我伸出双手，不停地挣扎着。我漂泊海上的日子里，饱受苦难，但那次所见景状可谓最悲惨的一次。

“逃离悬壁，躲过可怕的卡鲁伯底丝和斯库拉，我们驶近一座漂亮的海岛，它是属于神的领地，那里放养着额面开阔的壮牛、体形健美的肥羊，那些都是太阳神呼斐里昂的财产。当我还置身黑船，漂行海上时，便已听见‘哞哞’的牛叫。集群回返栏圈的边沿，又隐约夹杂着‘咩咩’的羊语，心中顿时想起双目失明的先知，塞贝人泰瑞西阿斯和埃阿亚的基耳凯的叮咛——二位曾谆谆嘱告，要我避开赫利俄斯的海岛，尽管太阳的光辉能给凡人带来欢快。我忍着悲忧对伙伴们说：‘听着，我的伙伴们，虽然你们遭受了苦难，我将告诉你们泰瑞西阿斯和埃阿亚的基耳凯的预告——二位曾谆谆叮嘱，要我们避开赫利俄斯的海岛，虽说太阳的光辉能给凡人带来欢快。他们预言有一场最险恶的灾难等着我们去经历。所以，让我们划起木船，就此向前，避离岛滩！’

“我如此一番说告，让他们变得更悲观绝望。欧鲁洛科斯当即答话，言语中带着愤恨：‘你生性刚忍，奥德修斯，一身的力气我等不可比及；你的四肢从来不会酸软，你的体格也如铁板一块。你怎能忍心让你已经累得疲惫不堪又缺少睡眠的伙伴继续划桨向前呢？在这水浪拥围的海岛，我们大可以再次饱食美味。在这缥缈的夜晚，行船在浑浊的洋面上，你却强迫我们胡闯向前，难道不怕黑夜凶虐的风暴捣散我们的海船吗？倘若海上骤起狂风，不顾我们的主宰和神明的意愿，南风或西风拼命地吹，我们中谁又可逃避意外的死亡？现在，让我们接受黑夜的规劝，傍着快船，整备晚餐；明天拂晓，再登程上路，驶向宽阔的海面。’

“欧鲁洛科斯言罢，伙伴们均表赞同，我由此明白，神明确已给我等铺设了灾难。于是，我语气强硬地补充道：‘主行者仅我一人，你们都要听我的，欧鲁洛科斯，你在逼我就范。这样吧，我们大家立下庄重的誓言，倘若遇见牛群或羊群，谁也不许出于粗莽和骄狂，动手杀宰，一头也不行！你等谁也不能例外，我们可以享用现有的食物，这是长生不老的基耳凯女神的忠告，图个平安。’

“听我说罢，众人遵照嘱令，盟发誓言。一番信誓旦旦的发誓后，我们将精固的海船停泊在深旷的港湾，傍着一泓甜净的清水，伙伴们走下船来，娴熟地准备晚餐。当大家满足了吃喝的欲望，他们想起了死去的伙伴，不禁哭悼他们的不幸，受难于斯库拉的大嘴里。他们痛苦悲号，直至疲劳到合眼入睡。

“当夜晚的星宿漂移到天空的另一端，汇聚乌云的宙斯卷来呼啸的疾风，狂野地吹拂起层层积云，掩罩起大地和海域，黑夜从天空降临。但是，当黎明的曙光重现天际，泛出玫红色的光芒，我们拖拽起海船到滩边空旷的岩洞，里边有水仙们聚会的漂亮舞场。这时，我召开了一次集会，对众人吩咐道：‘朋友们，既然快船上储放着我们的吃喝，大家伙就不要沾碰岛上的牛群，以免招惹是非。这里有牧牛和肥羊，归属于一位叫赫利俄斯的可怕仙神，他无所不知，见闻甚广。’

“我这样一番叮嘱，劝服了他们贪婪的想法。但南风长刮不止，一刮就是一个月，虽无其他疾风，但南风和东风的劲吹足令伙伴们寒意阵阵。开始船上尚有食物和红酒，众人倒也不曾碰沾牧牛羊——毕竟没有谁愿意触犯可怕的仙神。然而，当船上储存殆尽，于无奈之中，受饥饿的驱迫，他们便四处寻觅，抓捕鱼儿、鸟类等一切可以钓捕的可食之物。那时，我只身离去，朝着岛内行走，以便对神祈祷，但愿他们中的一位，能给我指点行程。就这样，我穿走过海岛，撇下了伙伴，洗净双手，在一个避风的处所，祈祷所有的神明，拥戴着奥林匹斯的仙神，但他们却送来舒甜的睡眠，我合上了双眼。与此同时，欧鲁洛科斯提出了凶邪的计划，对伙伴们说道：‘听着，我的伙伴们，虽然你们遭受了苦难——不错，对悲苦的凡生，各种死难都让人厌恶——但在饥饿中迎接生命的结束，是最凄惨的死亡。来吧，让我们杀倒赫利俄斯最好的壮牛，祭献给不死的统掌辽阔天空的神明，假如有幸回到伊萨卡——我们亲爱的故乡，我们就马上兴建一座丰足的神庙，供奉上好的贡品，给呼裴里昂，给天上的太阳。但是，如若他出于愤恨，为了这些长角的壮牛，打算摧毁我们的海船，得获其他神明的赞同，那么，我宁愿吞吃咸水，丧命于大海，也不愿在这片荒芜的岛滩遭受饥饿的折磨，慢慢地死去！’

“欧鲁洛科斯言罢，其他伙伴均表同意，立刻动手，捕猎起赫利俄斯最好的壮牛，牧食在头首乌黑的海船旁；他们赶来肥牛，在它们周围站定，对神祈祷，从枝干高耸的橡树上摘下娇嫩的绿叶，因为船板上已没有雪白的大麦可用。他们做过祷告，割断牛的喉管，剥去皮张，剖下腿肉，用油脂包裹双层腿骨，把小块的生肉置于其上。由于没有醇酒来泼上烧烤的祭品作为祭奠，他们以水代酒，烤熟了所有的内脏。焚烧了祭牛的腿件，尝完了所有内脏，所剩部分也被切成小块，挑在叉尖上。

“那时，我睁开惺忪的睡眼，沿着海边的沙滩迅速走回海船；然而，在回返的路上，烤肉的香味迎面扑来，萦绕在我的周围。我悲声叹叫，对着不死的神明呼喊：‘父亲宙斯，各位幸福的长生不老的神仙，你们用残忍的睡眠将我放哄，让我的伙伴遭难；伙伴们留在这里，做下的事情可怕荒诞！’

“裙衫飘逸的兰裴提娅即速出动，带着我们已杀宰壮牛的讯息，前往禀告天上的太阳呼裴里昂。呼裴里昂勃然大怒，在众神中喊道：‘父亲宙斯，各位幸福的长生不老的神仙，责惩莱耳忒斯之子奥德修斯的伙伴。这帮骄蛮的浑蛋，在升登多星的天空，或从天上回返地面的时间，杀了我心爱的牧牛。我要他们弥补杀牛的损失，否则，我将把光明送给死人，把他们送到哀地斯的房院！’

“听罢这番话，汇聚乌云的宙斯答道：‘继续照射不死的神明和世间的凡人，普照盛产谷物的大地吧，赫利俄斯。至于那些凡人，在酒蓝色的洋面，我会用闪光的炸雷击捣他们的快船，将它炸成碎片。’

“我是从长发秀美的卡鲁普索那里听知这些；她说，她从信徒赫耳墨斯那里得知此番消息。

“当回到海边停船的地方，我挨个儿责备他们的粗蛮，但我们找不到补救的办法：死牛不可能复活。这时候，神明开始在我们眼前发出预兆，牛皮开始爬行，叉尖上的牛肉发出轰鸣，无论生熟，都像活牛的吼喊。

“一连六天，粗莽的伙伴们杀食了太阳神赫利俄斯最好的肥牛，作为他们的美餐。但是，当克罗诺斯之子宙斯送来第七个白天时，啸卷的狂飙终于收起风势。我们即刻登船，竖起桅杆，升起白帆，驶向宽阔淡蓝的海面。

“我们离开海岛，眼前没有别的陆岸，只有一片多变的天空和无边的海面。宙斯卷来灰黑的乌云，笼罩着单薄的木船，大海变得乌黑森严。海船继续向前，但只有短暂的时间——尖啸的西风突起扑来，呼吼的狂飙凶猛吹打，断毁了两条系固船桅杆的前支索，桅杆向后倾倒，所有的绳索俱掉入底舱里面；船尾上，折倒的桅杆砸打舵手的脑袋，当即粉碎了整个头盖，像一位潜水者从舱面上倒下。其时，海面上雷电交加，来自宙斯的炸雷砸捣着我们的海船，打得海船不停地旋转，充溢着硫黄的硝烟。伙伴们被甩出海船，像一群海鸥，被海浪冲碾，围着乌黑的海船，被神明卷走了回家的愿望。

“与此同时，我返回船上，直到激浪卷走龙骨边的船帮，随着光杆的龙骨漂走，与之相连的桅杆也被砸断，幸好还有一根连绑的牛皮做的后支索垂挂在上面。在强风的推搡翻腾中，我抓紧绳条，把龙骨和桅杆捆连一块，骑跨着它们沉浮。

“然后，西风停止啸吼，南风轻快地吹来，我的内心充满恐惧：我将再次穿走那条海路，迎接卡鲁伯底丝的凶险。整整一夜，海风推着我漂走；及至旭日东升，来到斯库拉的石岩，逼近可怕的卡鲁伯底丝，此时她正吞咸涩的海水。见此情景，我高高跳起，伸手抓住高大的无花果树，抱住树干，紧贴在上面，像一只蝙蝠。然而，我却找不到蹬脚支身的地方，亦无法爬上果树，它的根部远在我双脚之下，而枝叶则高高在上，远离头顶——粗大修长的枝干，荫罩着卡鲁伯底丝的面容。我咬牙坚持，强忍卑屈，等着她吐水，将龙骨和桅杆送回。我急切等盼，而它们则姗姗迟来，就如那判官审定许多好斗的年轻人的争讼，回家吃用晚餐的时间——就在这种时刻，卡鲁伯底丝方才吐出吞走的桅杆。彼时，我方才松开双臂腿脚，偏离长长的树枝，从高处跳落水面，刚好跨爬到桅杆上去，于是挥动双手，划水向前。人和神的父亲没有让斯库拉重现我的视野，否则，我将逃不出这致命的毁灭。

“从那儿出发，我漂行了九天，到了第十天晚上，神们把我带到俄古吉亚，一位发辫秀美的可爱女神卡鲁普索居住的岛屿。她通讲人话，热情地让我住下来，并给予关心照料。然而，我为何要复述此番经历？昨天在你家里，我已对你们讲说，对你和你庄雅的妻子。我讨厌重复，那段往事我已清清楚楚地对你们讲过一遍。”

# 卷十三

奥德修斯，被费阿克斯人丢弃在伊萨卡岛的海岸上，昏睡过去。他醒来时浑然不知打扮成牧羊人的雅典娜正在整理他的财宝。搭载他的船，触上了礁石，奥德修斯变成了一个老乞丐，被雅典娜呼来唤去。

“噢，天哪！”他失声喊道。顿时四下寂静，朦胧大厅的声音，将大家吸引过去。于是，阿尔基努斯回答他说：“奥德修斯，尽管你已深受痛苦，但你从没来过我这青铜地板的锋线阁，我认为，在你回来之前应该另辟蹊径。这个大厅中的每一人，永远都能饮陈年老酿，听歌赏舞，这是我的承诺和命令。陌生人的衣物已经卸下，放进了金光闪闪的保险柜中，像费阿克斯人的器具，和所有的礼品都呈现在这里。来吧，让我们每个人给他一个大三脚架和大锅，轮流收集这些物品，作为对自己的奖励，毕竟对于凡人，不求回报的给予是异常困难的。”

阿尔基努斯的一席话，深深地激励了大家。接着他们到他家里，让他躺下休息。但黎明很快来临，他们赶到船边，在那里搜索其他人。伟大的国王阿尔基努斯亲自来到船上，将物品放置在长椅下面，以免船员们奋力划船时妨碍了他们。其后，他们赶去阿尔基努斯处，准备参加宴席。阿尔基努斯当众献给住在乌云里的万神之主克洛诺斯的儿子宙斯一头牛。他们吃着烤腿肉，分享着宴会的快乐。人们尊崇的吟游诗人德摩道科斯也在席间弹琴吟唱。

但是奥德修斯，面向太阳的光彩壮丽，因为凡人都渴望做回最真实的自己，也因为人们会由于一整天的田间劳作而渴望晚餐，他很赞成也很欢迎快速沉沦的日光，这样他就可以让自己赶紧回家，因为一路走来，他的膝盖早已疲乏不堪。即便如此让人喜悦的阳光，对奥德修斯来说也只是白驹过隙。这时有个费阿克斯人的船桨手喊道："一直往前!"然后向阿尔基努斯说："阿尔基努斯陛下，那些声名显赫的人为我斟酒送行，对你也一样。我真心渴望上天的恩赐，愿天神让它们使我幸福美满！但愿我能回抵家园，见着贤洁的妻子和所有的亲朋，无伤无害！愿你们留居此地，给婚娶的妻子和孩儿们带来舒服和欢快！愿神明允信你们一切顺利，邪恶远离人民!"他的这些话得到了大家一致赞同，随后便送客还家，他说的话其实十分正确。

此时健壮的国王阿尔基努斯对他的亲信说："庞托努斯，调一缸美酒供厅内所有客人享用，以向父亲宙斯祈祷，送出我们的客人让他们重返家园。"听他说完，庞托努斯兑出香甜美酒，并依次斟酒入杯，之后大家就在所坐之处举杯向幸福的神明祭酒。这时优秀的奥德修斯站了起来，将双耳杯放在阿瑞塔手中，开口送出祝福的话语："祝你幸福，尊敬的皇后，希望幸福伴你终生，直到所有凡人都会经历的年迈和死亡来临。我将踏上归途，愿你的孩子们、你的人民以及阿尔基努斯国王能带给你幸福和快乐。"

说完，奥德修斯跨过门槛走了出去。位高权重的阿尔基努斯派出了他的亲信护送他到停驻快船的沙滩。阿瑞塔也指派他的女仆一路紧随其后，一个手捧长袍和紧身上衣，另一个加入到他们的行列中帮忙搬运那沉重的保险柜，还有一个装着面包和红酒的柜子。

当他们来到驻船的海滩时，那些护送队的好人们就接过这些东西，并把它们放进宽阔的船舱内，包括所有的肉食和饮酒。他们在船舱里的后甲板上为奥德修斯张开一条地毯和一块亚麻布，以便他休息。奥德修斯登上船板，静静地躺下去。水手们按序坐到自己的位置，解开系在石头上的绑绳。当水手们舞动划桨向后划开海水，他的眼睛浮上一丝睡意，很沉很甜的睡意，如同即将死去一般。甚至像一架四匹马儿拉引的快车，奔驰在平野上，马儿们受激于鞭子的驱赶，合力向前，高高跃起，奔向目的地。船也如此跳跃着，大海的波浪紧随其后猛烈咆哮着，他坚定地走在自己的路上，没有一丝跟上节奏的盘旋。即便波涛汹涌，他也能轻松上路，划开大海波涛，承载着一个旨在成为神的意愿的人，一个不久前遭受了深切痛楚，经历战乱和剧烈动荡的人；但在那时他睡得平和，完全忘记了他所经历的一切。

当那颗最闪亮的星星爬上天空时，那预示着黎明即将到来，就在那时，远洋的海船也靠近了伊萨卡岛。

在伊萨卡岛有一个福尔库斯港湾，海洋老人的一个古老港湾，旁边有两道突出的悬崖。在靠近港湾的一侧悬崖向海面凸起，抵御强风卷起的波涛。但在港湾里面却风平浪静，带有甲板的船只在到了锚地后便可以就地停驻而无须抛锚。在港湾的前面有一棵枝叶修长的橄榄树，旁边有一处令人愉悦的洞穴，这里对于居住在山林水泽的，人们称之为“奈阿德丝”的仙女们来说，都是荫悠而神圣的。洞里有石缸和石制广口瓶，还有许多蜂巢。洞里有造型奇特的石制织布机，仙女们用来纺织紫色织物，大自然的鬼斧神工让人视而惊叹，另外还有永不枯竭的淙淙山泉。洞穴有两处入口，向北的入口是凡人的通道，而朝南的入口则是神的门户，凡人不能进入，永垂不朽者才能经此入内。

水手们熟知对岸洞穴的地形，于是他们奋力划动船桨。这艘船现在正全速冲上海岸，在水手们的全力划动下，它的速度奇快，以至于其前半部分船体搁上海岸。随后大家下船走上陆岸，首先将奥德修斯连同亚麻布单和光鲜毛毯一起抬出宽阔的船舱，将仍在沉睡中的奥德修斯放在地上。随后，他们将深受雅典娜女神熏陶的贵族费阿克斯人豪爽赠予的物品搬出来，堆在橄榄树的树干旁边，远离道路，以防在奥德修斯醒来之前一些路人过来抢夺。然后他们转身返航。但是裂地之神却没有忘记当初用于威胁像神一样的奥德修斯的威胁，这时他向宙斯说道："宙斯父亲，人们不再崇拜不死的神们，这些凡人已经不再尊重我了，甚至连与我一个血统的费阿克斯人也是如此。你知道的，我说过奥德修斯要经历诸多磨难方能重返家园，考虑到你曾答应过他，要让他如愿以偿，所以我不想彻底破坏他的归程。但是你看，在他沉睡的过程中，水手们用一艘快船载着他在海上疾驰，并将其送到伊萨卡岛，给了他过多的礼物，大量的金银珠宝和绫罗绸缎，诸多储藏品，似乎多于他可以从特洛伊赢得的东西。但是，他带着收到的东西安然无恙地重返家园了。"

呼风唤雨的宙斯回答他说："瞧你都说了些什么，威震四海的裂地之神，诸神无丝毫地诋毁你，我们不能侮辱、攻击我们最好的尊长。即便是有这样一个胆大妄为、力量充足的人不尊崇你，你也可以实时地施以报复。你完全可以按照你自己的意愿放手去做。"

听完这番话，裂地之神波塞冬回答说："我本应该按你所说的立刻行动，乌云之神，但我一直敬畏和避免你的愤怒。但是，当费阿克斯人的那艘船从浓雾弥漫的护航中返回时，我要重创它，使他们学会克制自己的双手，停止护送凡民。我将用一座大山围着他们的城楼，使他们的城池黯然失色。"

宙斯听他言罢，回答他说："朋友，看看我的想法如何，我认为此法极妙。当所有人涌上城头遥望归程中的航船时，你可以在近海将其变成一块石头，一块看起来极像快船的石头，这样所有人都会因此而感到惊诧，然后你再以一座大山围着他们的城池。"

裂地之神波塞冬听他说完后，便奔向费阿克斯人栖居的斯开里亚岛。他在那里驻留了片刻，此时护航归来的海船轻盈地驶来，逐渐靠近。当他靠近裂地之神时，波塞冬将其变成一块石头，深深地扎根于自己的打压之下。随后他便离开了那里。

以长桨水手享有盛誉的费阿克斯人开始意味深长地相互说告，每个人都看着自己邻近的人说："我的天哪，在我们的快船归来的时候，到底是谁把他深深地束缚在了海底？就在刚才，他还完全屹立在我们的视野里。"虽然大家都在这样说，但他们并不知道这些事情怎么会发生。这时候，阿尔基努斯开始发话，对着大家说："大家瞧，我父亲的一个古老预言如今真的实现了。他老是说波塞冬憎恨我们为所有人提供安全的护航。他曾经预言有一天，当一艘漂亮的费阿克斯人的航船在浓雾中完成护航返回时，神明会袭击他，并用一座大山围着我们的城池。这就是那个古老预言所说的。如今，所有的这些事情都已经成为现实。来吧，所有的人都竖起耳朵听我讲，按我说的做。停止护送任何来到我们城镇的人，不管是谁。让我们用十二头精挑细选的牛来祭祀波塞冬，也许他会心生怜悯，不再用大山围困我们的城池。"

听阿尔基努斯如是说，大家都很害怕，并开始准备祭祀用的牛。当费阿克斯人的王子和统治者们站在祭坛上时，他们就对波塞冬陛下这样祈祷。

这时，卓著的奥德修斯在自己的故土醒来。他不知道自己已历经了遥远的旅途，也不知道自己现在身在何处。因为雅典娜女神，宙斯的女儿，最终也不会让他发现自己在哪里，向他阐述详情，以便他的妻子、亲戚朋友以及民众都不能认出他，直到求婚者对他们的胡作非为付出代价。蜿蜒的小路和泊船的港湾，陡峭的壁石与繁茂的树林，一切对国王奥德修斯来说都变得陌生。他突然站了起来，环顾他那久别的故土，低声哀叹，并用双手重重地拍打自己的双腿，带着深深的悲痛，说道："天哪，我真悲惨，我这是来到了什么地方？他们是顽劣，野蛮，没有正义，还是友好，拥有神都畏惧的意志？我可以将所有的这些财富带到哪儿去？对了，我自己又将漂泊何方？噢，那些东西属于费阿克斯人，在那里我还可以寻求一位能够送我回程的尊贵而友善的王者。但是目前我还不知道怎么放置这些东西，我害怕一些人过来抢劫，又不能将其留在这里。唉，那些费阿克斯的王者和统治者们做事不严谨，不诚信，把我带到这个陌生的地方。他们真诚地承诺会把我带到阳光明媚的伊萨卡，但却没有这样做。愿护佑请求者的宙斯惩罚他们，希望他能够监视所有人并惩罚违背者。等会儿，让我先清点一下这些东西，核对一下是否那些人带了一些东西上他们的船。”

随后他开始清点铜鼎和大锅，以及金银财宝和丝绸，发现这些东西都无一缺省，但是当他踱步在涛声震耳的海岸边时，他为自己的家园感到悲叹，自己也不禁痛哭流涕。这时，雅典娜变成一个年轻的牧羊人，一个酷似纨绔子弟的雅致小伙子。她肩披一个精心制作的斗篷，斗篷掉下来搭在她的肩上形成两层，她那光滑的双脚上穿着凉鞋，手里还拿着一把标枪。

奥德修斯见到她时十分高兴，走到她跟前意味深长地说：“朋友，你是我在这片土地上遇见的第一个路人，真心向你致敬，希望你不要对我心存恶意。请你帮帮我，救护这些东西，我会真诚地在你的膝前向神为你祈祷。请你真实地告诉我实情，让我了解这些情况，这里是什么地方，住着什么样的人？当然，我认为这是某个阳光明媚的海岛，或是一片倾斜至深海的肥沃海滩。”

这时，灰眼睛的雅典娜女神对他说：“陌生人，你看起来真是愚蠢至极，也许是来自远方，但是如果你确实要询问这个地方，我可以告诉你它绝对不是难以名状的，而是一个远近闻名的地方，无论是对居住在东方日出之地的凡民，还是对栖息在西方光线昏暗之所的众生，都是如此。这是一片山石出没无常的土地，并不适合骑马远行，虽然是弹丸之地，却显然不是一个贫瘠的岛屿。传言这里盛产玉米和美酒，雨水充沛，甘露满地。而且牧草葱郁，非常适合饲养牧羊和牛群。各种各样的树木这里应有尽有，供水充足的土地在这里数之不尽。因此，陌生人，虽然人们常说这里远离亚加亚海岸，但它的名声甚至响遍特洛伊。”

听她如是说，卓著而坚定的奥德修斯非常高兴。庇护之神宙斯的女儿，雅典娜已经告诉他实情，此时他正尽情地享受着家乡的土地。奥德修斯想针对雅典娜的话回答她，但是因为胸中那敏捷的智慧，他并没有吐露实情，而是将已经到嘴边的话收了回去。“哦，伊萨卡，我曾经在坐落于遥远海上的克里特听说过这里，如今我竟然带着我的东西来到了这里。我离开了我的孩子们，成了一个亡命之徒。因为我杀了伊多梅纽斯的儿子，俄耳提洛科斯，他是一个健步如飞的人，在克里特，他是所有以面包为生的人中最快的一个。现在他应该会来抢夺我从特洛伊带回来的所有财物，正因为如此，我忍受着内心极大的痛苦，穿过战乱中的人群和大海的惊涛骇浪，因为我不愿意在特洛伊的大地上做他父亲的帮手，当他父亲的随从。而要指挥我自己的部队，统领我自己的人民。所以我和一位同伴，埋伏在路边，当他从郊野返回之际，我用铜制矛头的矛枪袭击了他。那是一个漆黑的夜晚，没有人认出我们，但我暗中夺走他的生命。随后我用锋利的矛枪将其杀死，然后径直奔向一艘海船，恳求他们带上我，我用一些奖品换取他们的同意，要他们将我带上船，把我送往皮洛斯或伊皮恩斯掌权的伊利昂。事实虽然如此，但劲风驱使他们偏离了航程，严重违背了他们的意愿，他们并没有刻意让我受骗。从那时起我们便开始四处游荡，在夜晚到来时我们便来到了这里。我们费尽力气使劲地向泊船的港湾划船，虽然我们急需进食，但都没有心思去享用晚餐。停船上岸时，我们全都躺了下来。随后我在疲倦不堪中进入了酣甜的梦乡，但他们却把我的东西从船舱中搬了出来，放在沙滩上靠近我躺的地方。接着他们登船起航，前往繁华之地西顿，而我，在内心深处却留下一丝哀愁。”

听他说完，灰眼睛的雅典娜笑了，用她的双手轻轻地抚摸奥德修斯，一瞬间就变成了一个女人的样子，美丽而苗条，手艺精巧。开口对奥德修斯意味深长地说：“你这个人还真是非常狡猾，只有一位神明遇到了你，才可以看透你的各种心计。顽固的人，阴险狡诈，诡计多端，即便是在自己的国土，还是不能停止令颜巧舌，胡编乱扯，这些都是你的本性。好了，让我们别再谈论这些，我们都熟知这些要人的把戏。你在凡人中算是首屈一指的辩才，能言善辩。而我的智慧和手段在众神之中享有盛誉。尽管如此出众，你还是没能认出我来，宙斯的女儿，我总是陪伴着你，帮你渡过各种艰难。是我让你受到费阿克斯人的尊敬和爱戴。现在我来到这里为你出谋划策，处理这些东西。这些东西是费阿克斯人按照我的计划和意愿在你重返家园时赠予你的。我乐意告诉你，在你精致的房院里，会遭遇各种命中注定的麻烦。但是你必须坚定自己的信心，因为这些都是必须经历的，无论是男人还是女人，一定不要告知凡间的任何人，忍受住这些磨难，你方可从四处放逐中归来。默默地承受诸多伤痛，让自己服从人们的暴劣，忍辱负重。”

听她言罢，足智多谋的奥德修斯回答她说：“无论一个凡人多么智慧非凡，要识别你的真实面貌实非易事，因为你神通广大，变化无穷。但是我很清楚地知道，只有亚加亚的子民们浴血奋战在特洛伊，你对我的慈爱是多么的伟大。可是在我们攻陷普里阿摩斯，登船离去并被以为神明驱散智慧，我就再也没见到过你，宙斯的女儿，也未曾见你到访我们的海船，为我驱离伤痛——我始终徘徊在悲痛欲绝的边缘，直到神明们带我走出自己的罪行。直到有一天，在费阿克斯人的富饶土地上，你用你的一席话慰藉我，亲自带我走向他们的城市。看在你父亲的分儿上，我恳求你告诉我，因为我并不认为我来到了阳光明媚的伊萨卡，而是徘徊在另外某个岛屿上，我认为你是在嘲弄我，侮辱我的智商。告诉我，我是否真的来到了我亲爱的故乡。”

灰眼睛的女神雅典娜，听完这番话，回答他说：“是啊，你心中有这样的想法证明你谦虚有礼，胸有成竹，沉稳慎重。任何一个其他人在他漂泊流离归来之时，都将会迫不及待地会见他的孩子和妻子于自己的厅堂之中。可是你却不急于盘问其他任何的事物，直到试探过你的妻子——你那静坐于宫廷之中、整天以泪洗面疲倦地度过无数个日日夜夜的妻子。但是我从来没有怀疑过，心里十分清楚你会失去所有的朋友而重返家园。我告诉你吧，我不愿意与我父亲的兄弟波塞冬发生冲突，他心里对你充满了愤怒，憎恨你弄瞎了他儿子的双眼。来吧，我将为你展现你的栖居之所伊萨卡，让你确信无疑。你瞧，这是福尔库斯港口，海洋中的古老港湾，在港湾的前面长着一棵枝叶修长的橄榄树，旁边有一处荫悠的洞穴，令人神往，这对被称之为‘耐得斯’的仙女们来说都是神圣而庄严的。你看那边，是洞穴顶部，你曾经常常在那里举办盛宴祭祀仙女们。你看那座山脉，它叫乃瑞顿，全身披着森林的衣衫。”

随后雅典娜女神驱散了薄雾，大地的容貌逐渐清晰。此时，坚定而卓著的奥德修斯在自己的故土上欣喜若狂，俯身下去亲吻粮食的哺育者——

大地。他时而举起双手，向仙女们祈祷，说道："耐得斯仙女们，宙斯的女儿，我本以为不能再看到你们了，但现在请你们接受我诚挚的祝福。当然，如果宙斯的女儿接受这些物品，让我得以生存并使得我的孩子茁壮成长的话，我会像以往一样赠予礼物。"

此时，灰眼睛女神雅典娜又对他说："鼓起你的勇气吧，不要太在意这些事情。来吧，让我们赶紧把这些东西搬进洞穴，将其藏在隐蔽之处，好让你心安理得。让我们仔细商量一下如何才能达到最佳效果。"随后，雅典娜转身进入幽深的洞穴，在里面寻找藏物之所。与此同时，奥德修斯带上费阿克斯人送给他的财物，那些金银珠宝和绫罗绸缎。他仔细将这些东西堆放在一起，庇佑之神宙斯的女儿雅典娜撂下一块大石头堵住了洞穴入口。

接着，他俩靠着神圣橄榄树的树干坐了下来，商量如何惩罚那些顽固的追求者。灰眼睛的雅典娜女神首先发话了："莱耳特斯之子，宙斯的后裔，足智多谋的奥德修斯，说说你会怎样处理那些无耻的追求者吧，这些人三年以来一直在你的宫廷里作威作福，追求你那仙女般的妻子，并赠予求婚的礼物。但是你的妻子，为了等你归来，整日以泪洗面，心里怀着各种希望，也对每个人承诺你终将重返故园并发出相关信息，但她心里面却想着其他事。"

足智多谋的奥德修斯回答她说："的确，要不是你告诉我所有的事情，我一定会重蹈阿特柔斯之子阿伽门农的覆辙而命丧宫廷之中。来吧，让我们谋划策略，商量一下怎么报复他们。你一定要与我同心，给我毫无畏惧的胆气，正如之前我们同心协力一起摘下闪耀的特洛伊皇冠。如果你，我那灰眼睛的女神，可以真诚地与我携手合作，以你极大的恩赐给予我帮助，我将与三百勇士奋力杀敌。"

这时，灰眼睛的雅典娜女神回答他说："别担心，无论何时，面对这样的苦差事，我都会与你同心协力，不会忘记你的。我想那些吞噬你生活的追求者届时一定受到应有的报应，我们一定会以他们的鲜血和头颅来点缀大地。来吧，我将改变你的容貌，没有人可以认出你来。我会让你四肢上的皮肤皱褶起来，头上的棕黄色头发变得脏乱不堪，使你衣衫褴褛，其他人看到都会禁不住战栗。我也会让你曾经秀美的双眼变得黯然失色，这样，在那些你曾经留在宫廷中的人，包括所有的追求者，以及你的妻子和孩子们眼里，你都不堪入眼。首先，你要找到那个对你忠心耿耿、一致同心的养猪人，他看养着你的猪群，爱你的孩子和永恒不变的裴奈罗珮（奥德修斯的妻子）。当你的猪群正放养在科莱克斯石和阿瑞图萨泉旁边，吃着身边可以促使它们长得膘肥体胖的丰盛橡树子，喝着乌黑发亮的河水时，你会发现他坐在猪群旁边。你和他一起待在那里，了解所有的事情。而我要赶往美女如云的斯巴达，召回你心爱的儿子忒勒马科斯，他已经亲自去了广阔的拉凯代蒙（斯巴达的古称），无论你是否还活着，他都要去斯巴达王的宫殿中寻求你的消息。”

足智多谋的奥德修斯回答她说：“为什么你没有告诉他实情呢？你是神明，洞悉一切。他是否也将遭受苦难，漂泊流离于充满痛苦的大海之上，而其他人将占据他的美好生活？”

雅典娜女神听他言罢，回答他说：“请不要担心，是我亲自送他出航，给他指点方向，使他朝着可能获得好消息的方向前行。你瞧，他并没有遭受磨难，正静坐于阿特柔斯之子的宫殿中，享受着宽厚的待遇。确实有一些年轻人，驾着他们的黑船等在那里，准备在他返航之际将其杀害，但我认为他们不能得逞。很快，大地就会卷席那些吞噬你美好生活的追求者的生命。”

随后，雅典娜用她的魔杖触点奥德修斯，将其光滑亮丽的四肢变得褶皱起来，让他的棕黄色头发脏乱不堪，在他躯体上披上老人的皮肤，让他那清眉秀目黯然失色。随后雅典娜改变了他的装束，一件破烂的外套和脏乱的上衣，浑身上下邋遢不堪，还带着难闻的烟熏味。所有的这些都盖着一张兽皮，一张已被去毛的牡鹿皮。另外给了他一根拐杖，一个挂着绳子的口袋。随后他俩开始计划着各自的安排，接着各奔东西。现在雅典娜正前往拉凯代蒙，准备召回奥德修斯的儿子。

# 卷十四

乞丐装束的奥德修斯找到了牧养猪群的欧迈俄斯，他常常瞎编，讲述一些故事，还演示一些追求者的行为。

但是奥德修斯从港湾启程，沿着颠簸不平的山间小道向树木繁茂的故园前进，穿过雅典娜给他指示的山峰，在那里他将找到对他尽责尽忠的牧猪人。现在他发现牧猪人坐在房子前面的门廊里，他的庭院在那里矗立着，视野开阔。那是一个极大的院子，宽敞而舒适，旁边围着自由放牧场。此处是牧猪人为他那远在他乡的主人所饲养的猪群建造的。他的女主人和莱耳特斯（奥德修斯之父）都不知道这里。他用采石场的石块建造了此地，并用白色荆棘围起栅栏，他从橡木的黑色中心劈开，支起帐篷，在两边都添上石头，整个围墙做得严实而紧密。在围墙里面，庭院被分成十二个养猪的小隔间，每个隔间内趴着五十头猪猡，为一窝。但公猪不睡在里面。

现在猪的数量大量减少，作威作福的追求者们大摆筵席，使得猪猡数量减少，牧猪人必须供应最好的猪猡。另外还有三百六十头。在猪猡的旁边总是趴着四条狗，个个都如野兽般凶猛，它们作为帮手为牧猪人饲养。

眼下他正在割制棕褐色的牛皮，制作合脚的凉鞋。此时，他的三位同伴正赶着猪群给追求者们送去。出于逼迫，他所派遣的第四个人，已经带着一头肥美的猪猡赶到城里供他们宰杀，用鲜肉来满足他们的灵魂。

突然，狂吠的牧犬看到了奥德修斯，吼着向他冲了过去，谨慎的奥德修斯坐了下来，丢掉手里的拐杖。要不是牧猪人手脚敏捷，放下手里的牛皮，紧跟牧犬后面冲出门口，奥德修斯可能会在自己的宫廷之内遭受牧犬的群殴了。他对着狗群大声呵斥，并用雨点般的石头扔过去，驱散了牧犬，然后对着他的主人说道："老先生，牧犬突然群起攻击，险些威胁到你的生命，你应该责罚我。但是神明已经给予我另外的痛楚，我已十分不幸。我坐在这里，为了尊贵的主人而满怀忧郁，精心喂养着他的猪群却被别人宰杀。而他如果还活在这个世上，可以见到日光，一定还忍受着饥饿，为了食物流离在言辞奇异的人的其他某个岛屿和城市。来吧，老先生，到我的农场里面来，等你酒足饭饱后再告诉我你从哪里来，要往何处去，忍受了多少悲欢离合。"

随后，善良的牧猪人引着奥德修斯进入了农场，带他进入棚屋，让他坐下，在一堆刷木上面为他铺了一块毛发茂盛的羊皮，既宽敞又舒服，用来给他当床垫。奥德修斯十分高兴他以这种方式接待他，于是向他致敬，说道："陌生的朋友，你如此热忱地接待我，愿上帝和其他永垂不朽的神明能够让你如愿以偿。"

这时，牧猪人欧迈俄斯真诚地回答他说道："我的客人，对我来说，忽视生人是不虔诚的，即使来的人比你的情况更加糟糕。因为所有的陌生人和乞讨者都受宙斯的庇佑。虽然我力所能及的范围十分微小，但它是珍贵的。这就是我们这些害怕掌权的年轻主人的仆人的为人之道。诚然，神明制止了我的主人归来，要不是这样，他定会对我关怀备至，给予我理所应得的一间房屋、一块土地以及一个标致的妻子，就像贤明的君主给予那些为他吃尽苦头，手中的工作受着神的驱助的人，如同增加我所承担的工作一样。因此，如果主人时至终年仍在家乡的话，他一定会对我大加封赏。可是他已经死去，但愿酥软了众多勇士膝盖的海伦断子绝孙，全都死个精光。为了他的战马，为了给阿伽门农赎罪，他在特洛伊血战中离去。”

言罢，他用他的腰带迅速绑起他的紧身上衣，朝着喂养猪群的猪圈走去。抓了两头，杀了它们并烧掉猪毛，将其切成小块，尽数挑上铁叉，烤熟以后，趁热洒上雪白的大麦，统统端来给奥德修斯。接着他用象牙制作的大碗调了一大碗甘甜美酒，随后正对着奥德修斯坐了下来，请他享用："吃吧，陌生人，原谅我们这些仆人的待客之道，仅有这些乳猪肉可供招待。膘肥的猪肉都被那些追求者吃掉了，他们既不忌讳神威也不带任何怜悯。神圣的神明们并不喜欢刚愎自用的行为，而是尊重人们公正和正义的行为。即便是那些登陆上岸充满敌意或不怀好意的人，宙斯也允许他们肆意掠夺，让他们满载而归。可是在这些人的内心深处，对众神的愤怒已然充满了强烈的恐惧。你瞧这些人，他们也许感受到了一些东西，一些神明给予的信息，关于我家主人不幸死去的消息。他们不再光明正大地追求，也不愿返还家园，而是傲慢地、心安理得地吞食我们的财富，到现在已经毫无节制。在迎送宙斯的日日夜夜里，他们宰杀祭祀品，不是一只，也不是两只，他们饮酒无度，铺张浪费。的确，据说主人的资产丰富，无论是在黑色大陆还是在伊萨卡岛上，都无人能与之匹敌，就算是二十个豪门贵族汇合在一起也比不上，我会告诉你他的一切。陆地上他有十二群牛，同样数目的绵羊，同样数目的猪群，以及同样数目的山羊，这些都由他自己的放牧人和劳工放养。总共有十一群山羊被受他信赖的放牧者放养在岛屿的端边。每个放牧者都会日复一日地从羊群中挑出一只最好、最肥美的山羊，献给那些追求者。我也像他们一样，要选出最好的猪猡给他们。”

牧猪人如是说，但奥德修斯并没有停止饮酒吃肉，他狼吞虎咽，一言不发，心里酝酿着惩罚追求者的念头。奥德修斯吃饱喝足，用食物满足了自己的肚子以后，牧猪人在自己的酒杯中斟满美酒，将盈满的酒杯递给奥德修斯，奥德修斯十分高兴地接过酒杯，意味深长地对牧猪人说："我的朋友，到底是谁如此富有而又有权有势，用他的财富买下你，就像你说的那样？你说他为了给阿伽门农赎罪而死，告诉我，按照你所描述的情形，说不定我认识他。我想，宙斯和其他的不死神灵都知道，是否我能带来曾经见过此人的消息，因为我漂泊流离，走过了许多地方。”

听罢这番话，牧猪人，牧人的领头，回答他说道：“老先生，没有可以带着他的消息来到这里的流浪者，能获得他妻子和爱子的消息。但是如果他们热情款待，倒是可以轻微地撒谎，小心地隐瞒真相。无论什么人，只要流浪到伊萨卡岛，拜见我的女主人，信口开河，胡编乱造，她都会热情款待他们，并询问所有的事情。每每听说主人已经客死他乡，她就泪流满面，悲痛欲绝。老先生，你也赶紧编造一个故事吧，兴许有人会给你一个斗篷和配套的衣衫。至于我的主人，也许已经被凶猛的狗群和疾驰的飞鸟撕开了皮肉，灵魂逝去；也许是在大海深处，鱼群已经将他吞噬，唯有他那被沙砾围起来的遗骨躺在沙滩上。他，就在那边死去，他的亲戚朋友中，却没有人关心他，一个都没有。但是我却悲伤至极。无论走多远，我也找不到一个如此温文尔雅的主人，即便是回到我父母所在的房子，回到生我养我的地方，也是如此。虽然在我自己的故乡，我用双眼长期注视着，但我并不是因为这些而过度悲伤，而是因为怀念远在他乡的奥德修斯。陌生人，虽然他不在这里，但是他的名字，我仍然直言不讳，因为他爱我至深，关照我，爱护我。我决不叫他尊敬的主人，即使从今以后他远在他乡。”

这时，卓著而坚强的奥德修斯开口对他说：“我的朋友，既然你坚决反对，认为他从今以后不再回来，但是你心中有颇多疑问，所以我不会像那些人一样随口一说，我发誓奥德修斯即将重返家园。在他结束旅途重返家门之际，你可要报答我所带来的喜讯。你要给我一个斗篷和配套的衣衫。但是，尽管在那之前我急切地需要，我也不会取之毫厘，因为对我来说，身处贫困之中而言辞狡猾，信口开河，就像地狱之门一样。我们让万神之首宙斯做证，以你这热情友好的款待，我所来到的崇高的奥德修斯的炉床为见证，我所说的一切都会像我给你描述的那样兑现。就在今年的某个时候，奥德修斯将会回到这里，在旧月消融新月诞生之际，他会重返故乡，杀敌报仇，倘若有谁屈待他的爱妻和孩子。”

随后，牧猪人欧迈俄斯回答道：“老先生，不是我不为你所带来的好消息付给你报酬，而是今后奥德修斯都不会再回到他的家乡了。我们还是安静地饮酒吧，让我们改变话题，讨论点别的事吧。不要再提及这些事情了，因为无论什么时候，只要让我想起我的主人，我的内心深处都会痛楚不已。你的誓言，就让它随风而过吧；但是我仍然希望奥德修斯能够重返家园，裴奈罗珮和老人莱耳特斯，以及神一般的忒勒马科斯也是如此！现在我为奥德修斯之子感到悲伤，甚至对忒勒马科斯也是这样。众神们把他当茁壮的树苗一样培养，在芸芸众生中，他不会比他的父亲逊色。他体形健硕，容貌标致，但是一些神明或是某人扰乱了他的心智，在听到他父亲的消息之后，便只身前往公正严明的皮洛斯那里。现在位高权重的追求者们正埋伏宫中，等待奥德修斯归来，埃瑞克修斯的斗争也许会使他的家族在伊萨卡岛上销声匿迹。虽然如此，但现在他已不在了，他是被追求者们抓住，还是能够在宙斯的庇护下幸运脱险，就听天由命吧。

“来吧，老先生，告诉我你的烦恼。实话给我说吧，说不定我还知道一些情况。你父亲是谁，现在身在何处？你来自哪座城市？你又在何处出生？你是坐什么样的船只来的这里呢？水手们是怎么把你带到伊萨卡来的？他们是谁派遣的呢？我可不相信你是经由陆地徒步来此。”

听完这番话，足智多谋的奥德修斯回答他说：“好吧，我现在就真实地告诉你。在我们待在你的棚屋里享用饮食，其他人致力于自己的工作时，但愿我们有足够多的食物和美酒能让我们支撑很久。这样的话，我可以轻松地讲上一整年，即便如此也不能尽数描述我所遭遇的一切出于神灵旨意的痛苦。

“我来自地域广阔的克里特岛，是一个富家子弟。父亲的其他孩子，从小生长在宫廷之中，是由他合法妻子所生的合法子嗣。而我的母亲则是他的情妇，是他用钱买来的。但是我和他的其他儿子一样，都继承了他的血统，他也像给予其他的孩子一样给予我关爱。那个时候，克里特岛上的人们像对神一样崇拜他，因为他的巨额财富，他的富有，以及他那些有着良好声誉的孩子们。然而，死亡之神将他带到了冥王哀地斯的地府，他的合法子嗣们用抽签的方式分掉了他的财产。他们只给了我一小份，连同我的寓所在内，后来由于我的刚勇，我娶了一个妻子，一个地产充裕的人的女儿，因为我不是一个懦弱的人，也不是一个卑劣的人。但是现在我失去了所有的权力，我想，如果你察觉到庄稼的秆茬，就能推知丰收时颗粒饱满的景象。正是如此，从那以后我便漂泊流离，历经磨难。是阿瑞塔和雅典娜给了我无所畏惧的勇气，给了我横扫千军的力量，无论何时我都能挑选出最好的战士作为埋伏，给敌人埋下灾难的种子，高傲使我对死亡毫无预兆，我总是第一个奋起拼杀的人，任何一个比快步如飞的我稍慢的敌人，都会被我用矛枪杀死。这就是在战斗中的我，可是我一点都不善于田间劳作和家中的琐碎小事，虽然这里是培养英勇无畏的孩子的地方。但是水手们手里的船桨和沙场上的奋力拼杀，以及战争中扔出的标枪都是我的最爱，这些都是众神在我心中留下的，毕竟不同的人乐于不同的事。

"在亚加亚的子民们踏上特洛伊之前，我曾九次带兵出征，乘着疾驰的战船杀向敌人，就这样，财富接踵而至。我会从所有战利品中选出我所喜欢的，后来我获得的越来越多。我的家产也快速集聚，我就这样在克里特人中变得受人敬畏，受人遵从。但是当可以隔空传音的宙斯最终谋划了那场可憎的、疏松了多数死者膝盖的远征时，人们便催促我和声名显著的伊多梅纽斯率领战船出征伊利昂，此事完全不可拒绝，因为人们的舆论对我们来说难以忍受。在那里，我们一战便是整整九年时间，第十年的时候我们攻陷了普里阿摩斯城，随后我们驾船返航，就在这时一位神明驱散了亚加亚人。正是诡计多端的宙斯，对我谋划了更多的恶作剧，我当时真是一个可怜的人。就在一个月前，我还寓居家中，与我的妻儿享受着天伦之乐，以及我所拥有的一切。仅仅这一个月的时间，我的内心便驱使我以最好的方式整装战船，带着我那些神似的同伴，出征埃及。我装备了九条船，迅速地集结了部队，我给了他们六天时间大吃大喝，我提供牲畜，用来祭神和供自己食用。第七天的时候我们从克里特扬帆起航，伴着清新明朗的北风，我们顺流而下，轻松前行。在海风的驱动和舵手的导航下，我的船队平安无事，大家都安全地待在船中。第八天，我们驶入暗流汹涌的埃古普托斯，我将弯弯曲曲的船队停驻在河边。那时我命令部队驻守原地，不要远离船队，同时让他们随时保持警戒，我派出警卫在探查点巡逻。但是我的人却在埃及土地上凭借自己的野蛮放纵起来。很快，他们就开始洗劫埃及人的地盘，迅速推进。他们抢夺埃及人的妻儿，杀害他们的男人。一时间，哭喊声响彻云霄，贯穿整座城镇。黎明时分，城里听见呼叫声的武装战士向我们急奔而来，大地上满是步兵的脚步声和战车的轰隆声，到处都是闪烁的兵器。在雷声轰鸣中享受乐趣的宙斯，在我的部队中洒下了罪恶的恐慌，没有人能够站稳脚跟直面敌人，因为我们已经被团团围住。在那里，他们用剑锋杀了我们许多人，另一些活下来的人却必须为他们干活。至于我，宙斯亲自赐予我心计，我宁愿以死会神，面对自己在埃及的命运，毕竟自此以后我会遭受深切的悲痛。我立刻从头顶上取下我精心制作的头盔，扔掉肩上的盾牌，丢下手里的矛枪，来到国王的战车下，抱住并亲吻他的膝盖。国王赦免了我，并让我坐上他的战车，带着泪流满面的我回到他的家里。确实有很多人拿着他们那灰色的矛枪向我扑来，想杀我而后快，因为他们此时已经痛心疾首。但是国王为我挡住了他们，他也敬畏流离他乡的陌生人的庇佑之神宙斯的愤怒，毕竟宙斯十分憎恨罪恶的行为。就这样，我在埃及待了七年，在埃及人中聚集了许多财物，因为他们都赠送我礼物。当进入第八个年头的时候，来了一个腓尼基人，他是个行骗高手、一个贪婪的无赖，已经使很多人吃尽了苦头。他花言巧语地骗我跟他同行，把我带到他所居住的腓尼基，他的财物的所在地。在那里我足足待了一整年。但是当时光消逝来到年头的末尾，季节的转换开始新的循回时，他把我带上乘风破浪的海船前往利比亚，表面上似乎是让我和他一起到那里搬运货物，但目的却是把我弄到利比亚，卖一个好价钱。我被迫和他一起上船，顿时心里有一种不祥的预感。轻快明朗的北风驾船前行，穿过克里特岛中部海域，然而此时，宙斯却正谋划着全体船员的死亡。当我们离开了克里特，眼前一望无际，除了天空和大海，没有任何大陆的踪影。此时克洛诺斯之子在空旷的航船之上卷来一片黑云，船下的海底深渊也变得黝黑无比。同时，宙斯也开始发作，天空电闪雷鸣，闪电闪入我们的海船，在宙斯的鼓捣下不停地旋转。火光和硫黄的硝烟使得所有的船员都弃船跳水，就像一群围着黑船的海鸥一样，被海浪冲打着，神明就这样切断了他们的归家之路。但就在我身处艰难时，宙斯亲自给了我一根巨大的桅杆，就是那根乌木黑船的桅杆，这样我就可以逃离危险。所以我紧紧抓住桅杆，在凶猛的海风下四处飘荡，随波逐流。我在大海上一连漂了九天，到第十天的晚上，凶猛的巨浪把我冲上了铁斯普洛托伊的海岸。在那里，铁斯普洛托伊人的国王，斐冬的主人，收容了我，因为他的爱子发现了我，并用手扶起我，将我带到了他的家里。在他去见他父亲之前，我一直筋疲力尽，憔悴不堪。他为我穿上了衣服和一件与之配套的上衣。

“正是在那里，我听到了奥德修斯的消息，国王告诉我他曾宴请过此人，并在他返还自己的家乡时诚恳地向他请求让我开开眼界；他给我描述了奥德修斯所收集的全部财物，金银珠宝数之不尽，精心制作的熟铁也数量巨大。这足以满足他后代人的享用，他存储在国王内庭中的财物之多，令人咋舌。他说奥德修斯听从宙斯的意愿，去了多多拿，从那棵神圣的枝叶高耸的橡树处问知如何返回家乡。至于他在离开那么久以后将怎么回到伊萨卡，是公开地还是秘密地，他曾当着我的面在屋子里洒酒祭神，发誓说战船已经下海，我的部队已经准备就绪，他们将带着他回到他那可爱的故乡。但在此之前，他会先送我上路，因为恰好有一条铁斯普洛托伊人的海船前往盛产小麦的杜利基昂。他命船员们把我捎上，好好关照，并送我到阿卡斯托斯国王那里。但他们却心生邪念，打起了我的主意，由此我还要遭受极端痛苦的悲哀。当疾驰的快船驶离海岸后，他们便盘算着把我当作奴隶卖出去。他们剥下我的衣服、我的斗篷和我的上衣，换了一身破旧的衣物，就是你现在看到的这身衣着。傍晚时分，他们抵达了清新明朗的伊萨卡。在带甲板的船舱里，他们用一条扭曲的绳子把我紧紧绑了起来，而他们自己却上了岸，在海边吃起晚餐。这时，神明亲自轻轻地为我解开双手，我用毛巾遮住自己的头，从装卸用的滑板上滑了下来，并把自己埋在海水下使劲全力游动，很快我就浮出水面，此时他们已经不能抓到我了。然后我便从一片枝叶茂盛的树林向岛内潜行，并蹲伏在那里。那帮人四处寻找，大喊大叫，但是似乎已经不能如愿以偿了，于是他们便回到自己的海船上去了。众神亲自把我隐藏起来，并带我来到一个和善可亲的人的家里，看来我还是命不该绝。”

听完这番话，牧猪人欧迈俄斯回答说：“哎，可怜的客人，说真的，你所经历的这些故事，你的遭遇，以及四处流离的生活都触动了我的胸怀。虽然如此，我还是认为你所讲述的有虚构的成分，你所讲述的关于奥德修斯的故事，不能使我信服。为什么你身处困境还徒劳无功地说谎呢？对于我主人的重返家园，我自己心里十分清楚。众神们十分憎恨他，在那场战斗中他们不让他阵亡在特洛伊，也不让他长眠在朋友怀里。所有的亚加亚人都为他和他的儿子建起坟墓，如此来赢得流芳百世。但现在凶猛的狂风已经将他卷走，让他死得毫无光彩。至于我，我是一个与猪为伴的人，几乎不进城里，除非明智的裴奈罗珮在主人的消息带回来之时召唤我进城，否则我不会知道消息会来自何方。也许所有的人现在正坐在一起，严厉地盘问送信人，无论是哀悼远逝的主人，还是毫无补偿地吞噬他的财产，我都不再关心。自从一个埃托利亚人用他的谎言欺骗了我后，我再没有兴趣去询问或要求什么。此人杀死了自己的人，游荡于广袤的大地之上，来到了我的田园，受到了我的殷勤接待。他告诉我说他曾在克里特人伊多梅纽斯的家中见到过我的主人，提到了被狂风暴雨摧毁的海船。他说我的主人将会回到故园，不在夏日就在秋收之际，带着许多财物和英勇善战的部队。而你也是这样，遭受诸多苦难的老先生，看在神明带你到我这里的分儿上，就不要用谎言来博得我的恩赐了，也不要给我任何安慰。我尊敬你，热情款待你，并不是因为你所讲述的这些，而是因为对陌生人的庇佑之神宙斯的敬畏，也是对你的怜悯。”

听他说完，足智多谋的奥德修斯回答他道：“看来，你的确生性多疑，即便是我立下誓言也没法让你相信，获得你的信任。来吧，让我们立下契约，让拥居奥林匹斯的众神监督双方的承诺，如果你的主人回到了家里，你就给我一顶斗篷、一套衣衫，送我去我想去的腓尼基；如果你的主人没有按我说的那样如期归来，你大可派遣你的同伴把我扔到峭壁之下，以此警告其他的流亡者不要花言巧语。”

善良的牧猪人回答他，说道："嗯，陌生人，如此一来，无论是现在还是将来，如果先把你带进我的棚屋，热情款待你之后我便突然变脸将你杀害，夺走你心爱的生命，我将会在众人之中争得更多的荣耀。在此之后我真应该向克洛诺斯之子宙斯祈祷，但是现在已经到了吃晚餐的时间了，我的那些同事也许很快就要回来了，我们在棚屋里准备好一顿丰盛的晚餐吧。"

他们就这样相互交谈着，不一会儿，养猪人的同事和猪群从外面回来了。他们把猪关进了猪巢，顿时猪群哄哄嚷嚷响作一团。随后，殷勤的牧猪人向他的同伴们喊道："弄一头最好的猪来，杀了它招待我一个远方来的客人。我们也正好享受一番，毕竟我们为了放养长着白牙的猪群，长时间遭受劳作之苦，而其他人享受着我们劳动的果实，却没给我们任何报酬。"

随后他便挥起冷酷的斧头劈开原木，其他的人带来一头五岁的肥猪，让它站在灶台旁边。当然，牧猪人不曾忘记不死的神明，因为他怀揣一颗理解的心。在杀猪之前，他先从篝火上长着白牙的猪猡头上割下一缕鬃毛，向众神祈祷，希望明智的奥德修斯能够重返家园。接着他站直了腰板，用一块他已削好的橡木重重地打了下去，这头猪便被迫放弃了自己的生命。接着他们割开猪的咽喉，烤去猪毛，迅速地把它切成小块，牧猪人拿出猪的四肢中的第一部分，将鲜肉放在旺火上烘烤。他在后面要烤的肉块上洒上了些大麦面，之后他们把剩下的部分切成小块，串了起来，仔细地放在火上烘烤，烤好后便把它们取下烤叉，全部放在母盘里。随后牧猪人起身开始切割，因为他非常清楚怎么分才是最公平的，他切下了所有的烤肉饼，将它们分成了七部分。一部分是他准备在祈祷完后，为仙女们和玛雅之子赫耳墨斯预留的，剩下的他分发给每人一份。但是给奥德修斯的是一份脊肉，以示尊重，他的主人也会因此而倍感荣耀，此时足智多谋的奥德修斯开口向他说："欧迈俄斯，宙斯看到你用这么好的一部分款待我，以表示对我的尊重，一定会钟爱你的，就像对我一样。"

牧猪人听罢，回答道："吃吧，不幸的陌生人，请将就在寒舍食用这样寒碜的晚宴吧。神明可以给予一些东西，也可以保留一些东西，给与不给完全依照他的意愿，因为对他来说没有办不到的事。”

他如是说道，将割下的第一块肉献祭给永生的神明，并倒出一杯香醇黝黑的葡萄酒递到奥德修斯手里，然后躬下身坐到自己那份的旁边。墨萨乌利俄斯，给大家分发着面包。他是牧猪人在其主人离去之后，在女主人和年迈的莱耳特斯不知情的情况下自己弄来的仆人，是他用自己的东西从塔菲亚人中买下的。他们伸出双手，抓起摆在面前的盛宴。待他们吃饱喝足，满足了果腹之欲后，墨萨乌利俄斯收走了食物，而他们此时此刻已经吃够了面包和烤肉，准备休息了。这是一个糟糕的夜晚，没有月光，宙斯彻夜呼风唤雨，湿漉漉的西风吹个不停。这时，奥德修斯想试探一下牧猪人，看看他是否会愿意脱下斗篷给自己，或者催促他的同伴脱下一件给自己，因为他是如此地关心他。于是，奥德修斯向他们说道：“听我说，欧迈俄斯，还有你们，他的同伴，在这里我由衷地对你们说，酒劲上来，即使最理智的人也会在这样的酒劲下放声歌唱，欢颜嬉笑，甚至手舞足蹈，有时还会说出一些本该闭口不说的话来。现在既然已经挑明了话题，我想一吐为快，毫无隐瞒。想当年，我还年轻力壮，浑身有使不完的劲，就像当年我们埋伏在特洛伊城下，奥德修斯和阿特柔斯之子斯巴达王统领全军，我是第三位指挥官，因此他们指挥我。我们来到城下，面对陡峭的城墙，围着墙边伏躺，顶着甲械的重力，蹲在那长着浓密灌木芦苇丛生的沼泽地里，挨受气候恶劣的夜晚。北风劲吹，天寒地冻，雪片飞舞，酷寒难挡，盾牌上凝结了厚厚的冰晶，使其变得十分沉重。其他人都有斗篷和紧身上衣，裹着他们的双臂静静地睡在自己的地盘上，而我却粗心大意地把我的斗篷留给了我的同伴，认为就算这样我也不会受冻，只是带了皮质围腰和盾牌。当夜晚进入到第三阶段，群星越过天空顶端，我用手肘挤了挤旁边的奥德修斯，他便开始听我说：‘莱耳特斯之子，宙斯的后裔，足智多谋的奥德修斯，我真的要离开人世了。你看，我没有斗篷，严寒正折磨着我，神力蒙蔽了我的心智，让我只穿了一件紧身上衣，看来我是无处可逃了。’

“我这样说道，于是他心领神会，心生一计——他是如此的足智多谋，英勇善战。于是他低声对我说道：‘小声点，别让其他亚加亚人听见。’随后他用手肘撑起自己的头，开口说：‘听着，朋友，在我熟睡时，我梦见了一位神明。你看，我们已经开动船队，我想有个人能去阿特柔斯之子，牧羊人的领头阿伽门农那里汇报军情，这样他也许会从船队那里派更多的部队来。’他这样说道。这时，安德莱蒙之子托阿斯，迅速起身并脱下他那紫色斗篷，朝着船队的方向跑了去，我高兴地在他的斗篷下躺了下来，直到金黄的黎明洒下它的光辉。噢，天哪，真希望我能像年轻时那样身强力壮，浑身气派！这样某些身为东道主的牧猪人就会给我一顶斗篷御寒，为了对我这样一个优秀的战士表示友好或怜悯。但是现在他们却因为我这一身衣着蔑视我。”

听完这番话，牧猪人欧迈俄斯开口回答他说：“老先生，你所讲述的赞美他的故事非常好，你实话实说，没有任何错误，也没有有所目的地讲述一番话。可是由于你没摊上一个好的主人家，今晚你还要或多或少地继续缺少衣物御寒，当你遇到了条件好的主人家时，他一定会善待你的。早上的时候你将继续穿着你的破旧衣物上路，我们这里也没有很多的斗篷或可供更换的衣物，每个人都只有一件外套。不过当奥德修斯之子回家时，他会亲自送你一顶斗篷和一套衣物，并送你到你向往的任何地方去。”

说罢，他便起身在篝火旁边为奥德修斯铺了一个羊毛垫作为他的床铺。奥德修斯就在那儿躺了下来，欧迈俄斯在他身上披上了一顶厚厚的斗篷，这是他在寒冷的冬天的刺骨寒流袭来时用来更换的衣物。

奥德修斯便在那里合眼睡觉，年轻的牧猪人们就睡在他的旁边。可是欧迈俄斯远离他的猪群，毫无睡意。于是他起身准备出去，奥德修斯却十分高兴，因为就当他远在他乡的时候，欧迈俄斯还那么关照他的家产。

牧猪人首先挎上锋利的宝剑，披上一件厚重的斗篷以御风寒，抓起一块取自肥硕山羊的毛皮，拿起他那锋利的标枪，以防野狗和外人的扑打。随后他便走了出去，在一处避风的石岩下面，躺在长着白牙的熟睡的猪群旁边。

# 卷十五

雅典娜带着斯巴达王的礼物，将忒勒马科斯从拉凯代蒙送回家。忒勒马科斯登陆，首先来到欧迈俄斯处。

此时，雅典娜前往宽阔的拉凯代蒙，提醒胸怀豪壮的奥德修斯的儿子，闪光的忒勒马科斯赶快动身回家。她发现忒勒马科斯正和内斯特尔贵族的儿子在一起，睡在光荣的墨奈劳斯的宫殿前厅里。内斯特尔的儿子睡得正酣，但忒勒马科斯却难以享受香甜的睡眠，在那个神赐的晚上，担心着父亲的安危，充满焦虑。灰色眼睛的雅典娜站在他身旁，开口说道："忒勒马科斯，你不应该抛下你的财产离开家门这么久，这满屋子都是放荡不羁的人，不要让他们分尽你的家产，吃光你的所有，让你这次离开家的航程变成一场空。赶快行动起来，催促啸吼战场的墨奈劳斯送你离开，这样，你就可以见到雍容华贵的母亲还在家里。你该知道她的父亲和兄弟正催她重嫁给欧鲁马科斯，而他已拿出的礼物数量之多，在求婚者中无人能比，并且还要把迎娶的彩礼增加。把每一件财物都送进你的家里，不违背你的愿望。你应该知道女人的想法和性情，总是想增加夫家的财产，求婚的男子，忘记前婚的孩子，还有原配的丈夫，死去的亲人，对此不闻不问。所以，你回到家后要采取行动，把一切托付给你最信任的家中女仆，直到神明告诉你，谁是你尊贵的夫人。此外，我还要告诉你一件事情，你要记住，求婚者中最强悍的人们出于敌意，正埋伏在那片狭窄的海域等待，两边是伊萨卡和萨摩斯的山峰，想要在你回家的路上把你杀了。然而，我想他们不会成功，相反，用不了多久，泥土便会掩埋他们中的一些人，这帮求婚的人，正消耗你的一切。你应该拨开坚固的海船，摸黑前进，日夜兼程地离开那些海岛，关心和保佑你的神明一定会送来助行的海风。当到达最近的伊萨卡滩头，你要送出所有伙伴和海船，让他们自己回城，而你就要先去牧猪人住的地方，他看养你的猪群，对你真诚、和善、友好。你可以在那里过夜，但要让他进城告诉裴奈罗珮关于你已经从皮洛斯安然返回的消息。”

说完，女神就离开了，返回巍峨的奥林匹斯，忒勒马科斯用他的脚跟去挪动内斯特尔的儿子，想把他从熟睡中弄醒，并说道：“醒醒，裴西斯特拉托斯，内斯特尔之子，去牵出蹄腿强健的驭马，套入轭架，踏上返回的路程。”

裴西斯特拉托斯，内斯特尔之子回答道：“虽然你希望我起程，但是忒勒马科斯，我们不能走乌黑的夜晚；不要着急，马上就是拂晓了。再等等吧，阿特柔斯之子，以枪炮闻名的英雄墨奈劳斯将要给你送来礼物，说些告别的言辞送我们起程。客人会终生不忘接待他的主人，不忘他的待客心肠和真挚的感情。”

他说完，黎明很快照进金铸的宝座。啸吼战场的墨奈劳斯起床，从长发飘飘的海伦身边走向他们。奥德修斯的爱子见状，立刻穿上闪亮的衣衫，名门的公子搭一领硕大的披篷走上前去，站在主人的身旁。神样的奥德修斯的爱子，忒勒马科斯说道：“杰出的墨奈劳斯，阿特柔斯之子，民众的领袖，现在你可以送我起程，回到我心爱的故土，此刻，我急切地盼着回家。”

听完这番话，啸吼战场的墨奈劳斯回答道：“我绝不是要你停留此地，忒勒马科斯，如果你亟盼回家。我不喜欢待客太过热情的主人，也讨厌对客人恨之入骨，漠不关心。凡事都有一个度，催促还不想走的客人起程的确不好，强留想回家的客人居住同样有违人情。最好的做法应该是热情接待想留的客人，欢送想走的朋友。不过，还是请你再等一会儿，让我把精美的礼物送来放进车里，让你看看。我将命女人们准备食物，在我的厅堂储备丰足。宴会的食物包含尊贵和光荣，也会让人的身体得到好处，吃饱后，人们可以驱车远行，奔驰在宽广无垠的大地上。所以，如果你想穿越赫拉斯和阿耳戈斯的腹地，请让我和你同行。我将套上马车，来当你的向导，穿梭在凡人的城市，没有人会让我们空手离开，都会拿出礼品让我们带走：一个三脚鼎锅，或者一口大锅，铜铸的精品，也许是一对骡子、一只金杯。”

听完这番话，善于思考的忒勒马科斯回答：“杰出的墨奈劳斯，阿特柔斯之子，民众的领袖：我更想立刻回家，因为出门的时候，我没有托付任何人看守家中的财物。我不能在没有寻找到神样的父亲时，反而送了自己的性命，或者让珍贵的家产被盗。”

听他说完，啸吼战场的墨奈劳斯立即叫妻子和所有的女仆准备食物，在他的厅堂里储备丰足。此时，波厄苏斯之子厄忒俄纽斯起床，来到他们面前，他的家离这里不远。啸吼战场的墨奈劳斯要他点起柴火烤肉，他谨遵命令。与此同时，墨奈劳斯走下芬芳的舱室，她并不是一个人，由海伦和墨枷彭塞斯陪同。他们来到存放家珍的藏室，阿特柔斯之子拿起双把的酒杯，嘱咐墨枷彭塞斯拿起银质的兑缸。海伦走到藏物的箱子旁边，里面放着织工精美细致的礼袍，这是她亲手制作的。海伦，一个女人中的佼佼者，提起一领收藏在礼袍底层，精美、最大、织工最细，像星星一样闪光的织袍。他们举步前行，穿过厅屋，来到忒勒马科斯面前，棕发的墨奈劳斯说道：“忒勒马科斯，愿宙斯，沉雷远播的夫婿，实现你的心愿，安然返回；我从屋里收藏的所有珍宝里，拿出一件最精美的价值最高的佳品，给你做纪念。我要给你一只从西冬尼亚人的王者那里得到的精美兑缸，它是纯银的制品，镶着黄金的边圈，赫法伊斯托斯的手工。这是英雄法伊底摩斯的馈赠——在回家的路途中，我在他那里停留过。我要把它作为一份礼物送给你。”

说完，英雄，阿特柔斯之子，将双把的酒杯放在他手里，强壮的墨枷彭塞斯拿出闪着白色银光的兑缸，放在他眼前。美貌的海伦站在他旁边，手里捧着织袍，出声呼唤：“我也有一份礼物送给你，亲爱的孩子，让你记住海伦的手工，在那喜庆的时刻，让你的妻子穿上。在这之前，就让你母亲收藏，让它躺在你的家里。我祝愿你快快乐乐地回到你的故乡，建造坚固的宫房。”

然后，海伦将礼袍放入他手中，他高兴地收下了。王子裴西斯特拉托斯拿起礼物，放在车上的箱子里，心中充满羡慕地欣赏每一份礼物。棕发的墨奈劳斯带着他们回到宫殿，两个年轻人分别坐在靠椅和凳椅上。一名女仆提来精美的金罐，倒出清水，下面放着银盆，让他们洗手，并且搬过来一张光亮的餐桌，放在他们旁边。一位穿着端庄的家仆拿来面包，让他们食用，桌上摆着许多佳肴，丰足的食物。波尔苏斯之子站在旁边，切下肉食按份数分发，而光荣的墨奈劳斯的儿子则拿出美酒，倒在他们的杯中。食者于是伸出双手，抓起面前的佳肴。当他们吃饱喝足之后，忒勒马科斯和内斯特尔光荣的儿子套起驭马，登上铜光闪闪的马车，穿过大门和巨大回声的柱廊。棕发的墨奈劳斯跟着出来，阿特柔斯之子，右手端着装满甜美酒浆的金杯，在他们上路之前，泼酒祭神。他站在车前，祝愿道：“再见吧，年轻人！把我的问候转达给内斯特尔，民众的牧者；他对我总是那么和善，像一位父亲，在过去的岁月，我们阿开亚人战斗在特洛伊大地上。”

听他说完，善于思考的忒勒马科斯回答道：“请放心，神育的英雄，到了之后，我们将转告你说的一切。希望我还能告诉奥德修斯，回到伊萨卡地面，告诉他我在你这里受到盛情的款待，带回许多珍贵的礼物。”

话音未落，一只飞鸟便出现在右边的天空，那是一只雄鹰，用爪子在屋前院子里，抓起驯服的家禽——一只巨大的白鹅。男人和女人追在后面，高声呼叫，雄鹰飞离人群，滑向右边，驭马的前面，人们看见后笑容满面，感到心情畅快。涅琉斯之子裴西斯特拉托斯首先说道：“民众的领袖杰出的墨奈劳斯，请你解释神的告示是给你还是给我们俩的预兆？”

他说完，嗜战的墨奈劳斯沉思，想做出合适的回答，但长裙飘摆的海伦比他先开口说：“听着，这是我的解释，按照不死者的启示，我想这件事会成为现实。就像雄鹰从山上下来——那是它的故土，生育它的地方，抓起在院中喂养的大白鹅，四处漂游的奥德修斯，历经磨难，将会回家复仇。也许，他已经在家中，谋划把灾难带给所有前来求婚的人。”

听完这番话，善于思考的忒勒马科斯回答道：“愿宙斯沉雷远播的夫婿，让这一切成为现实！这样，回到家里，我将像对一位女神一样，对你祈祷。”

说完，他策马扬鞭，马开始迅速奔跑，穿过城市，冲向平原，摇动肩上的轭架，一天也不停息。

此时，太阳西沉，所有的通道都一片漆黑。他们到达菲莱，来到狄俄墨得斯的家里。阿尔菲俄斯之子俄耳提洛科斯的男儿在那里过夜，受到了主人的款待。

当年轻的黎明垂着玫瑰红的手指，出现在天空时，他们套起驭马，登上铜光闪闪的马车，驭手挥鞭策马，马便开始飞奔，不带半点勉强地穿过大门和巨大回声的柱廊。他们很快到达陡峭的城堡皮洛斯，忒勒马科斯对内斯特尔之子说道：“内斯特尔之子，不知道你能不能同意我的意见，实现我的愿望？我们是否可以宣称，你是我终身的朋友，延续父辈的友谊，也成为同龄伙伴——这次旅程增加了我们间的情感。所以，宙斯养育的王子，不要驱马跑过我的海船，让我在那里下车，我怕好心的老人把我留在宫里盛情款待，违背我的愿望。我必须立刻出发，尽快回家。”

他说完，内斯特尔之子静下来思考，如何合适地答应朋友的请求，将这件事做好。经过一番权衡，他认为此举绝佳，于是掉过马车，朝着航船奔跑，赶往海边的滩头，搬下精美的礼物、衣服、黄金，墨奈劳斯的赠送，放在船尾，开口催促忒勒马科斯起程返航：“赶快上去，叫所有的伙伴登船，在我带着送给老人的信息回家之前。我知道他的脾气，他的心情非常倔傲；他不会让你离开，将会亲自赶来带你回宫——我相信，他来一定会带你回去，不会一个人回去；他将满腔怒火，不管你说什么理由。”

说完，他驱赶长鬃飘飘的骏马，返回皮洛斯人的城堡，不一会儿他回到了家中。忒勒马科斯开口呼唤伙伴，发出命令：“朋友们，整理所有的索具，我们将踏上船板，起程回家。”

众人认真听他训告，服从他的命令，迅速地登船，坐好桨位。就这样，当他在船尾边忙碌，开口祈祷祝祭雅典娜的时候，滩边走来一个流浪人。他来自遥远的阿耳戈斯，在那里杀了人，逃到这里。他曾经是一个占卜的人，按照血统追溯，他是墨朗普斯的后代。墨朗普斯曾经居住在皮洛斯，他是羊群的母亲，族中富人，拥有高大宏伟的房院。但后来，他逃出自己的国度，流浪异乡，活人中最高傲的汉子。胸怀豪壮的涅琉斯抢夺了他的所有家产，占有了一年。同时，墨朗普斯被囚在夫拉科斯的家里，带着金箍的链子，遭受深重的苦难，为了带走涅琉斯的女儿——极度疯狂的行为——复仇女神，摧毁家园的厄里努丝，使他神志不清。然而，他逃过了死亡，赶出“哞哞”吼叫的牛群，从夫拉凯前往皮洛斯，回惩了神一样的奈琉斯的残暴，把姑娘带走，送到兄弟的家中，自己就远走海外，来到马肥草丰的阿耳戈斯——决定要去的地域，在那儿生活，统治许多阿耳吉维生民。他娶了一名女子，盖起高耸的房屋，有了孩子，他们已成为强壮的汉子门提俄斯和安提法忒斯。安提法忒斯养育一子——胸怀豪壮的俄伊克勒斯，而他的儿子安菲阿拉俄斯，作为军队的首领，带埃吉斯的宙斯和阿波罗非常喜爱，给了他所有恩宠。但他还没年老，便因为妻子受了别人的贿赂而死在塞贝。他也养了子嗣，阿尔克迈昂和安菲洛科斯。门提俄斯有子波鲁菲得斯和克雷托斯，但享用金座的黎明看到他的俊美，便把他带走，让他生活在不死的神明之中。安菲阿拉俄斯死后，阿波罗便让心高志大的波鲁菲得斯成为占卜之人，是凡人中非常出色的人杰。出于对父亲的愤怒，他移居呼裴瑞西亚，在那儿住下，给所有的民众占卜吉凶。

此时，他的儿子——塞俄克鲁墨诺斯是他的大名，前往忒勒马科斯身边，见他正泼出祭酒，在乌黑的快船边向神明祈祷，来人就用长了翅膀的语言开始说话了：“亲爱的朋友，既然我看到你在祭祀，我恳求你，用此刻祭神的礼仪和神灵的名义，看在你的头颅和随你同行的伙伴的分儿上，告诉我，明确地告诉我，不要隐瞒，你是谁，你的父亲是谁？来自哪个城市，父母在哪里？”

听完这段话，善于思考的忒勒马科斯回答道：“好吧，朋友，我会真诚地回答，把一切告诉你。我住在伊萨卡，奥德修斯是我的父亲，如果他曾经活在世上。现在，他一定已经死去，死得凄凉悲伤。所以，我带着伙伴，乘坐乌黑的海船，探询父亲的消息，他离开家门很久了。”

听完这话，神样的塞俄克鲁墨诺斯回答道：“我也一样，因为杀了一个人，害怕同族的人民，所以背井离乡，住在马肥草丰的阿耳戈斯，在阿开亚人中权势巨大。为了避免死亡和乌黑的命运，害怕死在那帮人手里，我逃离了那里，因为这是我的命数，流离在凡人之中。请你接受我的请求，让我作为一个逃离的难民登上你的海船，不然，他们会把我杀了的，我知道，他们在后面追赶。”

听完这段话，善于思考的忒勒马科斯回答道：“既然这样，我自然不会把你挡在海船之外。来吧，和我们一起出发，在我们家乡，你将受到盛情款待，享用我们的一切。”

说完，忒勒马科斯接过他的铜枪，放躺在海船的舱板上，让塞俄克鲁墨诺斯坐在旁边。伙伴们松开缆绳，忒勒马科斯高声呼喊，命令他们抓紧帆布的绳索。他们听后马上行动，竖起杉木的桅杆，插进空深的杆座，用绳索将前支牢牢固定，手握用牛皮编织的索条，升起白色的篷帆。灰眼睛女神雅典娜送来了推动航船的海风，呼啸着冲破空气，催动海船急速前行，跑完全程，穿越充满咸味的海洋。他们驶过克鲁诺伊，经过水流清澈的卡尔基斯；此时，太阳下落，所有的海道都笼罩在黑暗之中。海船迅速向前，乘着宙斯送来的大风，掠过菲莱，闪过厄里斯人统治的地面秀美的厄里斯。然后，忒勒马科斯掌舵直奔尖突的海岛，心中思考着此行的吉凶，是被抓捕，还是死里逃生。

同时，奥德修斯和高贵的牧猪人正在棚屋，由牧人陪同，享用晚餐。当他们吃饱喝足之后，奥德修斯开口，想试探牧猪的人们是愿意继续热情款待，留他住农庄，还是打算催他离开，前往城里，便说道："听我说，欧迈俄斯，还有你的各位朋友，我想在黎明时分离开，前往城里，乞求施舍；我不想成为你们的累赘，给你们添麻烦。我只需要一些有用的劝告，请派一位热心的向导送我进城。出于果腹的需要，我将会在城里行乞，也许有人会给我一杯水，或者一块面包。我将带着给谨慎的裴奈罗珮的告诫，前往神一样的奥德修斯的住所；我将和骄傲蛮横的求婚人厮混，看看他们能否从大堆的好东西里拿出些什么，让我饱餐一顿。那么，有什么要我效劳的，只要他们吩咐，我可以当即提供高质量的服务。我将说出这件事，你可以仔仔细细地听着：从神导赫耳墨斯那里得到的恩宠，他给凡人的劳作镀上典雅，增添风韵，我的技术在凡人中没有对手，不论是用斧头砍树，点起红红的柴火，还是准备肉食，烧烤切割，斟倒美酒，这一切喜人服侍贵人的粗活。"

这段话极大地扰乱了牧猪人的心绪，他开口说道："我的客人，到底是什么古怪的念头，钻入了你的心里？你想自取灭亡吗？如果你想介入求婚人的队伍，他们的残暴，蛮横的气焰，冲上了铁青色的天空。看看你这寒酸的样子，如何比得过求婚人群的随从，那帮年轻的小伙子穿着华美的衣衫披篷，面容姣好，头上总是闪着晶亮的油光。这些，就是求婚人的仆人，站在光滑的餐桌旁，桌上堆满烤肉、醇酒和面包。不，你还是留下来吧，我们中谁也不会为此而感到烦恼，不论是我，还是我的伙伴们。当奥德修斯心爱的儿子回来时，他将给你一件衣衫、一领披篷，送你离开，前往要去的地方——不管什么地方，受到灵魂的怂恿。"

听完此话，杰出的、历经磨难的奥德修斯开口说道："欧迈俄斯，但愿父亲宙斯爱你，就像我爱你一样。你让我不再流浪，抚慰了我巨大的悲痛。对凡人来说，最悲惨的莫过于远走他乡，靠行乞谋生。可是，由于饥饿逼迫着该死的肠胃，人们忍受着巨大的悲伤，四处流浪，面对痛苦和忧愁的折磨。现在，你们愿意留我这样一个落魄之人，要我等王子回来，那么请告诉我神一样的奥德修斯的母亲，还有留在家乡的父亲——在他出征的时候，他们已然年老——现在是否还活着，享受阳光的沐浴，又或者已经死去，在那哀地斯的房屋？”

听完此番话，猪倌的头目，一位牧猪人，开口说道：“既然如此，好吧，我会将我所知道的一一告诉你，我熟悉而陌生的朋友。莱耳忒斯现在还活着，但他总是向着宙斯做祈祷，幻想着灵魂能离开他的身体，想着失散的儿子和聪慧的妻子。后者的死对他来说打击颇大，比一切都要沉重，因此，他总是待在自己的房中，承受着揪心的悲痛，以致过早地衰老。妻侣的死亡太过凄凉，死于悲恋光荣的儿子；希望和我同住此地的朋友，帮助过我的善良的人们，不要死得此般凄楚。当她活着的时候，怀揣着心中的悲伤忧愁，我总爱张嘴问这问那，因为她抚养我长大，还有她高贵的女儿，家中最小的孩子，长裙飘摆的克提墨奈。我俩一起生活，夫人待我就像对自己的孩儿一样。当我们长大成人，进入青壮的年华，克提墨奈嫁人了，到了萨墨，当然，他们也得到了不计其数的财宝。夫人给了我一件衫衣、一领披篷，还有给我系用的鞋子，将精美别致的衣服，穿着在我身上，派我来到农庄，她是发自内心地爱我。现在，这些东西都是我所缺少的，但幸福的神明使我亲手从事的劳动已见成效，因此，我获得了来招待我所尊敬的客人的吃喝的食物。但是，在女主人那儿，我现在听不到一句安慰的话语，感受不到她的关心照顾：因为，那帮蛮横的人们给她的家居带来了悲难。仆人、工人们都热切地想在她的面前说话，了解所发生的一切，然后再吃喝一番，带着一些东西，回到在乡间的家园，这类事情总能温暖伺仆之人的心胸。”

听完此番话，聪明的奥德修斯开口说道：“牧猪的欧迈俄斯，听你这么说，在你离开家乡和父亲，浪迹远方的时候，你一定是个年幼的小毛孩。来吧，跟我说说你出走的原因，回答要准确。是否是因为你尊贵的双亲居住的宫所——族民生聚的城堡，路面开阔的去处遭到了敌人的侵袭？也许，你被强大的仇人抓走，正独自看守在牛羊群边的旁边，放进海船里，远离故乡，出走他乡，被他们卖到这座房居，主人为你付出数目可观的钱财？”

听完这番话，猪倌的头目牧猪人开口说道：“陌生的朋友，既然你如此地想知道这些，那么，你可以在这儿品着美酒，潜心静听，获取欢悦。

长夜漫漫，既有时间酣睡，也可听美妙的故事；我等也无须过早地睡觉。过多的睡眠会使人产生烦恼。至于其他人，如果睡魔来催他，就尽可去睡觉，不过，明天拂晓，吃过早饭，大家要赶出主人的猪群，一起去放牧。至于你我，就坐在棚里吧，边吃边喝，来聊聊彼此悲酸的往事，受过的痛苦。一个历经艰辛、到处流浪的凡人，以后一定会从自己的悲苦中得到人生的某些真谛。因此，我会一一地回答你的疑惑。你或许有听说过，在远方有一座海岛，叫苏里亚，位于俄耳图吉亚的上方，太阳转身的地方；虽说岛上的人口不多，却是个丰腴的地方，非常适合牛羊的放牧，同时，也盛产小麦和酿酒的葡萄。住在那里的人民可不像别处可怜的凡生，他们从不知饥饿，也不沾病痛。当部落中的前辈衰老在他们的城里，手拿银弓的阿波罗和阿耳忒弥丝同来，用无情的箭矢射杀他们。岛上有两座城市，均分它的所有，全都归我父亲管辖，作为国王，俄耳墨诺斯之子——克忒西俄斯，神一样的凡人。

“后来，岛上来了一些著名的水手，爱财的恶棍——腓尼基人，在乌黑的船上载满了无数让人眼花缭乱的小玩意儿。当时，父亲家里有一位高挑儿美丽、擅长手工的腓尼基女子，那帮奸诈狡猾的腓尼基水手用花言巧语把她迷惑了。刚开始的时候，在她出门洗衣服时，一个年轻的水手将她带入海船的深处，合欢作乐，无论女人的手工多么精熟，在甜蜜的爱情面前也会失去自我。然后，水手便询问她的身世，这个女子毫不犹豫地伸手指向我父亲的住所，一所顶面高耸的房子，说道：‘我是西冬尼亚人氏，来自一个盛产青铜的地方；我的父亲叫阿鲁巴斯，他的财富多得像翻滚的江河。但有一天，一群来自塔福斯的海盗趁我从田野回家的时候，把我抓了起来带到了这里，并把我卖了，他们获得了一笔价值不菲的财物。’

“和她偷情的海员听完这番话之后说道：‘据传闻，你的父母现在还活着，你可愿意和我们一起返回，去见他们和顶面高耸的房居？’

“海员话音刚落，那个女子就开口说道：‘你们真的能保证把我平平安安地送回到家中？我不信，除非你们发誓。’

“她说完，全部水手都按照她的要求进行发誓，但是，当他们信誓旦旦地发完誓之后，女子又对他们说道：‘记住，无论你们中的哪一个在哪里碰到我，都不要和我说话，谨防有人去处所报信。如果让老人心生猜疑，我将会被绳索捆绑，痛苦一生，而你们也将会有巨大的灾难降临。记着我的话，去准备返回的东西，当你们把海船装满的时候，就迅速地派遣一个人去那座处所，让我知道你们已经准备妥当；到时，我会带一些黄金、器物出来，作为你们帮我返家的报酬。还有一件事我要告诉你们，我是那个房居的一名保姆，照顾一个非常惹人喜欢的孩子，他是主人的孩子，不过，他总是围绕在我的身旁，喜欢和我在一起。如果在我出门的时候能把他一起带出给你们，那你们无论在哪里把他卖了，都会得到一笔难以想象的财富。’

“她说完就转身离去，回到那个富丽堂皇的宫殿。水手们在岛上待了一年，把赚取的东西都放在船中。当船已装满，见返航的时机已成熟，就派了一个人去告诉那个女人。那个精明狡猾、带着一根镶嵌着琥珀的珠粒的信使来到了我父亲的宫中。在厅堂里，我那高贵的母亲和众多女仆们都注视着他，一会儿翻转，一会儿抚摸，说出能接受的价钱。水手默默地点了下头，给那个女人带去信息，然后转身走出宫殿，回到海船上。待我父亲的随从去辩议的地方参加民众的集会时，女人一把抓住我的手，准备将我带出宫殿。她走到前厅门前，看见桌上的酒杯，宴用的器皿，就随手拿了三个杯子，藏在肚兜里带了出去；那时我年幼无知，没有多想，就随她去了。那时，太阳已渐渐西落，到处一片黢黑，我们快步走到了腓尼基人的快船上。水手们走上甲板，把我俩安置在里面，海船乘着宙斯带来的疾风破开水道向前方驶去。就这样，我们夜以继日，一连六天在海面行驶。但是，当克洛诺斯之子——宙斯送来第七个白天的时候，阿耳忒弥丝用银弓射杀那个女子，她像一只扑水的海鸥撞向货舱；水手们把她扔进了大海，当作鱼类动物的餐食，只留下我一个，孤零零地带着心中的哀愁。疾风和海浪把水手们带到了伊萨卡滩头，莱耳忒斯用他的钱财把我买了下来。就这样，我来到了这里，看到了这片土地。”

听完欧迈俄斯的这番话，杰出的奥德修斯说道：“不幸的欧迈俄斯，你的话使我的心胸在翻腾着，你的心灵一定承受着巨大的痛苦。但是，宙斯虽让你痛苦，却也给你带来了幸福，至少你在历经艰辛之后遇到了一位善良的主人，给你吃喝，使你受到关心照顾。同我相比，你的日子过得舒坦多了，而我却游走在凡人的城市，还要你的帮助，在你家中避难。”

就这样，他们你一言我一语的，说完之后就都上床睡觉了。但休息的时间只有短暂的一会儿，因为白昼已来临。与此同时，忒勒马科斯的伙伴们很轻松地收拢船帆，放下桅杆，然后摇动木桨驶向那落错的滩头。他们抛出锚石，系牢缆绳，足抵滩沿，迈步前走，备妥食餐，注入清水，兑调醇酒。当众人吃饱喝足之后，聪慧的忒勒马科斯发话了：“你们把船停靠在城边的港口，我将前往田庄，访问那里的牧人，看过农庄，将于晚间返回城中。明天上午，我将用有肉块和香甜美酒的丰盛宴席，作为酬礼款待大家，答谢诸位随我出海的苦功。”

此时，神一样的塞俄克鲁墨诺斯说道：“亲爱的孩子，在这岩石嶙峋的伊萨卡岛上，我将要去哪里，我将问访哪位王贵？或者，我是直接去你的家里，面见你的母亲？”

听完此番话，聪慧的忒勒马科斯说道：“如果这样，我反倒不希望你去我家，作为主人，我们不缺待客的食物，但如果你前去我家，结果可能会很糟糕，因为我将不在那里，而你也不会见到我的母亲，因为她很少出来，屋里满是求婚的人们，因此她总是待在楼上的房居，在织机前消磨时光。不过我可以介绍另一个房主给你认识，那就是聪颖的波鲁波斯光荣的儿男——欧鲁马科斯。现在，伊萨卡人看见他，就像看见仙人一般。他是凡人中的佼佼者，也是求婚者中追得最紧的一个，试图娶到我的母亲，借此来夺取奥德修斯的荣誉——他的王尊。但是，雄踞在高天的奥林匹斯山上的宙斯，是否知晓他们会自取灭亡，赶在婚娶的前头！”

他话音刚落，一只鹞鹰便出现在他的右边，它是阿波罗的使者，在它的爪子里有一只可怜的鸽子，鸽子散落的羽毛飘落在海船和忒勒马科斯之间。塞俄克鲁墨诺斯把他叫到一旁，说：“忒勒马科斯，我见这只鸟飞翔在右边，这是神给予你们的预兆。你的府邸如此辉煌，所以在这片土地上，你们将是永远的统治者。”

听完塞俄克鲁墨诺斯的话，忒勒马科斯敏捷地回答道：“远道而来的客人，希望你的话能够实现，既然这样，你将会体会到友谊带来的幸福。我将会送与你礼物，如果有人们与你碰面，我想人们将会称赞你带来的好运。”

说完，他转过身告诉他一位忠诚的朋友裴莱俄斯：“裴莱俄斯，克鲁提俄斯的儿子，在众多跟我去皮洛斯的朋友里，只有你最坚决地听从我的决定来解决事情。所以，现在，我想请求你把他带回家中，给他热情的款待和尊敬，直到我回家。”

他说完这番话，善于使用枪矛的裴莱俄斯回答道：“忒勒马科斯，你不用担心，即使你在那儿待很久的时间不回来，我也会好好地招待客人；至于招待客人的东西，我们也是十分充足的。”

裴莱俄斯说完，他就登上船板，同时叫自己的伙伴上船，并解开船尾的绳子，于是大家登船坐在划桨的位子上。忒勒马科斯系上美丽的鞋带，从船舱面抓起又粗又长并且有青铜锋尖的枪矛；大家按照忒勒马科斯的吩咐解开船尾的绳子，将船推出大海，驶向城边。忒勒马科斯大步地向要去的农院走去，在那个农院里有大片的猪群。牧猪人睡在猪群旁边，那些猪儿心里充满着真挚的感情，想着它们的主人也在一旁睡着。

# 卷十六

忒勒马科斯派欧迈俄斯到那个城市，去告诉他的母亲他将要回来的消息。就在此时，奥德修斯发现了自己的儿子——忒勒马科斯。

现在，奥德修斯和高贵养猪的人，在临时搭建的小屋里生了火，他们要在黎明到来之前做好早餐，并且遣出牧人，随同放走的猪群。

当忒勒马科斯走近的时候，他的猎犬就会在他身边摇头摆尾，而对跟在他身后的人不发出吠喊。

精明的奥德修斯注意到摇尾乞怜的狗群，耳旁传来阵阵脚步声。

然后他直接对欧迈俄斯说了一番意味深长的话："欧迈俄斯，很快将会有人到此，那一定是你的朋友或者是你熟悉的人。你看，猎犬都不吠叫，反而是摇头摆尾在他身边讨好，我已经捕获到了他的脚步声。"

正当话还没有说出口的时候，他的儿子已经在门口了。

突然，养猪人站了起来，表情显得很僵硬，用来调制美酒的兑缸掉到了地上。他起身走上前去，面见他的主人，亲吻他的额头、他炯炯有神的眼睛，以及贴吻他的双手，情不自禁地流下了热泪。

就像作为一位仁慈的父亲，欢迎自己离别十年，从远方的国度归来的自己唯一百般疼爱，为了他承受许多苦难的儿子一样，高贵的养猪人紧紧地抱住像上帝一样的忒勒马科斯，激烈地热吻，好像他可帮助自己脱离所有的苦难。他号啕大哭，并极其诚恳开口说道："你回来了，忒勒马科斯，就像黑暗中的一线光明，我以为再也看不见你了，当你乘船去了皮洛斯。

"快进屋吧，亲爱的孩子，我内心无法掩饰再见到你的愉悦，让我再目睹你的风采，刚刚从远方归来的人。

"你已经很长一段时间没有来到这片土地，看望这些牧民，而你喜欢待在城镇上。是的，你似乎已产生某种兴趣，看着这些蜂拥而至的追求者。"

明智的忒勒马科斯回答他说道："顺其自然吧，我的老伙计，正是因为你的缘故，我来到了这里，亲自看看你，并且听你说说我母亲的情况，她是一个人住在家，还是有人已经娶了她为妻，丢下奥德修斯的睡床，使其无人使用，已经挂满蜘蛛网。"

接着，一个养猪人的头目回答他说："是的，真的是，她以很差的精神状态住在你的宫殿里，终日以泪洗面，期盼你有一天能够回来！"

说罢，养猪人的头目接过他手中的铜枪。接着，忒勒马科斯走过小屋，跨过石凿的门槛。当他走近时，他的父亲奥德修斯从座位上起来给他让地方，但忒勒马科斯，对他说："坐下，陌生人，我们会发现一个座位，在我们的其他一些农场，有一个人来为我们准备。"他言罢，奥德修斯回去再一次和他坐了下来。养猪人铺上绿色的树枝，再在上面盖上羊皮，接着奥德修斯的爱子弯身坐在上面。接下来，养猪人端出装着烤猪肉的大盘，放在他们面前，剩下的碎屑是昨天做饭留下来的。面包迅速地装满了整个篮子，用常青藤做的高脚酒杯里，斟满了像蜂蜜一样纯甜的葡萄酒，忒勒马科斯自己则坐在像神一样的奥德修斯的对面。所以他们伸出双手，抓起眼前的肴餐。当他们满足了对肉和美酒的欲望的时候，忒勒马科斯对高贵的养猪人说道："这个陌生人来自哪里？水手们怎么带他到伊萨卡岛的？他们承认他们是谁了？我想他不可能徒步行走，来到这个国邦。"然后养猪的人欧迈俄斯给出了回答："是的，现在，我将告诉你所有事情的真相。

"他自称出生在克里特，丰广的地面，说是落走客乡，浪迹许多凡人的城市，那是神明替他罗织的命运的网线，这次逃难于塞斯普提亚人的海船，来到我的农居。现在，我把他交付给你，按你的愿望招待。他是你的生客，他恳求能被带到你面前。"然后明智的忒勒马科斯回答他，说："欧迈俄斯，你说的话的确深深地伤了我的心。我应该如何接纳一个陌生人，住在我家里？我还年轻，对用我自己双手的力量去保护我自己，免于那些暴力的人带来的伤害，还没有什么信心！

"此外，我母亲一心二意，在她面前有两种选择，一是和我一起待在家里，忠于她的丈夫的床铺，尊重人民的声音；二是跟随亚加亚人中追求她的优秀的勇士，在大厅里接受大多数新娘都会收到的礼物。

"但看哪，至于你的这客人，现在，他既然已经到了你的房子，我将赐予他披篷和衬衫，以及上乘的衣服；此外，我还将赐予他一把双刃铜剑和适合他脚大小的鞋子，送他出门，无论他的心和精神指引他将去何处。

"或者，如果你愿意的话，留下他在农场里并且照顾他，至于衣服，我将会差遣人送到这里，还有很多可口的食物可以享用，以不至于给你和你的伙伴带来不便。

"但是那边众多追求者中的伙伴，我将不会让他离开的，因为他们极度地着迷于十分嚣张的行为，免得他们嘲笑他，如果是那样的话，将令我痛苦万分。一个人，无论有多么骁勇善战，也不能战胜成群的敌人，因为他们更具力量和强壮。"

然后奥德修斯十分坚定地回答他说："我真实的心就像被出卖了一样，好像我听了你的话语，才知道那帮追求者有着如此放荡不羁的行为，尽管你一个人如此高尚。告诉我吧，是你欣然地接受了这些苦恼，还是人民群众都憎恨你，或者是受到神的驱使？或者你有理由责怪你弟兄吗？啊，但愿我有青春，现在我有豪情，但愿我是雍贵的奥德修斯的儿子，或是英雄本人。

"让一个陌生人当即砍下我的头颅从我的脖子上，如果我没有去过奥德修斯的宫殿，莱耳特斯的儿子，并使我自己成为他们之间的祸根。如果他们以数量来压制我的话，我就会寡不敌众，那样我宁愿死在自己的手里。”

明智的忒勒马科斯回答他说：“陌生人，是时候了，我将坦率地告诉你一切。这里将不再有怨言和憎恨，所有的民众都将不必忍受我所带来的一切痛苦，我再也不会责备自家兄弟，即使有一个天大的争执，也不会对他在战斗中的表现失去信心。为此，正如你看到的，克罗宁已经为我们建造了房子，都是只有一个继承人。

“莱耳特斯让他唯一的儿子奥德修斯——并且奥德修斯也是他父亲的独苗——离开了他仅有的儿子，也就是我，留在那些宫殿里，不曾拥有欢乐。为什么现在整个宫殿里四处都是恶人？在整个群岛上最高贵的就是王子，岛上有许多枝繁叶茂的植被，以及和伊萨卡岛上岩石一样多的贵族，他们中的全部都追求我的母亲，并因此荒废了我的家园。

“母亲既不拒绝可恨的婚姻，也没有能力去结束这场纷争，所以他们肆意地毁坏我的房子，掠夺我的家产，用不了多久他们也会将我一起毁灭掉。然而，所有的这些事都确切地躺在神的脚下。不仅如此，伙计，快去告诉谨慎的裴奈罗珮，我已经安全地从皮洛斯回来了。

“对于我来说，我将会在这里暂时停留，直到你独自去往城中将消息告诉她，并回到这里。不要让其他的亚加亚人听见，因为他们中有很多人都想设计谋取我的性命。”

接着，养猪人欧迈俄斯回答道：“我已经理解你说的话，我的脑袋就是为你而生的。

“来吧，对我发誓，并坦率地告诉我，无论如何我应该走同一条路，将消息带给莱耳特斯，他近来是个运气不好的人，尽管他的悲伤是因为奥德修斯的缘故，然而他却仍坚持耕作，每当他的心受到灵魂的驱使，就和奴隶一起在他的房子里吃饭。但是现在，自从你乘船去了皮洛斯，人们说，他便再也没有碰沾食物醇酒，不再看顾农庄的事务，随时坐地发出悲叹，常常哭泣，以至于日渐消瘦得都可以看见骨头了。”

听罢这番话，明智的忒勒马科斯回答道：“这的确很悲伤！但尽管如此，我们也只能将他放在一边。无论如何人们都会去达成他们的心愿，我们将会首选这个日子：我父亲的归来。所以当你送完消息就马上回来，不要徘徊在莱耳特斯的身后。

“但是可以告诉我的母亲，要让她以最快的速度叫仆人出去，注意保密，因为他可能把消息带给那些老年人。”他用那些话语唤醒了养猪的人，他把手里的草鞋系在脚下面，然后动身去了那个城市。

现在雅典娜已经注意到欧迈俄斯离开农场，她临近时幻化成一个女人——高大、漂亮，并且有十分熟练的手工技术。她站在奥德修斯的小屋门口，但是忒勒马科斯却看不到她，甚至感觉不到她的到来，神明是不会让所有的人都能够完全地看见他们的。所以奥德修斯很小心地防备她，连狗也一样，都不吠叫，只是带着很低的声音，畏畏缩缩地躲到了农场的一边。

接着，她挤了一下眉头，高贵的奥德修斯察觉到了她的意思，走出了屋子，经过院墙，站在她的前面。雅典娜对他说：“莱耳特斯之子，宙斯的后裔，足智多谋的奥德修斯，现在是时候让你的儿子明白了。不需要再隐瞒，讲述你如何不至于遭受和追求者一样死亡的命运，到达著名的城镇。”

随即，雅典娜触摸他，用她金色的魔杖。她首先变出了干净的长袍和斗篷，并且增大了他的身躯，让他充满了力量。他的肤色再次变成了铜色，面颊变得丰满，脸上的胡须也变得黑密了。

现在，经雅典娜装饰了一番，奥德修斯重返小屋，其子忒勒马科斯惊讶地看着他，目光中带有惶恐，好像是看见了神灵一般。他开口讲话，语速快如羽翼，“你变了刚才的身形，你的衣服变了模样，你的肤色也弃旧迎新。无疑你是众神之一，掌管着广阔的天空。愿你怜悯开恩，我们将给你提供满意的供奉和金制的礼品，工艺相当精美，我恳求你赐给我们帮助吧。”

接着，卓著俊美的奥德修斯回答说道：“冷静一下，我并不是神明，你为什么会认为我就是神呢？我是你的父亲，因为我的原因，你遭受了很多苦难与折磨，屈服于别人的暴力之下。”说着，他亲吻他的儿子，眼泪从面颊上流下，掉在了地面上，之前他一直控制自己的情绪，不让眼泪流出来。

但是忒勒马科斯不信眼前的这个人就是自己的父亲，于是开口回答道："你不是我的父亲奥德修斯，一定是有神明迷惑我，意在让我更加悲痛。这一定不是一般人能够做到的，仅仅凭借自己的智慧，除非有神明去拜访他，那样让他自己变成年轻人或者年老者，就是易如反掌的事情。事实上，就在刚刚你还是一个衣着破烂的老者，可是现在你看起来却像一个可以掌管天地的神明。"

听罢这话，足智多谋的奥德修斯开口回答道："忒勒马科斯，此举不妥，对于你父亲回到家，你不必过分惊讶，也不必疑惑。对于你，不会找到另一个奥德修斯来到这里了，只有我，在遭受了苦难与流亡之后的第二十个年头，重新回到了自己的国家。

"瞧，这就是雅典娜的工作，她有掠夺者的神力，能够把我变成任何她需要的人，对于她来说这是轻而易举的事情，比如有时像一个乞丐，有时像一个衣着华丽的年轻人。对于能够掌管广阔天地的神来说，这些都是轻而易举的事情——去美化或者贬低一个凡人。"

当他说完这些话，就坐了下来，但忒勒马科斯，双手紧紧地抱住他高贵父亲的脖子，失声痛哭泪流满面，悲痛都在他的心里。他大声哭叫，比鸟儿、海鹰或者是屈爪的秃鹫还悲愤，就像农夫从鸟巢里带走了它们羽翼未丰的孩子。即使如此克制，眼泪还是从眉毛下面流出。

现在，阳光已经照耀到了他们的悲伤，忒勒马科斯突然对他父亲说："水手们用的是什么船把你带到伊萨卡岛的，亲爱的父亲？他们有没有说他们是谁？我想你绝不可能走路回到自己的家邦。"

善辩且俊美的奥德修斯说道："是时候了，我的孩子，我将会告诉你所有的真相，是费阿克斯人带我来到这里，他们都是很著名的水手，也运送别人，只要是他们能够到达的地方。睡在快捷的船上，他们带我穿过了大海，把我留在伊萨卡岛上，并且给我精美的礼物，还有大量青铜器和黄金以及编织的衣服。这些宝物全藏在洞穴之中，都得益于神明的恩惠啊。

“现在我来到这里，是由于雅典娜的提示，我应该制定决策，去屠杀敌人。来吧，告诉我所有的求婚者以及他们的人数，我一定要知道他们有多少人以及他们是谁，以使我能够心里有数；并给我建议，我们是否能够独自给他们迎头痛击而不需要援助，或者我们应该向其他人寻求支援。”

接着明智的忒勒马科斯回答说：“父亲，事实上我早就听说过你的威名，你是一个有着强壮的双臂，还具有明智决策的人，但你说的话还是惊到我了，仅仅我们父子俩去跟很多强健的敌人战斗，这根本就不可能。对于那些求爱者，他们不仅仅是十几个或者二十几个人，他们有很多的人数，你应该直接了解他们的故事：从杜利基昂来了五十二个青壮，精选的年轻人，带着六名仆工；来自萨墨的人选，一共二十四个；另有二十个阿开亚人的儿子，来自扎昆索斯。此外，还有来自伊萨卡本土的求婚者，一共十二人，最出色的人选；信使墨冬和他们一起，外加通神的歌手，还有切肉的侍宴，两名伴从。

“倘若我们和宫中所有的对手战斗，我担心你的复仇和对他们的残暴会带来惨痛和险厄的结局。所以你想想吧！如果我们有全心全意的支援者，那就势在必得了。”明智、历经磨难的奥德修斯回答道：“认真听我说吧，我将告诉你是否考虑让雅典娜和宙斯派有能力者帮助我们二人，或者应该寻找其他的支援者。”

言罢，善辩的忒勒马科斯回答说：“英勇的助手，事实上他们确实是两个得力的助手，他们是高居云端，掌管着所有人生死的神。”

听罢这话，历经磨难的俊美的奥德修斯回答说：“两位尊神不会长时间远离激烈的战斗，当所有追求者和我们之间战斗在我的宫殿里，神势必也会卷入其中。但是现在，你要走在归途上的黎明，和求婚者混在一起。以我之见，养猪人将会带我去城里，我会变成一个乞丐，一个又老又可怜的乞丐。

“如果不幸他们在屋里侮辱我，无论我受到任何的屈辱，你都要装作视而不见，即使他们拖着我的脚通过宫门，或者投掷和重打我。然而你可以争取让他们停止愚蠢的行动，用好话去劝告他们，尽管他们不会听劝，但是他们的厄运即将到来。还有另外一件事要告诉你，你要牢记于心。当精明的雅典娜授意我行动时，我会对你点头，你要注意到这个，要带走在宫殿里所有用于战斗的武器，把它们藏在秘密的地方。

“当追求者发现它们不见了，问你它们的去向时，你应该用花言巧语说：‘我已将兵器移出黑烟的熏污，它们已面目全非，失去当年的风貌——那时，奥德修斯留下它们，前往特洛伊战场；兵器已受脏损，弥漫的青烟使它们变样。’

“此外，克罗诺斯之子给了我更为周密的想法，当趁着酒劲打起来的时候，恐怕会互留下伤痕，或者毁坏整个婚宴计划，对于铁器本身就容易使人产生欲望。但还是要留下两把剑、两支矛还有两个牛皮做的盾供我们使用，我们可以一手抓着盾牌，另一只手握着剑，并且雅典娜和宙斯将会迷惑他们的心智。

“我还有一件事要告诉你，你要牢记于心。如果你真是我的儿子，那么你将继承我的血统，不能让任何人知道奥德修斯在宫中；连莱耳特斯也不能知道，也不能让养猪人及家里的人听说，包括裴奈罗珮，让我们二人独自去发现那个女人的意图。此外，我们还将试探某些帮仆的男工，看看他们谁忠诚，敬重我们；谁轻辱你的存在，胆敢蔑视一位像你这样出色的人。”

接着他著名的儿子回答道：“噢，我的父亲大人，你必须要了解事实的真相，我想即使将来没有一点点愚蠢的事会迷住我，但我并不认为你的决策将对我们父子二人都会是有益的，所以还请您三思啊。您将花费很长的时间在你的道路上，可是却收益甚微，你和每一个人较量，你拜访农庄；而在你舒适的宫殿里，追求者傲慢无礼地吃掉你的食物，毫无爱惜之意。然而我应该让你增长对女人的知识——那些让你丢尽颜面，那些让你内疚的女人。

“我不认为你应该去农庄试探那些男工，我们应该注意到，这个工作可以放到以后再做，如果有必要，你可以从宙斯那里了解到一些迹象，得到神的庇佑。就这样他们就会一个传一个。”

现在这艘豪华的轮船停靠在伊萨卡岛的岸边，它曾经载忒勒马科斯和他的同伴们从皮洛斯来到这里。现在他们停靠在很深的港湾，众人将船拖进海滨固定，傲慢的仆人拿起他们的武器，立刻抬上精美的礼品，直去克吕提俄斯的府邸。不久他们就派了一个信使去往奥德修斯的府邸，带口信给谨慎的裴奈罗珮，换句话说，忒勒马科斯将乘船回到家乡，请高贵的王后不必担心和流下伤心的眼泪了。

所以当信使和高贵的养猪人在路上相遇，带着同样的消息给尊贵的女士。当他们同时走进王宫，信使站在女仆中间说道："亲爱的王后，你的儿子已经回到家乡！"

但养猪人走到裴奈罗珮，告诉了王后她儿子要他告诉她的一切。他说完要说的一切话，就回到了猪群栖息的地方。现在求婚者动荡和不安，他们沿着宫墙往宫外走，他们在宫门前召开了他们的紧急会议。波鲁波斯的儿子尤里马御斯首先开口道："朋友们，忒勒马科斯居然完成了这次航行，我们说这是一次奇迹。

"来吧，让我们的黑船下水，这是我们这里最好的船，让我们聚集驶船能手出海，立即把这个消息带给我们的朋友，让他们火速回来。"

他的话音还未落定，当安菲诺摩斯刚刚转身，就看见船已经停在深港，水手正在用双手收拢船帆。

接着他惬意地笑了，并对伙伴们说道："现在不需要我们再送消息了，瞧，他们都回来了。大概是有哪个神明告诉了他们所有的一切，或者是他们看到了忒勒马科斯的船，并且追不上。"

就像他说的，他们出现在海岸上。人们迅速地把黑船拖到岸边固定，仆人们傲慢地拿着武器从船上下来。接下来，所有的追求者一起去他们的集合点，不允许其他人和他们坐在一起，无论是年幼的孩子，还是年老的人。

安提努斯对所有人说："瞧瞧，神明的庇佑才使这个人免于灾祸！白天我们坐在多风的岩石上，轮番眺望，直到太阳落山。我们从未间断下来休息，没有停靠在海滨，而是让船飘在海面上，静静地等待黎明的到来，等待着伏击忒勒马科斯，把他杀掉在那边，但似乎有神明带他回家。

“所以让我们为他设计一个死亡方式吧，为忒勒马科斯，让他逃不出我们的手掌心。对于他自己来说，以他的决策和智慧都能够明白这一切，人民不再会赞同我们所有的事情。

“来吧，在他聚集所有的亚加亚人之前，在我看来他将绝不会马虎，但是会超越愤怒。他会站起来，对人民讲这一切，并将告诉人民我们是如何设计陷害他的，不会压制他自己。之后他们就不会再认同我们了，当他们听见这些恶行。我们得小心他们给我们带来伤害，把我们驱赶出我们的国家，成为另一片土地上的陌生人。

“让我们先下手，使他远离这片土地，离开这个城市；或者，我们平分了他所有的财产，倒是房子应该留给她的母亲住，无论谁和她结婚。倘若此番话语不能愉悦你等的心怀，而你们心想让他活着，继承父亲的财产，如此，我们便不能继续麇聚此地，吞糜他的食物和大量的好东西。让我们各回家门，送出求婚的礼物，争获她的好感。她会嫁给送礼最多的求婚者——命定能娶她的新男。”

接着安菲诺摩斯开始对他们长篇大论的讲话：他乃王者阿瑞提阿斯之子尼索斯豪贵的儿子，他将领导来自杜利基昂的求婚者们，那是一个盛产小麦和草场的天堂，所有他的说辞都是为了取悦裴奈罗珮，对于他来说，需要一颗被理解的心。

现在他怀着好心开始了他的长篇大论，面对着人们：“朋友们，对于我来说，我也不愿意选择去杀死忒勒马科斯；这是一件可怕的事情，去杀死王者的后裔！不，还是先让我们来请示一下神明吧，如果伟大的宙斯允许，我将杀死他并帮助你们向前。但如果神明不允许的话，我也会避免这场杀戮。”

安菲诺摩斯的演讲得到了大众的支持。然后他们立即向奥德修斯的府邸走去，进到了屋里面，并坐在漂亮的圆椅子上。

其实，在裴奈罗珮心里有了一些新的想法，换句话说，是向求婚者展示自己，尽管他们是如此不怀好意。因为她的儿子将要死在宫殿里，她那个听到决策的亲信已经把这个预谋告诉了她。

所以她走向大厅，在女仆人的陪同下。她走到求婚者附近，她站在华宅的一根柱子旁边，拂了一下闪闪发光的头巾，露出她的脸，接着就开始指责安提努斯，对他说道："安提努斯，邪恶的人儿，谋划凶险的恶徒！有人说你是伊萨卡岛上决策和演说的领袖，你不是一个好汉。愚蠢，你为什么要为忒勒马科斯去设计对付别人，这是一件不虔诚的事情。死亡和厄运，为什么不顾请求者的情分，他们得到了宙斯的允许？

"你父亲曾逃避此地，一个亡命之人，害怕民众的愤讨。人们震怒于他的作为，痛恨他和塔菲亚海盗联手攻扰我们的朋友，塞斯普提亚人的庄野。他们决意把他毁了，让他粉身碎骨，吞糜他的家产、丰足的所有。

"其时，奥德修斯挺身而出，回挡和阻止了众人的行动，顶着他们的狂怒。现在，你吃耗他的家产，不予偿付；追媚他的婚妻，谋杀他的儿子，使我深受折磨，怒满胸膛！我要你就此作罢，并命嘱同伙们服从！"

言罢，波鲁波斯之子欧鲁马科斯，问道："伊卡里俄斯之女，聪明的裴奈罗珮，鼓起勇气，不要害怕这些事。此人并不存在，将来亦不会出现，永远不会胆敢对你的儿子忒勒马科斯动武撒野，只要我还活在世上，得见白昼的光明。让我坦率地告你，此事将成为现实：行凶者的黑血会喷洗我的枪尖，在那动手的瞬间！难忘奥德修斯，城堡的荡击者，常常让我坐上膝头，给出小块烤肉，放入我的手心，给我红色的醇酒。

"所以，生命中，忒勒马科斯是我最亲的朋友——我告诉他不必惧怕求婚的人们，担心他们动手。但是，如果神明既定此事，那么，谁也休想避免。"

就这样，他出言抚慰，心中却谋划着杀人的念头。裴奈罗珮回身走进上层闪亮的睡房，哭念着奥德修斯，心爱的丈夫，直到灰眼睛雅典娜送出睡眠，香熟的睡意把她的眼睑合上。

晚间，高贵的牧猪人回到奥德修斯父子的农庄，一起准备食餐，杀祭了一头一岁的肉猪。与此同时，雅典娜靠近莱耳特斯之子奥德修斯身边，出杖碰点，又把他变作一个老汉，穿着脏乱的衣衫，以防牧猪人盯视他的脸面，认出他来。否则他会带着信息去找谨慎的裴奈罗珮，不能严守秘密。

其时，忒勒马科斯首先发话，说道：“你已回返此地，高贵的欧迈俄斯。告诉我城里传诵着什么谣言？高傲的求婚者们可已回撤，从伏击的地点？抑或，他们还守等在那里，拦截我的回还？”

听罢这番话，牧猎人欧迈俄斯，开口答道：“我无意穿走城区，询问打听，弄清这些事情——只想尽快送出口信，回返这边。但是，我却碰到你的一位伙伴，快腿的信使，和我同行。那位使者先我说话，对你母亲告言。对了，还有一事，我亦知晓，乃我亲眼所见。我置身高高的城区，赫耳墨斯在山面独自行走，眼见一条快船驶入港湾，载着许多人员，还有双刃的枪矛和盾牌。我曾想这些便是归来的他们，但我无法确言。”

他言罢，忒勒马科斯，灵杰豪健的王子，微笑着瞥了父亲一眼，但却不让牧猪人瞅见。当一切整治完毕，盛宴已经排开，他们张嘴咀嚼，人人都吃到足份的餐饭。当满足了吃喝的欲望，他们想起了床铺的酥软，便躺下接受睡眠的祝愿。

# 卷十七

忒勒马科斯将他从皮洛斯和斯巴达听到的话告诉了他的母亲。

一涉及忒勒马科斯的母亲，他就想起了曾听说过的皮洛斯和斯巴达。当散发着光芒的黎明像玫瑰红色的手指，早早划破黑夜的时候，忒勒马科斯，神圣的奥德修斯亲爱的儿子，穿上佳美的凉鞋，手持为他量身打造的长矛，前往城里。出发之前他对养猪人说："朋友，我即将进城和我母亲见面。我相信在亲眼见到我之前，她是不会停止痛苦哭泣和悲痛欲绝的心情的。现在我有一件事要你去办，领着这位不幸的陌生人，带他进城，让他能够讨到吃的，如果发现愿意施舍的人，不管是谁，将会给他一片面包、一杯水。目前我不能照顾每一个人，我很难受。如果陌生人生气的话，那么情况会更糟。我喜欢讲真话。"

奥德修斯对他说："我也是，我的朋友，我也不愿留在这里。对一个乞丐来说，在城里乞讨比在乡间好多了，愿意给我施舍的人不管是谁都好。我已经不再年轻，不能再在农场持续干活，听从主人的一切安排，做主人安排的每一件事。走吧，你安排的人将会指引我，我将被火温暖身子，太阳将更大。我身着破旧的衣服，害怕黎明的白霜冻坏我，你们说这个城市离这里比较远。”

说完这些话，忒勒马科斯快速地离开农场，想办法解决求婚人的问题。当到达气势磅礴的宫殿门前，他把他的长枪放置妥当，让它靠在高大的柱子上，之后大步跨过用石头开槽的门槛，进入了宫殿。

他的保姆，欧鲁克蕾娅最先看见他，当时她正披着剥皮的被单，在雕刻的椅子上面。她激动地跑到他跟前，泪水狂涌，女仆们围着他，热切地亲吻着他的头和肩膀。

睿智的裴奈罗珮从她的房间走出来，像阿耳特弥斯或金色阿芙罗底忒一样，紧紧抱住她亲爱的儿子，泪水狂涌，亲吻他的脸庞和他美丽的眼睛，大声地哭泣着，意味深长地对他讲：“你回来了，忒勒马科斯，你像一束明亮的光芒照亮黑暗一样，我没想到还能再次见到你，你坐船去了皮洛斯，悄悄地离开，违背了我的意志，去探寻你亲爱父亲的消息。现在你告诉我，你可见到你的父亲了？”

聪明的忒勒马科斯回答道：“我的妈妈，不要让我哭泣，也不要搅乱我的心情，我刚刚从死亡线上逃脱。你去洗个澡，穿戴上整洁的衣服，在上面的房间里，带上你的仆人，向所有的神许愿，确保饭菜丰盛，祭祀要隆重，如果神明同意帮助我们解决所有的灾难。我将到那个地方去邀请一位陌生人来到我们的家，他将陪着我来到这里，我让他和我神一样的伙伴先走，吩咐裴莱俄斯领着他回家，好酒好菜地招待他，一直到我回来。”

他说完，裴奈罗珮没法说出感人的话。她洗完澡，穿上新衣服，向所有的神许愿，确保饭菜丰盛，祭祀要隆重，如果神明同意，帮助他们解决所有的灾难。

忒勒马科斯快速离去，穿过厅堂，手持枪矛，带上了腿脚跑得很快的狗，雅典娜让他拥有了迷人的外貌。看见他的到来，所有人眼中都呈现赞许。他的身边聚拥着那些高傲的追求者，说着甜言蜜语，心中想着灾难。忒勒马科斯躲避着众多的追求者，前往门忒斯那儿，还有安提法忒斯和哈利塞耳塞斯那儿——这些都是他们家族的老朋友住的地方，他们在那里安居乐业——询问他们的一切情况。其时，裴莱俄斯，一个很著名的枪手，来到他的身旁，带着陌生客，跨越城区，到达了会场；忒勒马科斯没有丝毫的犹豫，来到了客人的身旁。裴莱俄斯首先说道："把你的仆人都遣散了吧，忒勒马科斯，赶快去我家，把墨奈劳斯留给你的礼物拿出来看看。"

听完这些话，头脑聪慧的忒勒马科斯回答道："裴莱俄斯，由于我们目前还不知道整个事情的发展，不知道那些傲慢的追求者是否会设毒计害我，把我杀死在我自己的家里，分光我父亲的财产，所以我希望是你本人，而不是那些家伙得到这些，享受欢乐。如果我能够杀死他们或者毁灭他们，那么我想你会乐于奉还，而我也将很高兴地收回。"

忒勒马科斯说完这些话，带着经历磨难的生客回到了自己的家里，走进自己的宫殿，脱下披风，拿出座椅和靠椅，进入光滑的澡盆，好好地洗了个澡。女仆们替他们洗完，擦上香油，穿上舒适的衣服和温暖的披风，他们从澡盆里面出来坐在椅子上面。一名仆人拿出很精美的金色的罐子，倒出清水在银盆里，伺候他们洗手，又搬来一张桌子，放在他们旁边；一名仆人把面包拿出来，让他们享用。桌子上摆设了很多美味佳肴，充足的食物。他们的对面坐着裴奈罗珮，她在厅房的柱子旁，靠着座椅，做着编织。他们拿起眼前美味的食物。当他们都吃饱的时候，谨慎的裴奈罗珮开口说道："忒勒马科斯，我要去我楼上自己的房间，睡在我的床上，那是我经常痛哭的地方，总是湿漉漉的，自从奥德修斯和阿特柔斯的儿子为了伊利奥斯去世之后，我的眼泪从来没有停过。你没有清晰讲述的耐心，在高傲的求婚者进入这房子之前，如果你偶然听到，告诉我关于你父亲返回的事情。"

聪明的忒勒马科斯对她讲道："是的，现在，妈妈，我就将告诉你所有的一切。我们去了皮洛斯见内斯特尔，人们的领导者，他在他高大的宫殿里招待了我们，很亲切地招待我和勉励我，就像一个父亲对他消失了很多年，最近刚刚从一个不知名的地方返回来的儿子一样。他甚至和他著名的儿子们一起热情地招待我，但是他没有听说过关于奥德修斯的一丁点儿消息，不知道他是活着还是已经逝世。但是他赠送给了我马匹和战车，让我去找斯巴达王，阿特柔斯的儿子，著名的枪王。在那里，我看到了阿格勒斯市的海伦，为了她，阿尔戈斯人和特洛伊人受够了频繁的战争。为了神的意志，墨奈劳斯对我大声咆哮，问我为了什么来到了神圣的拉凯代蒙。我告诉了他所有情况，他说道：‘我瞧不起他们，他们是懦夫，竟然想着占据一位壮士的床。就像一只母鹿让出生的幼崽睡在狮子的窝里，还未长大的幼崽出去找长满绿草的山坡，当狮子返回时，悲剧发生了。就像这样，奥德修斯会让他们都送命。天父宙斯、雅典娜、阿波罗，愿他在坚固的莱斯波斯同菲洛墨雷得斯勇敢地决斗时，将他狠狠地抛下，让所有的阿开亚人高兴，希望奥德修斯能够出现在求婚者面前，结束他们痛苦的命运和婚姻。但是对于你的询问和恳求，我确定将实话实说，不会欺骗你，我将告诉你的从来都是真实的海洋老人对我忠告的话，不会有丝毫保留。’他说他见过这个人，在一座岛上，受着巨大的痛苦，在卡鲁普索的宫居，他被强行留在那里，没法离开。因为它没有能够远行的航船和伙伴的帮助让他渡过大海。这便是阿特柔斯的儿子，枪王墨奈劳斯对我说的。我带着这些信息登上了船舶，不死之神明给了我顺风，让我很快地回到勒沃的家园。”

忒勒马科斯的话触动了她的心胸。其时，神一样的塞俄克鲁墨诺斯说道：“尊贵的莱耳特斯之子奥德修斯夫人，听我一言，墨奈劳斯说的并不就是完全的真实情况，但是我将做出预测，不会隐藏，让天神宙斯做证，还有这友好的桌面和高尚的炉盆，我到这里来，预测奥德修斯已经回到了自己家园，静静地等待，处理这些邪恶的行为，谋划着所有求婚人的死亡。这是我坐在船上对着鸟儿做的预测，我已经对忒勒马科斯说了。”听完这些话，睿智的裴奈罗珮回答道：“但愿你所说的话将得以验证，陌生的客人，你将为你所说的话得到友谊，很快你将得到丰厚的礼物，让人们觉得和你见面就是一件多么幸运的事情。”

就这样，他们你来我往，一番叙告。与此同时，在奥德修斯的宫居前，求婚者们正以嬉耍自娱，或投饼盘，或掷标枪，在一块平坦的场地，一帮肆无忌惮的人们，和先前一样。及至晚饭时分，羊群离开草场从四面归来，由原来的那班牧人拢赶。墨冬对求婚者们说话，后者最喜此人，胜于对其他所有的使者——在他们宴食之时，他总是侍待一旁："年轻人，既然你等已从竞耍中得取愉悦，我劝各位进屋，让我们整备食餐，按时进食可取，有益于身心健康。"

他言罢，众人站立起来，迈开脚步，听从了他的劝告。当步入金碧辉煌的宫殿，他们放下衣篷，在座椅和高背靠椅上面，动手屠宰硕大的绵羊和肥壮的山羊，还杀了一些滚肥的肉猪，外加一头牵自畜群的小母牛，备作他们的美餐。与此同时，奥德修斯和高贵的牧猪人正准备离开农庄，前往城区。牧猪的人儿，猪倌的头目首先说道："陌生的客人，既然你急于进城，今天就要动身，按照我主人的吩咐，虽然就我而言，我更愿你留在这儿看守庄院。尽管如此，我敬畏和惧怕家主，恐遭受他的斥难——主人的责骂凶猛苛烈。让我们就此出发。白天的大部分已经逝去，面对即将来临的夜晚，你会倍感凄寒。"

听罢这番话，足智多谋的奥德修斯开口答道："知道了，我明白这一点；听你话告的人长着明晓事理的脑袋。让我们就此出发，由你引路，把全程走完。但要给我一条撑拄的支棍，倘若你有已经砍下的柴段——你们说过，路上奇滑，行路艰难。"

言罢，他挎上破烂的兜袋在他的肩头，兜袋百孔千疮，悬连着一根编绞的绳线。欧迈俄斯给了他一条称心如意的支棍，两人迈步走去，留下狗群和牧工看守庄院。牧猪人带着主人前行，去往城里，后者一副乞丐模样，像个悲酸的穷汉，拄着支棍，一身破旧的衣衫。

他们沿着崎岖的山路行走，离开城门，来到一处泉溪的喷口，甜净的水流，石砌的槽头，是城民们取水的去处。伊萨科斯的手工，会同奈里托斯和波鲁克托耳，周围是一片杨树。近水的植物排成一圈，凉水从高处的岩壁下落，上面耸立着水仙们的圣坛，赶路的人们全都在此敬祭神仙。就在那里，墨朗西俄斯，多利俄斯之子，遇上他们，正赶着群队中最好的精选出供求婚人食用的山羊，另有两个牧者跟走在后面。目见二位来者，墨朗西俄斯开口发难，出言羞辱，用词狂毒，滥骂一番，激恼着奥德修斯的心胸："哈哈，一个无赖带着另一个无赖，像神明那样，总是带着别的神明结伴！你要去哪儿，可悲的牧猪人，领着这个穷酸讨厌的叫花子，臭毁宴席的恶棍？这种人随处靠贴，在门柱旁边蹭磨臂肩，乞讨点滴的施舍。倘若你把他给我，看守农庄，清扫栏圈，给小山羊添喂嫩绿的料餐，如此，他便可饮食乳清，长出坚实的腿腱。但是，既然此人百无所长，只擅游荡作恶，他便不会考虑动手干活——宁肯沿路求乞，行走在这片地界，讨得点滴施舍，充填无有底端的肚肠。但我要直言相告，此事将成为现实：如果他胆敢走近神样的奥德修斯的家舍，那么，他的脑袋将迎对我们的击打，纷飞的木凳，甩自壮士的臂膀，捣烂肋骨，将他追砸在宫居里面！”

言罢，牧羊人走到奥德修斯身边，抬脚猛踢他的腿股——这个笨蛋——但却不能把他赶出路面，后者稳稳地站着，心中斟想着两个念头，是奋起进击，举杖敲打，结果他的性命，还是拎起他的腰杆儿，砸碎他的脑袋，在脚下的地面。想来想去，他还是站着不动，控制着自己的心绪。但牧猪人紧盯着墨朗西俄斯的脸面，诅咒他的恶行，举起双手，开口诵道：“冰泉边的仙女，宙斯的女儿，倘若奥德修斯曾给诸位焚烧过裹着厚厚的肥膘羊羔和小山羊的腿块，那么，请你们答应我的祈愿，让我主浪迹归来，依循神的引导。如此，墨朗西俄斯，他会医治你的骄奢，碎烂你的狂蛮。你这小子，整天闲荡在城里，让无能的牧人糟毁羊儿！”

听罢这番话，牧放山羊的墨朗西俄斯答道：“心计脏毒的恶狗，你说了些什么废话！我会把你带上甲板坚固的黑船，运出伊萨卡，卖到遥远的地方，给我换回一笔横财。但愿阿波罗，银弓之神，放箭射杀忒勒马科斯，让他死在宫中，或被求婚人放倒；但愿此事真实，就像奥德修斯浪走远方，失去了回归之日一样确凿无疑！”

言罢，他撇下二位，由他们缓缓行进，走在后面；自己则快步向前，迅速接近主人的宫门，当即走入府中，坐在求婚者们身边，面对欧鲁马科斯，他最崇爱的人儿。侍餐的仆人端来一份烤肉，放在他面前，一位端庄的家仆送来面包，放下供他食用。奥德修斯继续前行，由高贵的牧猪人陪同，在家居附近止步，耳边回荡着竖琴的响声，菲弥俄斯正拨动空腹的乐器吟诵。奥德修斯握着牧猪人的手，说道："毫无疑问，欧迈俄斯，这便是奥德修斯漂亮的居所，极易辨认，在一大片家居之中。瞧这座宫殿，房屋一栋连着一栋，石墙围着院落，带着墩盖，双面的门板，建造精固；这处家居，谁能小看？此外，我亦知晓里面有大群的人们，食宴厅间，我已嗅到食物的香味，耳闻竖琴的声音，神创的乐器，作为宴会的宾伴。"

听罢这番话，牧猪人欧迈俄斯开口答道："你辨认得既快又好，真是个精明的人儿。来吧，让我们想想下一步的计划，以及该做何打算。你可先入金碧辉煌的宫居，混入求婚的人中，让我留在外面；抑或，如果你愿意，就留在这边，由我先进入宫中。但不要久滞此地，以免让宫外的人们看见，对你投扔，把你打伤。小心，记住我的告言。"

听罢这番话，卓著的历经磨难的奥德修斯答道："知道了，我明白这一点；听你话告的人长着明晓事理的脑袋。你可先去，我将留在外面。我已习惯于拳打脚踢，飞投的物件；我有一颗忍耐的心灵，已经遭受许多苦难，曾闯过大海的波浪，战斗的人群。眼前之事，只能为我增添阅历。即便如此，谁也不能藏起贪婪的肚皮。该受诅咒的东西，给凡人招致众多的厄难，为了它，人们驾着制作坚固的海船，渡过苍茫的大海，给敌人送去愁灾。"

就这样，他俩你来我往，一番交谈；近旁躺着一条老狗，头耳竖立。阿耳戈斯，心志刚忍的奥德修斯的家犬，由他亲自喂养，但却不曾欣享日后的喜悦——在此之前，他已去了神圣的伊利昂。从前，年轻人带着它打猎，追杀兔子、奔鹿和野地里的山羊。如今，主人不在此地，它被冷落一边，躺在深积的粪堆里，满是骡子和牛的泻物，在高垒在大门前，等着奥德修斯的仆人把它们送往庄园，作为粪肥。就这样，老狗阿耳戈斯虱子满身，横躺粪堆。其时，当它觉察奥德修斯的来临，摇动尾巴，收回竖起的耳朵，只是无力移动身子，贴傍主人，和他靠得更近。后者瞥见此番景状，抹去眶角的眼泪，轻松地避开欧迈俄斯的视野，对他说道："此事奇异，欧迈俄斯，这条狗竟卧躺在粪土里。此狗体形佳美，但我无法断言它的腿力、迅跑的速度，是否和外型称配。抑或，它只是条桌边的懒狗，主人把它们养在身边，作为观赏的点缀。”

听罢这番话，牧猪人欧迈俄斯开口答道：“它的确是条好狗，主人是一位死在远方的战勇。奥德修斯把它留下，前往伊利昂战斗，倘若它还像当年那样，体格健壮，行动敏捷，那么，你马上即可目睹，眼见它的勇力、它的速度。当它奋起追捕，出没在密密的丛林中野地里的走兽，绝无潜逃的可能。它十分机敏，善于追踪。现在，它处境悲惨，而它的主人远离家乡，已经作古；女人们漫不经心，不管它的死活；男仆们心知主人出走，不再催他们干活，个个懒懒散散，不愿从事分内的劳动。沉雷远播的宙斯取走他一半的美德，此人一旦沦为别者的奴工。”

言罢，他走入金碧辉煌的宫殿，大步穿行厅堂，见到了高傲的求婚人。其时，幽黑的死亡逮住了猎狗阿耳戈斯，在历经十九年之后，它重见奥德修斯，它的主人。

神样的忒勒马科斯最先眼见牧猪人到来，进入房宫，马上点头示意，召他前往身边。欧迈俄斯左右环顾，就近搬过切肉者下坐的凳子，此君替求婚的人们切开奉食的烤肉，大量的肉块，食宴在厅堂里面。他搬过凳子，放在忒勒马科斯桌边，面对主人下坐，使者端来一份肉食，放在他面前，从篮里取出面包。

奥德修斯紧接着走入厅堂，一副乞丐模样，像个悲酸的老头，拄着支棍，身穿破旧的衣裳。他蹲坐于木制的门槛，在门庭里面，靠着柏木的门柱——用料在很久以前，由高手精工削刨，紧扣着画打的粉线。忒勒马科斯发话牧猪的仆工，叫他过来，拿起一整条面包，从精美的编篮，添上许多肉块，塞满他的手中：“拿着这些，给那陌生的人儿，同时告他巡走求婚者跟前，乞求每个人施舍；对一个贫寒之人，羞怯不是良好的伙伴。”

他言罢，牧猪人得令走去，行至奥德修斯面前，送出长了翅膀的话语：“陌生人，忒勒马科斯给你这些，并要你巡走求婚人跟前，乞求每个人施舍；他说，对一个贫寒之人，羞怯不是良好的伙伴。”

听罢这番话，足智多谋的奥德修斯开口说道：“王者宙斯，求你使忒勒马科斯幸福，满足他的希冀，所有的企愿！”

言罢，他双手接过食物，放在脚前破烂的袋兜上，开口吞咽，歌手诵声不绝，在厅堂里面。吃罢食物，歌手停辍，求婚者们喧闹纷纷，哄响在整座宫房。雅典娜前来站在莱耳特斯之子奥德修斯身边，催他巡走求婚的人群，乞收小块的面包，以便看出哪些人心好，哪些人不善，但即便如此，她亦不会让任何人避死生还。奥德修斯走上前去，从左至右，乞讨在每个人身旁，伸手各个方向，活如一个长期求讨的乞丐。食客们心生怜悯，给出食物，感到诧异，互相询问，此人是谁，来自何方。其时，墨朗西俄斯，牧放山羊的那位，说道："听我说，追求我们光荣的王后的人们，关于这个陌生的来者，我已见过他的脸面，知道是牧猪人把他引到这边，但我尚不确知此人是谁，声称来自什么地界。"

听他言罢，安提努斯开口责骂，对牧猪人说道："嘿，你这臭名昭著的牧猪人，为何把这家伙带到城里？难道我们还缺少乞丐，讨人嫌的叫花子糟毁我们的宴席？要不，便是你还嫌这里人少，不能更快地耗食你主人的财产，故而还要再招个把儿，招请此人进来？"

听罢这番话，牧猪人欧迈俄斯，开口答道："虽然你出生高贵，安提努斯，你的话却说得不那么妥帖。谁会外出寻访，邀来一位生人？除非他是个有一技之长的高手、一位先知、一位医者，或是一个木工、一位通神的歌手，用他的歌唱给人们带来欢快。这些人无处不请，在广袤的大地上。但是，谁也不会恭请一个乞丐吃耗他的家产！求婚者中，你比别人更为严厉，对奥德修斯的仆人，尤其是我。但我并不在乎，只要谨慎的裴奈罗珮生活在宫里，还有忒勒马科斯，神一样的青年。"

听罢这番话，善于思考的忒勒马科斯答道："别说了，不要洋洋洒洒，回答他的告言。安提努斯总爱激怒别人，出言歹毒，同时催励旁者，和他一起骂骂咧咧。"

言罢，他转而面对安提努斯，说道："安提努斯，你关心我的利益，像父亲对待儿子，不是吗——要我赶走生人，扫出宫门，用苛厉的言辞！愿神明不让此事实现。拿出你的食物，送交此人；我不会吝啬这些，相反，我要催你来做！不必介意我的母亲，也不必理会任何侍者，神样的奥德修斯家里的仆工。事实上，你胸中并无此番心意；你不愿把食物让给别人，只热衷于自个儿吃喝痛快!”

听罢这番话，安提努斯开口答道：“好一番雄辞滥辩，忒勒马科斯，你在睁着眼睛瞎喊！倘若别的求婚者都愿给他我要给的这么多，这座房居将摆脱此人的缠扰，在长长的三个月内!”

言罢，他亮出桌下的脚凳——食宴中的用品，搁置白亮的脚足——抓握在手。但是，别的求婚人个个拿出食物，用肉和面包填满他的兜袋。奥德修斯走回门槛，既已试探过阿开亚人的心地，无须偿付，途中站立安提努斯身边，对他说道：“给我一些食物，亲爱的朋友，阿开亚人中，你似乎不是最卑劣的一位；你是最出色的俊杰，看来像是一位王贵。所以，你要给我食物，比别人给出的更多；我将颂扬你的美名，在无边的大地上。我也曾是个幸福的阔佬，拥有丰足的房产，生活在邻里之中，常常施助浪者，不管何人，带着何样的需求前来。我有无数的奴仆，各式各样的好东西，人们以此欣享生活，被民众称为富有。但宙斯，克洛诺斯之子，毁了我的一切——有时，他有这样的嗜好——让我随着漫游的海盗出走，那些劫抢的人们，前往埃及，偌长的旅程，足以把我毁灭。我把弯翘的海船停驻埃古普托斯河边，命嘱豪侠的伙伴们留等原地，近离船队，看守海船，同时派出侦探，前往哨点监望。然而，伙伴们受纵于自己的莽荡，凭恃他们的蛮力，突起奔袭，掠劫埃及人秀美的田庄，抢走女人和幼小无助的孩童，杀死男人，哭喊之声很快传入城邦。城里的兵民惊闻喊声，冲向我们，在黎明时分，成群的车马，赴战的步兵，塞满了平野，到处是闪烁的铜光；喜好炸雷的宙斯撒下邪恶的恐惧，在我的伙伴群中，谁也没有那份胆量，站稳脚跟，奋力拼斗，把凶狠的敌人围逼在四面八方。敌兵杀人甚众，我的伙伴，用锋快的青铜，掳走另一些部属，充作强迫劳役的奴工。然而，他们把我给了一位去那儿的生人——来自塞浦路斯的德墨托耳，亚索斯之子，强有力的王者，镇统着那座岛屿。我从塞浦路斯来此，经受了磨难。”

听罢这番话，安提努斯开口答道：“是哪位神灵送来此番痛苦，纷扰我们的宴乐？走开点，站到中间去，滚离我们的桌旁。否则，我将让你品尝在埃及或塞浦路斯的凄苦，你这大胆的东西，不要脸的乞丐！你依次乞讨，站在每个人身边，而他们则大大咧咧地赐予，不必俭省，无须节制，随意丢送别人的东西——我们的身前食物成堆。”

听罢这番话，足智多谋的奥德修斯移身后退，说道：“如此看来，你的心智根本无法匹配外表的俊美！在你家里，你不会舍得一撮食盐给你的工仆，瞧你现在的模样，坐在别人家中，都不愿拿出一丝屑末，放在我手里，尽管面前有的是面包一类的东西。”

他言罢，安提努斯的心里爆出更猛的怒气，眉下射出凶狠的目光，用长了翅膀的话语对他说道：“眼下，我想你已不能平平安安地退出府居——你出口伤人，骂了我一番！”

言罢，他扔出脚凳，打在奥德修斯的右肩，击中了臂肩——连接脊背的部位，但后者巍然屹立，像一块石岩。安提努斯的投击不曾使他趔趄，他只是默默地摇头，心中谋划着凶险。他走回门槛坐下，放落鼓鼓囊囊的袋兜，对求婚者们说道：“听着，你们这些追媚光荣的王后的求婚人，我的话乃有感而发，受心灵的驱使。此事不会带来悲痛，也不会引发伤愁，当壮士搏战敌手，被人击中，为了自己的财产，保护牛群或雪白的绵羊，但安提努斯出手击我，只因我可悲的肚腹，该受诅咒的东西，给凡人招致众多的愁灾。哦，倘若乞者有神明和复仇女神佑护，我愿安提努斯早早死去，先于婚娶的那一天！”

听罢这番话，安提努斯，欧培塞斯之子，答道：“老老实实地坐着，静静地吃用；不然，就给我离开此地，免得你胡言乱语，惹使年轻人动怒，抓住你的手脚，拖出宫中，把你的皮扒开！”

他言罢，旁者无不烦恼愤恨，傲慢的年轻人中有人开口说道：“安提努斯，此举可恶，击打不幸的浪者，你将必死无疑。倘若他是天上的神仙，神们确会变幻出生人的模样，来自外邦，幻各种形貌，浪走凡人的城市。探察谁个知礼守法，谁个无度荒虐。”

求婚者们如此一番说道，但安提努斯不听他们的告言。眼见父亲挨揍，忒勒马科斯心头一阵剧痛，强忍着眼泪，不使掉落地上，只是默默地摇头，心中谋划着凶险。其时，当谨慎的裴奈罗珮听知生客被击厅堂，对女仆们说道："但愿神射手阿波罗击杀投砸的凶手！"

听罢这番话，家仆欧鲁诺墨开口说道："但愿我们的祈求得以兑现。如此，这帮人中谁都休想活到明天，见着黎明的光彩。"

于是，谨慎的裴奈罗珮开口答道："妈妈，这帮人着实可恨，都在图谋凶灾，尤以安提努斯为烈，简直像幽黑的死难。宫里来了个生人，一个不幸的浪者，穿走房居，出于无奈，请求他们的施舍。别的求婚者们都给出食物，塞满他的袋兜，唯有此人，投出脚凳，击中浪者右边的臂肩。"

就这样，裴奈罗珮坐身睡房，同女仆们交谈；与此同时，卓著的奥德修斯进嚼着食餐。其时，裴奈罗珮召来高贵的牧猪人，说道："去吧，高贵的欧迈俄斯，请那位生人过来，我想和他打个招呼，问问他是否碰巧听过什么消息，关于心志刚忍的奥德修斯，或是否碰巧见过；此人像是去过遥远的地界。"

听罢这番话，牧猪人欧迈俄斯，开口答道："我的王后，但愿这些阿开亚人，给你宁静的时分。他的故事娓娓动听，可以勾迷你的心魂。我陪了他三个晚上，留他住了三个白天，在我的棚居，因他最先来到我的住地，逃生于一艘海船——然而，他还不曾讲完自己的经历，所受的苦难。像有人凝视歌手的脸面，后者正唱说神明教给的诗词篇，欢悦凡人的心怀。人们带着持续的热情聆听他的诗段——就像这样，他坐身厅堂，迷住了我的魂儿。他说，他乃奥德修斯家族的朋友，居家克里特，那里住着米诺斯的后代。他从那边过来，来到此地，流离漂泊，历经艰险。他声称有人提及奥德修斯，说是已在附近，置身塞斯普提亚人丰肥的地域，仍然活着，带着许多财富，准备回返家园。"

听罢这番话，谨慎的裴奈罗珮说道："去吧，请他过来，以便直接对我说告。让那帮人去往门边，亦可留在屋里，运动竞技，随他们喜欢。他们有自己的财富，面包、甜酒，不受靡费，堆在家里，仅供仆人们食餐。与此同时，他们日复一日，骚挤在我们家里，宰杀我们的壮牛、绵羊和肥美的山羊，摆开丰奢的宴席，狂饮闪亮的醇酒，骄虐无度。他们吞糜我们的财产，而家中却没有一位像奥德修斯那样的男子，把这帮祸害扫出门外。倘若奥德修斯得以回转，回返故乡的土地，他会马上着手惩报，带着儿子，惩罚他们的暴虐。”

她言罢，忒勒马科斯打出疾猛的喷嚏，整座房居回荡着轰响的声音。裴奈罗珮失声欢笑，当即发话欧迈俄斯，送去长了翅膀的言语：“去吧，快去，替我召来那位生人。没有注意到吗？我儿打出吉示的喷嚏，针对我的每一句话言。但愿此事意味死亡，彻底的死亡，降落在全体，每一个求婚人身上，谁也逃不出惨死，命运的惩罚！我还有一事嘱告，你要牢记在心：倘若听出他说话不假，句句当真，我将给他精美的衣裳，一件衫衣、一领披篷。”

裴奈罗珮言罢，牧猪人听后得令而去，站在奥德修斯近旁，用长了翅膀的话语开口说道：“我的朋友，谨慎的裴奈罗珮，忒勒马科斯的母亲，要你过去，她心中牵挂她的丈夫，尽管凄楚伤悲，仍急于打听消息。如果听出你所说不假，句句当真，她将给你穿用的衣裳，衫衣披篷，你最需要的东西；然后，你可穿走城区，乞讨面包，求得愿结者的接济，填饱你的肚皮。”

听罢这番话，卓著的、历经磨难的奥德修斯答道：“我将马上道出全部真情，欧迈俄斯，对伊卡里俄斯的女儿，谨慎的裴奈罗珮。我熟知奥德修斯的经历，我们有过同样的艰辛。但是，我惧怕这群粗莽的求婚者，他们的暴虐、蛮横的气焰，冲上了铁青色的天空。即便是现在，当我穿走房居，不曾做出任何有害之事，此人已出手击我，给我带来疼痛。忒勒马科斯无法阻止他行凶，谁也不行。所以，告诉裴奈罗珮，尽管心中急切，请她在宫中等我，直到太阳沉落。届时，请她开口发问，关于丈夫的回归之日，给我一张椅子，傍着柴火，因我衣着破烂——你知晓此事，最先听知我的求愿。”

听他言罢，牧猪人拔腿走去。裴奈罗珮见他跨过门槛，开口说道：“你没把他带来，欧迈俄斯？这是什么意思，那个落难的浪人是惧怕某人的愤怒，还是羞于徜徉于这座房宫？乞讨之人不可如此忌顾脸面。”

听罢这番话，牧猪人欧迈俄斯开口答道："他的话合乎情理，换个人也会这般思虑，避开这些骄狂的人们，他们的暴虐。他要你静候太阳沉落，此举于你，我的王后，亦十分有利：单独和他谈话，聆听他的告叙。"

听罢这番话，谨慎的裴奈罗珮答道："生人蛮有头脑，知晓可能会发生的事情。凡界还不曾有过这样的无赖，这帮东西，肆无忌惮地谋划凶暴和残虐。"

她如此一番说道，而高贵的牧猪人传毕要说的话语，走回求婚的人群，当即送出长了翅膀的言语，贴近忒勒马科斯头边，谨防别人听见："亲爱的朋友，我要回去看护猪群和其他财物，你的家产，我的东西。你要照看这里的一切，首先要当心自己的安危，要时刻警惕，免受伤恼；许多阿开亚人正谋划你的凶灾。愿宙斯毁了他们，不让他们把你我伤害！"

听罢这番话，善于思考的忒勒马科斯答道："但愿如此，我的伙计。好吧，吃过晚饭，就此归去，明晨回返，带来肥美的牲祭；神明和我会看顾这边的事务，所有的事情。"

忒勒马科斯言罢，牧猪人复又弯身闪亮的座椅。当他吃饱喝足，欧迈俄斯归返猪群，离开庭院和厅堂，满屋子沉醉于舞蹈和歌唱的欢乐盛宴的人们。屋外，已是日落夜临的时间。

# 卷十八

奥德修斯和伊罗斯在宴会上大打出手。他对安菲诺摩斯提出警告。裴奈罗珮出现在求婚者面前，将所有聘礼都拉走了。

此时，门边来了个在伊萨卡城里行乞的乞丐，以能吃闻名，饭量奇大。阿耳菲俄斯看来体形硕大，却没有什么力气，大家都叫他伊罗斯，因为他听候别人的差遣，不论是谁都可以要他送口信。此时，伊罗斯走来驱赶奥德修斯，想要把他赶出自己的地盘，并出言辱骂，大声道："滚，老家伙，再不走我就要抓着你的脚把你拖出去了。没看见他们都在对我眨眼，要我把你拖走吗？你如果识趣的话就赶紧滚，免得我亲自动手。起来吧，再不起来可就别怪我老拳相向了！"

足智多谋的奥德修斯听完这番话，恶狠狠地盯着他，说道："我说这位先生，我既没有出手伤你，也没有出言骂你，倘若有人施舍给你食物，我也不会抱怨。这座门这么宽，完全容得下我们两个人。大家都是行讨的乞丐，依赖神明的赐给，不要对我炫耀你的拳头有多硬，不要以为我老了，就好欺负，惹急了我，我一样会帮你放血，涂满你的嘴唇和胸脯！这样明天我耳边就可以清静些了——我知道你不会重返这边，再临奥德修斯——莱耳忒斯之子的宫殿!”

要饭的伊罗斯听完奥德修斯的话，气得怒火冲天，说道：“呵，瞧这糟老头子，满嘴喷粪，活像个炊火厨房的女人！我会让你知道我的厉害的，我要打得你满地找牙，把你当作一头糟蹋庄稼的野猪痛击！来吧，倘若你有这份胆量和一个比你年轻的汉子争雄，就束起你的衣服，让所有的人见证我们决斗。”

就这样，在高耸的宫殿门前，两人站在溜光的门槛上，用粗俗的话语互相对骂。与此同时，听力过人的安提努斯听到了他们的对骂，高兴得咧嘴大笑，对求婚的同伴们说道：“朋友们，在此之前，神明可没有送过可与门前的趣事相媲美的逗人的事情，一个陌生的浪人准备和伊罗斯开战，比比他们谁的拳头更硬。快来，让我们催怂他们动手!”

他言罢，大家都大笑着站了起来，聚到两个衣衫褴褛的乞丐周围，安提努斯——欧培塞斯之子排众而出，说道：“听着，你们这些高傲的求婚者，听听我的建议。火上有一些山羊肚，我们已经塞入油脂，灌入牲血，准备当作晚餐。你们二人中不管哪个获胜，证明自己更优秀，我都可以让他上来挑一个山羊肚作为奖励；此外，他还可以天天来和我们聚餐，而且以后我们也不再允许其他乞丐进来向我们乞讨。”

安提努斯言罢，大家都纷纷起哄表示赞同。此时，足智多谋的奥德修斯怀藏巧黠的心计说道：“朋友们，一个上了年纪的老人，饱经岁月的摧残，固然难敌血气方刚的青年，但饥饿会让我拼了老命，全力以赴迎接他的拳头。来吧，只要你们立下庄重的誓言，保证不会站在伊罗斯一边，我就接下他的挑战。”

他言罢，众人按他的要求盟发誓咒。当大家全都发过誓言，立下信誓后，忒勒马科斯，英猛的王子，在人群中说道：“陌生的客人，如果你真的决心回击此人的挑衅，那么，你无须惧怕任何个别人的帮衬——无论是谁，只要对你出手都会招来众人的围攻。谁敢向你出手，就是与我、安提努斯和欧鲁马科斯以及正义人们为敌。”

他的一番话，立刻博得了众人的赞同。奥德修斯束起身上的破旧的衣服，露出健美、硕壮的大腿，宽阔的肩膀，展露出胸脯和粗蛮的手臂；此外，雅典娜，站在围观的众人中，悄悄地增强了他的体格；骄狂的求婚者们见后无不震叹惊讶，围观的人中不断有人窃窃私语道："这下伊罗斯有得受了，恐怕连别人的一招都撑不过，不知道会不会被打得爹娘都不认识；真想不到破衣烂衫之下，遮掩的却是如此强壮有力的身体！"

看到这一切，伊罗斯的心顿时就凉了半截，但周围看热闹的人们却不管这些，束起他的衣服，把他强行拽到门前，也不管他此时的感受。看到如此软蛋的伊罗斯，安提努斯忍不住出言骂道："你这个懦夫、蠢牛，一个老头儿就把你吓得浑身发抖，用得着怕一个饱经岁月摧残的老头儿吗！我告诉你：如果老人获胜，证明他比你优秀，我就把你这个没用的废物扔上黑船，送往大陆，交给王者厄开托斯，他会用无情的铜械割下你的鼻子和耳朵，撕下你的阳具，然后把你丢给饿狗生吞活剥！"

听到安提努斯的恐吓，伊罗斯的双腿颤抖得更加厉害了，但还是被大家推向了前方，交战的双方抬起拳头，互相提防。此时，坚韧不拔的奥德修斯却在心下细细斟酌思考，是全力出手，把他打死，还是轻轻推倒，将其制服为好？细觉得失之后，还是觉得将其制服就好，免得阿开亚人心中起疑。他俩对视了眼，便不分先后地出拳了，伊罗斯击中了奥德修斯右边的肩膀，但奥德修斯也出拳打中了伊罗斯的后颈，击碎了里面的骨头。他中了一拳，只是喷了口鲜血，而后者却哀叫一声，扑倒在地，牙关紧咬，双脚乱踢，显然是痛苦至极；骄傲鲁莽的求婚者们双手乱舞，笑得差点断了气儿。在一片笑声中，奥德修斯抓起伊罗斯的双脚，拖过门庭，来到院墙边，让他靠着院墙倚坐，找了根木棍塞到伊罗斯手中，毫不客气地说道："你就坐在这儿，赶走那些乱跑的猪和狗，瞧你这副酸相，还敢称王称霸，做人还是低调点好，免得惹到不该惹的人。"

言罢，他捡起百孔千疮的脏乱的袋子，悬连着一根编绞的长绳搭在他的肩上，走回门边，弯身下坐。众人步入宫中，一路笑声不断，开口祝贺奥德修斯："陌生的客人，愿宙斯和列位不死的神明满足你最大的愿望和心中最急切的请求。你已经中止了那小子贪婪霸道的乞讨；我们将马上把他送往大陆，交给王者厄开托斯。”

他们言罢，奥德修斯脸上适时地露出一丝高兴的表情。此时，安提努斯提过一只硕大的羊胃，里面充塞着血和油脂；而安菲诺摩斯也伸手在盔中拿出两条面包，放在他面前，举着金杯，对他祝酒道：“祝你健康，老先生，陌生的客人！愿你日后时来运转，虽然眼下你置身逆境，吃受苦头。”

听完这番话，奥德修斯开口答道：“安菲诺摩斯，我看你能说会道，年少英杰，不愧为尼索斯的儿子，他声名卓著、强健、富有，我早有耳闻。既然如此，那我就对你直言不讳了，请你用心听着。在大地哺育的所有能呼吸和行走在地面的种族中，人是最羸弱的族群，当神明赐予了他们健康强壮的身体，他们便以为这一切是理所当然，本就应该如此。然而，当神明送来的是不幸，他便只能承受苦难，得过且过，逐渐消磨了自己的斗志；所以凡人的心绪会随着神和父亲的赐予，随着时间的流逝而改变。以我为例，我曾是个有望致富的走运凡人，但我的武力和鲁莽促使我干出许多蠢事；我骄狂自大，寄望于我的父亲和兄弟，以为他们会出力帮我。所以我们只有默默地接受神赐予的礼物，不管他们给我们的是什么。今天在这里，我眼见这些求婚的人，做出这等放肆的行为，屈辱房主的妻子，滥毁他的财产，我相信此间主人不会一去不归，不会久居他乡——不，我想他现在就在你们的身旁！但愿命运把你们带离此地；我不希望你们与之对立，当他回返心爱的故乡，祖辈居住的地方。我相信，当他重新步入自己的厅堂，绝不会与这些求婚的人和解，夺妻之恨只有用鲜血才能化解！”

言罢，他洒酒祭奠，仰首喝下蜜甜的醇酒，然后交还酒杯，放入民众牧者的手中。后者穿行于屋中，心情沉重，摇着脑袋，心中展现出一幅凶邪的场景。尽管如此，他无法逃避命运的轨迹，雅典娜已将他的命运划定，要让他死于忒勒马科斯的投枪之下。安菲诺摩斯走回刚才站离的椅子，弯身坐下。

这时，灰眼睛女神雅典娜施法催动伊卡里俄斯的女儿——谨慎的裴奈罗珮的心胸，要让她出现在众求婚者们面前，以便凭借她的美貌激起后者更强烈的追求，从而赢美人的欢心。于是，她强作笑脸，唤来保姆开口说道：“欧鲁墨奈，尽管我很恨那些求婚的人，但我的内心却企盼着——虽说这种念头以前从未有过——面见求婚的人。除此之外，我也想提醒儿子，不要老是和骄横的求婚者厮混，那帮人当面说得好听，实质上都是一群披着人皮的恶魔。”听完这番话，家仆欧鲁墨奈开口答道：“我的孩子，你的话听起来条理分明，说得一点不错。那好吧，不要把话藏在心里头，赶紧去劝诫你的儿子。但在这之前，你必须妆扮一下，掩去泪痕。别忘了，你儿子已经长大成人，你不是一直期盼着他长成一个有胡子的男子汉吗?”

听完这番话，谨慎的裴奈罗珮答道：“欧鲁墨奈，我知道你是为我好，但以后还是不要劝我，要我打扮得漂漂亮亮的了；自从丈夫乘坐深旷的海船离去，拥聚奥林匹斯的神明便已让我的容颜逐渐失色。噢，对了，你去传告奥托诺娥和希波达墨娅，让她们前来和我一起去厅堂。我不会独自前去，站在男人中间，这样有损我的清誉。”

她言罢，仆人便遵命离去传话给二位女子。这时，灰眼睛女神雅典娜的心绪转向另一件事情。她施法让伊卡里俄斯的女儿陷入舒甜的睡眠，放松她所有的关节，使她躺倒在长椅上。接着，雅典娜，女神中的杰出者，赐予神之礼物，使阿开亚人赞美她的丰美。首先，她用神界的仙脂清爽了她秀美的五官，库塞瑞娅就是以此增色的；接着，雅典娜使她看起来显得更加高大、更加丰满，滋润了她的肤色，使她的肌肤看起来比新锯的象牙还要洁白。美化完毕，雅典娜这位杰出的女神动身离去；两位侍女正好遵命前来，她们讲话的声音惊醒了熟睡中的裴奈罗珮，后者抬起双手轻轻揉了揉双颊，低首喃喃道：“我竟在伤心悲愁的时间里，睡得如此香甜！多么希望纯贞的阿耳忒弥丝让我就在此时死去，也好中止我靡耗自己的生命，完结我的悲苦——思念我心爱的夫婿，这个凡人中的全才，阿开亚人中的俊杰。”

言罢，她在两位侍女的伴随下来到求婚者近旁，站在支撑着坚实的屋顶房柱下，以漂亮的头巾遮掩着脸颊，两边各站一位忠实的侍女。求婚者们见到她高贵的气质，顿时为之倾倒，人人都在心中默默地祈祷，期望可以睡在她的身边；但后者并没有拿正眼看过这些求婚者，只是对心爱的儿子忒勒马科斯说道："忒勒马科斯，你越来越不稳健成熟了，孩提时代的我儿比现在更加善于思考判断。如今，你已长大成人，变成了一个风华正茂的青年，倘若有外来的人目睹你的俊美、你的身材，定会说你是一位贵族子弟；可惜你已经失去了以前的睿智聪慧，就拿眼下宫中的情景来说，你让远方的来客遭受了如此无礼的待遇，此事如何解决？倘若让坐在我们家里的客人遭受别人的殴打和粗暴无礼的虐待，传出去，还不丢尽了我们家的颜面？"

听到这番话，才思敏捷的忒勒马科斯马上答道："母亲，我的妈妈，不是我抱怨，但我确实已经很留心注意了，而且我已经不是一个毛孩子了，能分辨是非黑白与好坏。但我仍然无法明智地筹划这一切，这些人心怀凶险，裹挟群众的意愿；他们那么多人，而我形单影只。幸好这场决斗展开在生客和伊罗斯之间，而且结果并没有称合这些求婚者的心愿，生客比伊罗斯更强。哦，父亲、宙斯、雅典娜、阿波罗，我多想看到这些求婚的人遭受同样的对待，耷拉着他们的脑袋，有的在院子里，有的在厅堂中，一个个四肢瘫软，就像伊罗斯那样，坐在厅院的门边，耷拉着脑袋，像个醉汉，连爬回家的力气都没有。"

就这样，他们母子俩你来我往地倾心交谈着。这时，欧鲁马科斯开口，对裴奈罗珮言道："伊卡里俄斯的女儿，谨慎的裴奈罗珮，但愿所有的阿开亚人都能目睹你的风采；明天，会有更多的求婚者前来，在你家里聚会，一睹你无人能及的美丽容颜、丰美的身姿。"

听罢这番话，谨慎的裴奈罗珮答道："欧鲁马科斯，在我的夫婿奥德修斯随同阿耳吉维人登船离去出征，前往伊利昂之后，我便不再丰韵，我的容貌和体形也不再完美了。若是他能回来，重新主导我的生活，我将会有更好更光彩的名声。而现在，我忧心忡忡，神明使我承受悲伤。他离开之际，曾握着我的右腕，对我说道：'亲爱的夫人，我知道，战场上是不可能不死人的；你也知道，特洛伊人是能征善战的斗士，无论是他们的投矛手，还是弓箭手，也或是驾车的马夫，都远远比我们优秀，所以他们往往能以最快的速度，突破势均力敌的兵阵，结束战斗。我不知神明是否会保佑我生还，也许我会躺倒在特洛伊的地面。所以为了以防万一，我要把家里的一切托付给你。你要照顾好我们的父母，就像你现在所做的这样，或者你会做得更好一些，把我们的孩子养大，如果到那时我还没有回来，你就改嫁吧，不要误了自己的一生。'这便是他临走时嘱咐，如今，所有的一切都已成为现实。将来会有那么一天，可悲的婚姻会降临我悲苦的人生；宙斯已夺走了属于我的幸福，而眼前的情景更让我心绪难以宁静，这些求婚人的所作所为有违常理；往常，求婚者都会带来精心准备的聘礼，在新娘家聚集，竞相攀比，讨好自己中意的姑娘，而不是吞耗女方的家产，不付酬金。"

她言罢，隐藏在人群中的奥德修斯听闻夫人巧索财礼，说出馨软的话语，迷惑对方，心中十分高兴。

这时，安提努斯——欧培塞斯之子，开口答道："高贵美丽的裴奈罗珮，不管我们中谁送来礼物，都请你放心收下；万勿拒礼不收。而且除非你选中并答应嫁给我们中的一人，否则我们不会返回，也不去其他任何地方。"

安提努斯的话语说到了所有的求婚人心坎上，他们纷纷遣出各自的信使，准备礼物。安提努斯的信使取来一件硕大的织袍，华丽而绚美，精致而富有创意；欧鲁马科斯的随从取来的是一条金项链，项链上用精巧的手法串联着一枚琥珀，像太阳一样熠熠生辉；欧鲁达马斯的两个仆从取来的是一对耳环，上面分别缀着三枚祖母绿的宝珠，在太阳的光芒下，显得绚美异常。王者裴桑德罗斯的仆人也拿来一条精美的项链。就这样，求婚的阿开亚人取来各种各样的礼物，而裴奈罗珮则重新回到了她楼上的房间，她的身后跟随着抱着各种礼物的女仆们。

而同时，求婚者开始尽情享受舞蹈的欢乐，陶醉于美妙的歌声中，等待夜色的降临。就这样，他们沉湎于无尽的欢悦，慢慢迎来了乌黑的夜晚，随之在大厅之中支起三个大火盆，火盆中放着大量点燃了的干木材，用以照明。性格坚韧的奥德修斯的女仆们已准备轮班守候，添顾燃烧的木柴。

这时，足智多谋的奥德修斯开口说道："我说，奥德修斯的女仆，你们的主人已经离家很久了；你们还是去尊贵的王后的房间，围绕在她的身边陪她说说话，宽慰她的心房吧；照明的事情就交给我吧，即使这些人要闹腾到天亮，也不可能把我拖垮的，我的忍耐之力可是很强的。"

他说罢，女仆们立刻哄堂大笑，纷纷侧目，美貌的墨兰索腆着脸皮——她是多利俄斯的闺女，但由裴奈罗珮收养，裴奈罗珮对她就像对亲生的女儿一样，但尽管如此，她却胳膊肘往外拐，不为裴奈罗珮分担烦恼，反而和欧鲁马科斯搞到了一起，成了他的情人。眼下，她出言责辱奥德修斯说道："你这个肮脏的老东西，脑袋是不是出了毛病啊？你不去找个破庙睡觉，反而待在此地，这种地方是你这种人该来的吗？也不睁大你的狗眼看看这是什么地方，我看你是喝酒喝糊涂了，以为能在这儿喝几杯就算是个人物了，竟敢在这儿乱讲话，不就是个要饭的嘛，是不是以为击败了伊罗斯就很了不起了？小心一个比伊罗斯更强的汉子和你作对，打得你血流满面，被丢出宫房！"

听完墨兰索这番话，奥德修斯气得恶狠狠地盯着她骂道："你这条可恨的母狗！我马上去找忒勒马科斯，把你的话转告给他，让他把你千刀万剐！"

奥德修斯一番威胁，吓得这些女仆赶紧跑出大厅，都以为他真要去告状。奥德修斯在燃烧的火盆边站好位置，时不时地加点柴，监视着所有求婚人的动静，心中却在暗暗地谋划着。

但是，雅典娜不想让高傲的求婚人停止他们极度的骄横，给奥德修斯——莱耳忒斯之子的心灵，增添新的伤悲。欧鲁马科斯——波鲁波斯之子，开始发话，讥笑奥德修斯，大笑着在伙伴群中喊道："大家安静一下，听听我的言告。我的话乃由衷而发，受心灵的催动。此人也许是受到神的指引，来到奥德修斯的宫殿；不管怎样，照明的亮光似乎来自此人的身躯，来自他溜光一片没有一根发丝的秃顶。"

说罢，他转而对奥德修斯说："陌生人，如果我说我欣赏你，愿意雇用你，你可愿充当我的雇工，到我的农场干活，替我用石头修筑围墙，种植树木？我会给你食物，给你鞋穿，给你衣披；但是，假若你啥也不会，只擅长游荡作恶，好吃懒做，甚至宁肯沿路乞讨也不愿动手干活，只愿躺在地上靠别人的施舍，来填充你那永远填不满的肚子，就不要来了。”

听到这番话，机智的奥德修斯开口答道：“欧鲁马科斯，我们俩可以在春暖花开的季节举行一场干活的比赛。找一大片茂盛的草地，我们都不吃饭，顶着烈日，手握镰刀，看谁先割完青草，看谁的耐力更久。如果这不行的话，我们也可以比赛犁地，赶那种体格硕大、颜色黄褐的壮牛，给它们喂足草料，并且保证牛的年龄和拉力均等，看我们谁犁得更快更好！当然，如果上天执意要挑起一场战斗，那么就在此时此刻，我将抓起一面盾牌，提起两支枪矛，头戴铜盔，无所畏惧，我相信那时你就不会再嘲笑我的肚子太大。你这人骄狂而目空一切，生性残暴。或许，你自以为长得牛高马大，骠勇强壮，觉得对付过几个小喽啰就很了不起！告诉你，虽说这个地方现在看似很宽敞，但在转眼之间你们就会觉得这个地方实在是太狭窄了——因为到时你们只会夺路而逃！”

奥德修斯说完，欧鲁马科斯心里的怒火更胜，一双眼睛恶狠狠地盯着他，一字一顿地说道：“你这该死的东西，我看你是喝酒喝糊涂了，竟敢如此大胆，没大没小，也不看看自己是什么身份，看我今天不打断你的狗腿，让你为自己所说的话付出沉重的代价。你是不是以为打败了伊罗斯就很了不起了？你不过是个要饭的人罢了。”

言罢，他顺手抓起一旁的板凳，砸向奥德修斯，看到飞来的凳子，奥德修斯一躬身躲在了杜利基昂的安菲诺摩斯的膝前，凳子没有击中奥德修斯，反而顺势打中了侍酒人的手，酒瓶“砰”的一声掉在地上，紧接着传来的就是侍酒人的大声呻吟。欧鲁马科斯的这一凳子，立刻引起了大厅里的混乱，求婚者们噪声四起，幽暗的大厅里喧嚣沸腾。混乱中，有人在私下里讨论道：“这可恶的老乞丐，怎么不死在来这儿的路上，好好的一场宴会硬是让他给搞砸了。”

这时，忒勒马科斯，英杰的王子站了出来开口斥道：“你们这些蠢货，我看你们才是喝酒喝糊涂了；要不就是某位恶魔迷糊了你们的脑袋。你们已经酒足饭饱，是不是该各自回家了——当然，这并非我要赶哪位走。”

听他说罢，求婚者们个个都咬着嘴唇，惊异于忒勒马科斯竟敢如此大胆地对他们训话。这时，安菲诺摩斯开口发话：“大家不要动怒，都是朋友嘛！我们在这儿都是客，不要惹得主人家不快，我们都是有身份的人，不要轻易对一个乞丐动手，这样不仅平白降了身份，而且损坏了主人家的东西也不好，是吧？我看，现在时间也不早了，就让我们再喝最后一杯酒，之后就各自散了回家吧。至于这个乞丐的去处，就让作为主人的忒勒马科斯代为安排吧。”

安菲诺摩斯说完，众人都欣表赞同。安菲诺摩斯的随从，壮士慕利俄斯，在兑酒缸里调好美酒，给大厅里的人逐个斟满，然后安菲诺摩斯洒酒敬过神明，喝下蜜甜的美酒。这之后众人就逐渐散去，回到各自的家中休息。

# 卷十九

忒勒马科斯把武器移出厅堂。奥德修斯与裴奈罗珮谈话。他的保姆知道实情却隐瞒不报。还有关于某次狩野猪的事。

现在，英勇的奥德修斯留在厅堂里，想着怎样在雅典娜的帮助下杀掉求婚者。他开门见山、激动地对忒勒马科斯说：“忒勒马科斯，我们必须要把每个人作战的武器放在一起；求婚者想起向你询问它们时，你就用好话骗过他们，就像这样说：‘我把它们放在了远离烟雾的地方，它们已不再像以前奥德修斯去特洛伊时留下的那样陈旧，但是它们经过了烟熏火燎，完全被毁坏了。而且上帝让我想到了其他更好的地方，也许你们借着酒兴吵起来后会伤到彼此，在宴席跟求婚时丢脸；铁本身对人有吸引力。’”

他说完，忒勒马科斯听从他亲爱的父亲的话，召来了保姆欧鲁克蕾娅并对她说：“保姆，现在我请你来，是要你帮忙把女人留在屋里，待我把我父亲的精良武器放到军械库里，它们在厅里烟雾里已经变黯淡了——我父亲离去时，我还只是个小孩儿。现在我想把它们放在军械库里，那儿不会有烟熏火燎。”

随后，老实的保姆欧鲁克蕾娅回答他说："啊，我亲爱的孩子，要是你照顾家庭及照管所有的财产能小心谨慎就好了！但是，呃，谁来掌灯并与你同行，如果你有自己的方式，不让掌灯的女仆走在前面？"

接着，聪明的忒勒马科斯回答："这儿的陌生人，纵然他远道而来，我也不允许有光吃饭不做事的人。"

他说罢，保姆听了他的话，将坚固厅室的门关上。他俩站起来，奥德修斯和他声名显赫的儿子搬运头盔、盾牌及锋利的标枪；雅典娜在他们前面拿着一盏金灯指路，散发出最可爱的光芒。其时，忒勒马科斯突然对他父亲说："父亲，这确定是我所看见的一个伟大的奇迹；至少我认为厅堂的墙壁、坚固的房顶主梁、松木斜梁以及空中的柱子都明亮得好像点燃了火。肯定有神明在里面，他掌管着广阔的天空。"

足智多谋的奥德修斯回答道："保持平和，知道就可以了，不要问。瞧，这是居住在奥林匹斯山上众神的习惯。你去休息，我坚守在这儿，以便进一步刺激女仆们及你母亲，痛苦的她就会来问我相关的事，一件接一件。"

如他说的，忒勒马科斯从厅堂走出，到他房间躺下休息，在燃烧的火把的照耀之下，来到往常休息的床铺，当美梦来临的时候。他躺在那儿，等着黎明的到来；但是英勇的奥德修斯留在厅内，想着如何在雅典娜的帮助下杀掉求婚者。

那时聪明的裴奈罗珮从她房里出来，像阿耳忒弥斯或美丽的阿芙罗底忒一样。他们在她常坐的火炉旁替她安放了一把椅子，这把椅子制作精细，镶着象牙和白银，是巧匠伊克马利俄斯以前做的；还加了脚凳，与椅子一体，在上面还铺了一张羊皮。然后聪明的裴奈罗珮就座，接着白手臂的女仆从房间里走出，端走吃剩的食物及骄傲自大的求婚者饮过酒的杯子，撤走桌子，摇动地上的火盆，清除灰烬，又在火上加了很多木头，使其发光发热。

其时墨兰索再次痛斥奥德修斯，说道："生人，你晚上是否会在房里溜达，窥视女人，在这儿困扰我们？不，你走吧，你这卑鄙的家伙，感谢你的晚餐，否则就尝尝火把的滋味，我会把你赶出房门。”

足智多谋的奥德修斯恶狠狠地盯着她，说道：“你这女人，为何怒气冲冲地攻击我？是因为我污秽，穿着破旧，在这地方为了生活必需而行乞？这就是流浪者跟乞丐的方式。我曾经有过自己的房子，富有昌盛，还多次施舍流浪者，无论他可能是什么样的人，也不管他需要什么。而且我有无数的奴隶，还有很多其他的东西，人们凭此舒服地生活，富足无忧。但是克洛诺斯之子宙斯毁掉了我的一切，这当然是他的意愿。所以，女人，小心有一天你美貌尽失，虽然你现在在女仆当中独领风骚，要是你的女主人对你心生怨恨，或是奥德修斯回家来，此事还有希望。纵然他如你所想的死亡了，再也回不来了，凭借阿波罗的恩泽，他还有一个像他一样的儿子——忒勒马科斯，没有他的允许，任何女人都不能在他的厅堂里放纵，他已经不再是个小孩子了。”

他言罢，聪明的裴奈罗珮听后斥责女佣，跟她说道：“你这无礼、不要脸的家伙，你的滔天大罪是瞒不过我的，你会血溅头颅以洗掉你的罪恶！因为你也清楚地知道，你已经从我这儿听说了，我要在厅里问生人关于我丈夫的情况，因此我饱受痛苦的折磨。”

随即她同样地训斥管家欧鲁诺墨：“欧鲁诺墨，把带羊皮的高靠椅拿到这儿来，好让生人坐下与我交谈，听我说话，我要问他所有的故事。”

她说完，保姆立即搬来了一把精致的椅子，其上铺着羊皮垫子；然后英勇坚定的奥德修斯在那儿坐下。聪明的裴奈罗珮首先发话：“陌生的客人，我斗胆问你：你是谁？来自何方？城市及父母在什么地方？”

足智多谋的奥德修斯回答说：“夫人，世界之大还没有任何凡人能发现你的错误，看，你的光芒朝向广阔的天空攀升，就像无可责难的国王的名声，一个害怕众神的人统治众多强健的人，执法公正，黑土地上生长着小麦和大麦，树上结满了果子，羊儿要生小羊，鱼儿储藏海中，所有都得益于他英明的指导，人们在他的领导下繁荣昌盛。现在你在你的家里可以随心所欲地发问，除了问我的血统和国家，以免勾起我痛苦的思绪，因为我是一个深受患难的人，而且我不该坐在别人家里痛苦悲伤，以免一个女仆，甚至你对我不满，说我泡在泪水里，就像一个沉溺于酒的人。”

接着聪明的裴奈罗珮回应他说：“陌生的客人，众神毁掉了我所有的优点，包括美貌及身形，当阿耳吉维人前往伊利昂时，我的奥德修斯也一同前去。要是他回来了，照管我的人生，我的声望就会更加显赫，名声也将更加响亮！但现在某神跟我作对，加之众多苦难于我身上，使我陷入了悲伤之中。这岛屿上的王子最高贵，他们来自杜利基昂、萨墨和树木众多的扎昆索斯，甚至是伊萨卡岛附近，他们完全不顾我的意愿向我求婚，人数多得吞噬了我的房子。所以我没留心生人，注意恳求者以及使者和技者。我所有的心力都耗在了期待奥德修斯；所以他们加紧向我求婚，而我编设计谋应付。开始神明给我注入想法，要我在大厅里放置一架巨大的织机，让我织出一件宽松精美的长袍：随即我对他们说：‘年轻的人们，我的求婚者们，现在英明的奥德修斯去世了，你们耐心地等待，无论你们有多着急向我求婚，也要等我织完了长袍再说。我不想让织物半途而废、毫无用处，这是为英雄莱耳忒斯制作的寿衣，以便某天应付死亡这注定的悲剧。那么这土地上的亚加亚妇女便不会责怪我——那样一个取得巨大成就的人死后竟无裹尸布。’”

“我说完，那些心高气傲的人也同意了。所以白天我在巨大的织布机前织布，晚上我把火把放在身旁将织好的布拆掉。因此三年来我精心隐藏此事，瞒住了亚加亚人。但第四年时，季节轮换，月份消逝，日子一天天过去，通过女仆，那帮无耻的女人们，求婚者们来将我团团围住，并大声责骂我。因此完成织物这事已由不得我了，我必须织完。现在我既不能逃婚又想不到别的办法，我父母也催我结婚，我儿子抱怨说那些男人毁了他的生活，到目前为止他已长大成人，足以胜任照看家庭，宙斯给予了他这份荣誉。即便如此，告诉我你来自何方，因为你不会像故事里那样，来自橡树或是从石头缝里蹦出来的。”

于是足智多谋的奥德修斯回应她说：“哦，莱耳忒斯之子奥德修斯尊敬的妻子，你不问出我的身世是不打算罢休了吧？我可以告诉你；虽然你会更加悲伤。如此，一个人远离故土，就像我现在这样，满怀痛苦游荡在很多凡人的城市。虽然如此，你的询问我都会回答。在酒蓝色的大海中有一座叫作克里特的岛，美丽、富饶，海浪环抱城市，那里人多得难以数清，拥有九十座城池。那儿的人不讲同一种语言，种类众多；住着亚加亚人、心高气傲的厄特俄克里特人，还有库多尼亚人，带着羽饰的多里斯人和英勇的裴拉丝吉亚人。在这些城市之中还有大城克诺索斯，米诺斯九岁时开始统治那儿，他和伟大的宙斯交谈，是我的祖父，也是胸怀宽广的丢卡利昂的父亲。现在丢卡利昂生有两个孩子——我和王子伊多梅纽斯。伊多梅纽斯他搭乘小船前往伊利昂，和阿特柔斯一道；但是埃松是我光荣的名字，我出生较晚，他是长子，比我优秀。在那儿我看见过奥德修斯，招待他并给了他礼物，他进军特洛伊的时候，强风把他带到了克里特，越过了马勒亚。所以他把船停在安尼索斯，那儿有埃蕾苏娅的洞穴，在一个难以停船的地方，从风暴中死里逃生。随后他进城，向人询问伊多梅纽斯，自称是他的朋友，深受爱戴和尊敬。但这距伊多梅纽斯搭乘小船前往伊利昂已经十多天了。我把他请到家里，拿出家里的东西热情地款待了他，对于他及随从他的人，我从公库里给他们拿来了大麦、米饭、藏酒以及牛肉，满足他们的需求。英勇的亚加亚人在那儿住了十二天，强劲的北风把他们困在那儿，让他们难以在地上站稳，这是某位神明发怒引起的。第十三天风力减退，然后他们启程出海。”

于是他讲了很多谎话，就像真的一样；她听着，流下了眼泪，心都被融化了。甚至就像是高山上的融雪一样，西风吹散到各处，东南风将其融化，水流入河里，河水猛涨，甚至她美丽的脸颊上都落满了泪水，为她的丈夫哭泣。而她不知道她丈夫那时正坐在她旁边，现在奥德修斯同情妻子，因为她因自己而悲伤，但他的眼睛一动不动，像铁或是角做成的，强忍泪水。而她呢，眼泪肆意流淌，哭完后又对他回答道：“像你这样的朋友，现在我想考验你一番，想知道你是否真如你所说的在家里招待过我的丈夫跟他的同伴们。请告诉我他穿着什么样式的衣服，他是怎样一个人，给我讲讲跟他同去的那些人吧。”

足智多谋的奥德修斯回答她道：“夫人，我已跟他分离很久了，告诉你关于他的所有事，也太困难了吧，因为从他去到我的故土再离开，到现在已经二十年了。虽然这样，我还是可以告诉你我见到他时的情形。英勇的奥德修斯穿着一件紫色的双层披风，别着黄金饰针，还有两条针扣，面上还有漂亮的图案：一只猎狗用前爪抓住了带斑点的小鹿，盯着看它挣扎。所有的人都很惊讶于这高超的技艺，它是用黄金镶嵌的，猎狗正注视着小鹿并折磨它，而小鹿用它的肢腿不断挣扎，企图逃脱。而且，我还发现他闪亮的衣服穿在身上，就像晒干的蒜皮一样，闪光光滑，像阳光一样闪亮；很多女人注视着，惊讶着。还有一件事我要告诉你，你可以在心里估量一下。我不知道奥德修斯在家时是否穿成那样，或者是否他的同伴在他登船后给了他这件衣服，抑或是一些生人赠送的，亚加亚人很少攀比。我也给了他一把铜剑，一件紫色的双层披风，以及一件流苏的衣服，然后我恭敬地送他登上了分层的船只。此外，还有一位信使跟他一起，年纪比他稍大，我也会告诉你他是什么样的人。他肩圆，肤色黝黑，头发卷曲，名叫欧鲁洛科斯，深得奥德修斯的赏识，最受其尊重，因为他俩意气相投。”

说罢，他又引起裴奈罗珮的哭泣，因为她当然知道奥德修斯给她说的凭证。所以她擦干眼泪，回应他说道：“陌生客人，我以前只是非常同情你，而现在你是我家里亲爱的尊贵客人，因为是我给了他那些衣服，就像你说的，我亲自把它们叠起来，从房里拿来给他，并在闪亮的胸针旁镶上了珠宝。但他再也不会回来了——回到他自己热爱的家乡。真是不幸，为什么奥德修斯要登上船到那该死的伊利昂，那个名字我不想再说起。”

足智多谋的奥德修斯回答说：“尊敬的莱耳忒斯之子奥德修斯夫人，现在不要再毁掉你美丽的容颜了，也别费心替你丈夫哭泣了——我认为人们也不会责备你，因为很多女人失去自己的丈夫都会哭泣，为她们深爱着的孩子父亲哭泣——虽然他们说奥德修斯像神一样。不，停止你的悲伤，牢牢记住我的话；因为我会把全部情况毫不隐瞒地告诉你，最近我听说奥德修斯就要回来了，而且他在塞斯普提亚人肥沃的土地上活得好好的，他在到处求助的过程中还获得了许多珍贵的珠宝。但是在离开塞尼那吉岛的时候，他却失去了自己亲爱的同伴，在大海上失去了自己的弯船：因为他的同伴杀掉了太阳神的牛，宙斯和太阳神发了怒。他们全在波涛汹涌的海上丧生，但是奥德修斯在船的龙骨上，被海浪冲到了岸边，冲到了腓尼基人的土地上。腓尼基人是众天神的近亲，他们都热情真诚地对待他，就像对一位神一样，还赠送了很多礼物，他们自己也很乐意送他回家。所以奥德修斯很早就该到家了，但是他认为在更多的地方游历和积聚财富更加有利可图；所以奥德修斯是这世上最擅长搜集财富的人，任何凡人都比不上他。这是塞斯普提亚人的国王菲东告诉我的。而且他还在家里祭祀神灵的时候对我发誓说，船已经被拉到了海里，要送他回家的桨手已经准备好。但他首先把我送走了，因为碰巧有一艘塞斯普提亚人的船要到盛产小麦的杜利基昂岛去。他还给我看了看奥德修斯搜罗的所有财富，多得甚至足够让他的后世子孙用十代了，他把那么多的财富存放在国王的宫殿里。他说，奥德修斯是到多杜尼去了，去朝拜宙斯的高大橡树，问问足智多谋的宙斯，远离家乡的他怎样才能回到自己热爱的故乡，是公开回去呢还是秘密回去。

“如我所说，他这么智慧，一定毫发无伤而且马上就要回来了，他不会远离自己的朋友和家乡太久了；这我可以向你保证。让最伟大最优秀的神宙斯及高贵的奥德修斯的炉床见证，我告诉你的所有事都会实现。同年月亮盈亏之时，奥德修斯就会回到这里来。”

接着智慧的裴奈罗珮回答道：“啊！客人，我多希望这一切都能实现。要是那样，不久你就会知道我有多么善良，会给你很多礼物，那时不管谁碰到你都会羡慕你。但是我感觉事情不会是你想的那样。奥德修斯不会再回来了，也不会有护送人送你上路，因为现在家里没有像奥德修斯那样的一家之主——再也不会有这样一个人了——去欢迎尊贵的客人并送他们上路。但是我的侍女们，你们要给客人洗脚、铺床，放好床垫、毯子和闪亮的被子，让他舒服暖和地等待黎明金色曙光的到来。明早你们还要替他沐浴擦油，让客人安静地坐在厅里，在忒勒马科斯旁边用餐。要是谁惹客人生气，比恶毒的求婚者更过分的话，不管她怎样发脾气，在这儿也讨不到任何便宜。要是他未加梳洗，衣着凌乱就坐在厅里就餐，客人会怎样认为我？他会觉得我不是一个崇高的人。人的一生是很短暂的，要是一个人吝啬，铁石心肠，他活着，所有的人都会诅咒他早点死；死后，所有的人都会嘲笑他。但要是一个人清白，宽容大度，他的客人就会把他的好名声传遍四海，许多人也会称他是高贵的人。”

随后足智多谋的奥德修斯对她说：“哦，尊敬的莱耳忒斯之子奥德修斯夫人，自从离开积雪覆盖的克里特山，坐着有长桨的船航行，我就不喜欢毯子跟闪亮的被子；不，我像过去一样躺下休息，度过无数不眠之夜。很多晚上我都躺在不好看的床上，等着黎明的到来。我不再高兴洗脚，也不想让你家里任何一位女仆碰我的脚，除非是某位像我一样饱经磨难，真心诚意的老妇人；那样一个人碰我的脚我是不会不愿意的。”

聪明的裴奈罗珮说：“亲爱的客人，我家里从来没来过比你还高贵谨慎的远客，说出的智慧之言都经过了仔细考虑。我有一位很懂规矩的老太婆，曾经小心护理照顾过我那不幸的丈夫，他的母亲一生下他，她就成了他的保姆。她可以帮你洗脚，虽然她的力量不大。现在上来，机智的欧鲁克蕾娅，你来帮这位跟你主人年纪相仿的人洗脚吧。也许现在奥德修斯的手脚也这样了，因为人在困难中变化很快。”

说完，老妇人用手掩面，抹掉热泪，极其悲痛地说：“啊，孩子，你所有的苦难我都无能为力！宙斯肯定最讨厌你，虽然你敬畏神灵！从没有人像你那样焚祭过那么多肥美的羊腿及无数的百牛大祭给宙斯——喜欢掌管雷鸣的神。你祭祀他的时候，请求平安到老，把你高贵的儿子养大，但现在宙斯不让你一个人单独回来。或许当他来到一所有名的府邸时，会被远方陌生土地上的女人嘲笑，就像这儿的无耻之徒嘲笑你一样。为了避开他们的嘲笑和辱骂，你不愿忍受她们替你洗脚，但是智慧的裴奈罗珮，伊卡里俄斯的女儿命令我替你洗脚，这我也愿意。我替你洗脚一方面是为了裴奈罗珮，另一方面是为了我自己，因为我的内心受到了感动。但是，记住我要说的话。以前很多经历磨难的人都来过这里，但我觉得从没见过哪个人像你跟奥德修斯那样，穿衣、声音跟脚都相似。”

足智多谋的奥德修斯对她说：“老夫人，所有看见我们的人都说，我们像双胞胎，就像你注意到和说的那样。”

随即老太婆拿着光亮的洗脚盆，开始替他洗脚，倒上了很多冷水，之后又加上了热水。现在，奥德修斯远离炉床坐着，突然把脸转向了黑暗之处，因为他担心她接触到他时，再次认出他的伤疤，那样一切都瞒不住了。现在她过来给她主人洗脚的时候，立马看到了伤疤，那是很久以前，奥德修斯去帕尼索看望奥托吕科及他的儿子们时，被一只野猪的白牙咬伤的。奥托吕科是他高贵的外祖父，比任何人都善于盗窃和咒语。这技艺是他自己甚至是赫耳墨斯赐予的；因为他曾向赫耳墨斯焚祭过让他满意的祭品，有羊腿及羊肉；所以赫耳墨斯乐意帮助他。现在奥托吕科去了肥沃的伊萨卡岛土地上，看望他女儿新生的小婴儿。晚饭之后，欧鲁克蕾娅把孩子放在他膝上，看着，对他说："奥托吕科，现在你给你外孙取个名字吧；因为，我们盼了好久才有这孩子。"

奥托吕科说道："我女儿跟女婿，你们可以按我取的名字给他命名。所以，我来这富饶的土地的时候得罪了很多男男女女，就给这孩子取名'奥德修斯'吧。但等到这孩子长大成人，来到他母亲在帕尼索的亲戚家的府邸，我会送他一些财产，让他快乐地回家。"

所以奥德修斯前往，得到了一笔丰厚的财产。奥托吕科和他的儿子们握住他的手，热情地欢迎他；他的外祖母安菲赛依抱着他，亲吻他的脸及漂亮的眼睛。接着奥托吕科吩咐他高贵的儿子们备好饭菜，并等候召唤。他们立马带来了一头五岁的公牛，忙碌准备着，剥皮，卸下牛腿，把牛肉切小，拿铁叉穿起来，熟练地烤炙它们，又分成了很多份。所以一整天他们大吃大喝，直到太阳西沉，内心极为满足。但太阳落下，夜幕降临时，他们躺下休息，享受睡眠。

红指甲般的曙光到来之际，奥托吕科的儿子们都带着猎狗去狩猎，英勇的奥德修斯同去。他们跑到陡峭并长满树木的帕尼索山上，很快就到了多风的山谷里。这时太阳刚刚从幽深和流水缓慢的瀛海升上地平面。打猎者到达林中空地，猎狗们跑在前面追踪猎物，奥托吕科的儿子们跟在后面；奥德修斯紧紧跟在猎狗后面，挥舞着长矛。一只大野猪躺在厚厚的巢穴里，那儿堆着大量的落叶，潮湿的风吹不透矮林，明亮的太阳光照不到，雨也淋不透。当他们前去追捕的时候，人们和猎狗的脚步声传到了野猪耳里，它从巢穴里一跃而出，竖着鬃毛，一动不动地站在他们面前跟他们对峙着，眼里充满了怒火。奥德修斯第一个冲上去，强有力的手握着长矛刺向它；但是野猪反应迅速，他闪一边去的时候，野猪的牙在他膝上咬了一道深深的伤口，但还好没伤到骨头。接着奥德修斯计划好，把矛正好刺进了它的右肩，野猪哀嚎一声，就倒地而亡了。奥托吕科的儿子们开始忙着处理野猪，至于神一样高贵的奥德修斯的伤口，他们给他熟练地包扎起来，用咒语止住了黑色的血，之后立马返回了他们亲爱的父亲家里。奥托吕科及其儿子们悉心替他治好了伤，之后还给了他大量礼物，并满怀关爱地送他高高兴兴地回伊萨卡岛。他回来，他的父母都很高兴，向他询问了所有的经历，问他是怎样受伤的。他告诉了他们所有的事：他在跟奥托吕科的儿子们去帕尼索打猎时，怎样被一头野猪用牙咬伤的。

现在，老妇人抬起了他带伤疤的腿，她触摸到了伤疤，认出了他，立马放下他的腿。脚滑到铜盆里发出了声音，盆子向一边倾斜，里面的水洒在了地上。一时之间，她悲喜交加，眼里噙满了泪水，说话的声音哽咽了，摸着他的脖子说道："你是奥德修斯，我亲爱的孩子，以前我没有认出你来，直到接触到我主人的身体才知道。"

她看向裴奈罗珮，想要让她知道她的丈夫此刻正在家里。但是裴奈罗珮没有看见她的眼色而明白她的意思，她在思考着别的事。奥德修斯用右手摸着老妇人的脖子，另一只手把她拉过来，对她说："呃，为什么你要毁掉我呢？你喂过我奶，现在，二十年后，我饱受苦难之后重回故乡，既然你认出了我，神明要你把这个秘密放在心里，保持沉默，免得堂里其他人知道此事。我申明，并且说到做到——要是众神要我制服那些求婚者，杀掉堂里其他的女仆们时，虽然你是我的保姆，我也不会放过你。"

知趣的欧鲁克蕾娅回答道："我的孩子，你说的那是什么话？你知道我意志多么坚定，永不屈服，我会像顽石或钢铁一样保密的。我要告诉你一件事，你要在心里仔细思考。要是众神真让你制服求婚者，那时我会告诉你堂里所有女仆的事，她们哪一些不尊重你，哪一些无罪。"

足智多谋的奥德修斯对她说：“奶妈，为什么你要讲她们呢？你完全不必，因为我自己会分辨，对每个人都知道得很清楚。不，你保持沉默好了，其他的就交给众神明吧。”

他这样说完，老妇人前去厅堂取来了水替他洗脚，因为刚才的水全洒掉了。她替他洗完之后，又帮他好好地擦上了橄榄油。奥德修斯再次靠近火边取暖，并用衣服遮上了伤疤。接着聪明的裴奈罗珮首先发话：“客人，我还有一些事斗胆问你，因为不久就是休息时间了，虽然一个人忧愁烦恼，但甜蜜的睡梦也会降临。但是神明把悲伤降临在我身上，悲叹和痛苦充斥着我的一天，我要料理家务，还要给家里的女仆们安排工作。晚上的时候，所有人都睡觉了，我躺在床上，内心深处感到痛苦，难过得不能安眠。潘达留的女儿化身为绿林里的夜莺，初春季节时，在树林浓密的树荫里歌唱，声音甜美。她不停地啭弄歌喉，悲叹她无意中用剑杀死的亲爱的儿子伊图洛，王者泽索斯的儿子；就像她的歌一样，我的心躁动不安，摇摆不定。我是该跟我儿子待在一起，看守所有的家产，看守我的财物、奴隶及气派的深宫大院，尊重我丈夫的床及人们的言论呢，还是嫁给厅里一位最好的、会送我不计其数聘礼的亚加亚求婚者呢？我的儿子以前还小、还不懂事的时候，不让我离家改嫁；但现在他已经长大，希望我离开这所房子；不想看见亚加亚人耗光他的财产，让他生气。但现在，听我讲讲我的一个梦，并替我解释一下。我家里有二十只鹅从水里出来吃小麦，看见它们我很高兴。一只钩喙的大鹰从山上俯冲下来，啄断了它们的脖子，杀死了它们；尸骨在堂里成堆，随后鹰飞到明亮的空中去了。我痛哭起来，虽然这是在梦里，梳着漂亮辫子的亚加亚妇女聚集在我周围。我悲叹起来，因为鹰杀掉了我的鹅。但是鹰又回来，站在屋顶房梁突出的地方。它用人的声音说着话，让我不要哭泣：‘放心吧，声名显赫的伊卡里俄斯的女儿，这不是梦，是真实的预兆，将来就要实现。鹅就是那些求婚者，我是先前那只鹰，现在是你丈夫，我回到家会让所有的求婚者死得很惨。’它那样说着，我从梦中醒来，看看四周，发现鹅群还在家里，它们正在平常进食的槽里啄小麦吃呢。”

随后足智多谋的奥德修斯对她说：“夫人，既然奥德修斯自己对你说出他会怎样完成它，那这梦当然不可能有其他的解释了。因为求婚者的毁灭肯定是有预兆的，他们任何一个都逃不掉死亡的命运。”

智慧的裴奈罗珮回答说：“客人，梦总是很难说清的，人们的所有东西并不会完全实现。梦幻之境有两道门，一道是牛角形状的，另一道是象牙的。通过锯掉的象牙之门的梦境是假的，里面的事是不会实现的；但是通过擦亮的牛角门的梦境是真实的，不管是什么样的凡人梦见的。我觉得我奇怪的梦境不是来自那里；如果是真的话，我跟我儿子一定会很高兴的。但我要告诉你另外一件事，你要在心里好好想想。瞧，他们让我离开奥德修斯家的日子就要来了，现在我想开展一场比赛，奥德修斯曾把这十二把斧头在厅堂里放好，摆成船的龙首一样，远远站着还能把它们全部射中。现在我也要求婚者竞争一下；不管是谁，要是能轻而易举地拉开弓，射中这所有十二把斧头，我就抛弃我丈夫和这漂亮殷实的房子跟他走，我会在梦中记得它。”

足智多谋的奥德修斯对她说：“尊敬的莱耳忒斯之子奥德修斯夫人，别再延迟你在家里举行的竞赛了；因为，瞧，足智多谋的奥德修斯就要出现在这些人面前，等不到他们所有人拿到光滑的弓箭，拉开弦，射穿铁斧。”

当即，智慧的裴奈罗珮回答他说：“客人，要是你仍然愿意在厅堂里，站在我身边逗我开心就好了，那样睡意就不会落在我的眼睑上。但是任何人都不能永远不睡觉，因为众神替生长粮食的土地上的凡人安排好了时间。我要去楼上房间躺下睡觉了，虽然看见床让我悲伤，自从奥德修斯去了我永远不想提起的该死的伊利昂，我的泪就沾湿了床铺。我躺下休息，你也住这房子里吧；你可以打地铺，或是让仆人为你放一张床。”

她上楼到了她金碧辉煌的房间，不是独自一人，还有她的女仆跟着。她同他的女仆上楼去了华丽的卧室，悲叹她亲爱的丈夫奥德修斯，直到灰色眼睛的雅典娜将甜蜜的梦降临在她眼睑上。

# 卷二十

智慧女神雅典娜与奥德修斯合谋杀死求婚者。

聪明英勇的奥德修斯准备在前厅休息，他在地上铺上一张生牛皮，再在牛皮上面铺上亚加亚人祭祀累积下的羊皮，欧鲁诺墨在他睡下时替他盖上套袍。奥德修斯没有入睡，心里谋划着怎样杀死这些求婚者。看到那些先前和求婚者瞎混过的女人们有说有笑地从厅堂走过，奥德修斯的心中非常愤怒，思量着是冲上前去将这些女人们处死，还是容忍她们和狂妄的求婚者最后一次瞎混。他的内心极度愤怒，就像一只守护着自己幼崽，面对不认识的陌生人，随时准备进攻的母犬一般，被她们那些无耻的行为所震怒。他拍着自己的胸说服自己说："再忍一忍吧，你不是经历过比这还苦难的事吗？那次当狂暴的库克罗普斯吞食掉你的同伴时，你不是也忍受下来，还用计谋在那种九死一生的情况下为自己寻找到逃出洞穴的方法了吗？"

奥德修斯这样安慰自己，内心渐渐地平静了下来。但是翻来覆去还是睡不着，就像那装满牲血和肥美油脂的羊肚一般，为了急于将它烤熟，被人来回翻动着。奥德修斯难以入睡，心中想着怎样凭借着自己一个人的力量杀死那些求婚者。这时，女神雅典娜化身为一位妇人，来到奥德修斯的跟前，对他说："世上最不幸的人儿啊，怎么还没入睡？这不是在你自己的家里和你的妻儿在一起吗？拥有这样优秀出色的儿子，是每个人都渴望的啊。"

聪明英勇的奥德修斯回答她说："是啊，女神，你说的这些都很有理。但是我心里也正为这事犯愁呢，思考着怎样才能凭我一个人的力量对付那些无耻的求婚者，况且他们在这儿老是聚集在一起。现在我心里面还想着更为重要的一件事，即使在你和天父宙斯的帮助下将他们全部杀死，我又能逃到哪儿，以躲避那些复仇的人？还恳求女神帮忙思量一下。"

这时，灰眼睛女神雅典娜对他说道："你这个愚顽的家伙，旁人对一个凡人、一个软弱的伙伴都可以信赖，况且我是拥有大智慧的神，远非凡人可比。我会在一切的危难中始终保护着你。现在我可以明确地告诉你，就算是在多个凡人包围着我们，想将我们围堵杀死的情况下，你也能够夺走他们的壮健的牛群羊群。快快入睡吧！彻夜的警戒很费神。很快你就会从苦难中解脱的。"

她如此说着，将睡意洒在奥德修斯的眼皮上，使他入睡。美丽的女神返回到奥林匹斯山去了。

当睡意袭来，舒展着奥德修斯的四肢，解除他内心的烦忧的时候，他美丽的妻子还没入睡，坐在那松软的床上伤心流泪。当她哭泣完后，这位高贵的妇人首先就向女神阿耳忒弥丝祷告："天父宙斯的女儿，女神阿耳忒弥丝，我愿你现在就用你的矢箭洞穿我的胸膛，让我丧命！或者，让一场狂风将我带走，卷至那昏暗的路途！或者，将我抛弃在俄开阿诺斯神那河海交界的深渊，就像带走阿特柔斯的女儿们那样。众神们杀死了她们的双亲，使她们变为孤儿，遗留在家中。是美丽的阿芙罗底忒收养了她们，用可口的奶酪、甘甜的蜂蜜、美味的浆酒将她们抚养成人。赫拉赐给她们超比常人的美貌和智慧，圣洁的阿耳忒弥丝赋予她们婀娜多姿的身材，雅典娜传授她们精湛的技艺。可是当美丽的阿芙罗底忒前往辉煌的奥林匹斯山，到那知晓一切、主宰凡人祸福、执掌霹雳的宙斯那儿，为女儿们求取美满姻缘的时候。狂风抓走了这些姑娘，把她们交给了万恶的复仇女神厄里努丝，使她们在那儿受到奴役。我希望居住在奥林匹斯山的众神们让我从这些求婚者面前消失，抑或是让女神阿耳忒弥丝将我射杀，让我记得奥德修斯的面容直到那可怕的黄泉，也不要让我在这里取悦一个远不如他的人。如果一个人白天伤心流泪，但是晚上还能够睡着，这样的处境还能承受，因为一旦睡梦落到他的眼皮上，一切悲痛和欢喜就都会忘记了。但是上天总给我送来噩梦。今晚我又看到他睡在我的身旁，跟他随军出征时的形象一模一样，当时我心里非常高兴，以为这不是梦，而是真实的呢。”

她如此自诉着，没过多久，太阳就带着曙光升起了。这时，英雄奥德修斯听到了她的哭泣，吓了一跳，似乎妻子正走向自己，甚至已经知道自己正站在自己的面前。所以，他拾起睡觉用的套袍和羊皮，将它们放在厅堂的座椅上，又将生牛皮拿到门外放下。接着，他高举双手向宙斯祷告：“天父宙斯，如果众神们同意我在受尽磨难之后，让我越过陆地，穿过海洋，回到自己的家乡，就让屋内醒着的人给我一个好的预兆，在外边同样也请天父宙斯给我显示一些吉兆吧。”

他这样祷告着，善于谋略的宙斯听见了他的祷告，就立刻从光明的奥林匹斯山，从高高的云端，响起轰轰雷声；英雄奥德修斯备受鼓舞。这时，附近屋内的一位磨面的妇人在磨坊内做出了预言——那里放着英雄奥德修斯的石磨，有十二名女仆在这里辛勤的劳作，每天磨出供人们食用的大麦和小麦等粮食。其他女仆们已经睡下了，因为她们都已磨完一天的粮食；只有她还没有休息，因为她的气力最差。现在她停止手中的工作，为她的主人做出了预言：“统治众神和凡人的天父宙斯，你在布满星星的天空响了一声炸雷，但是现在天空看不见一片乌云，这一定是你在为某个凡人显示征兆。现在，也连我这个苦命人儿的愿望一块儿实现了吧：希望今天是那些求婚者在奥德修斯的家里享乐的最后一天！他们让我没日没夜地为他们磨面，都快将我累垮了，但愿这是他们享用的最后一餐！”

她这样做了祷告，英雄奥德修斯听到了预言和宙斯的炸雷，备受鼓舞。他想，是时候该惩罚那些无耻之徒了。

现在，奥德修斯家中的其他女仆开始聚集，在灶台上升起了不灭的火。仪表非凡的忒勒马科斯从床上起来，穿上衣服，肩上悬挂利剑，光亮的脚上穿上漂亮的便鞋。他拿起巨大的青铜长矛，走到门槛前站立，对欧鲁克蕾娅说："亲爱的保姆，你们是否礼待我的客人，给他准备好食物和睡的地方；还是你将他撇在一旁，不予理会，让他自助？这是我贤能母亲的待客方式：礼待每一个人，即使他的身份低劣。但有时，她会故意疏远那些高贵的人，让他们自行离开。"

聪明谨慎的欧鲁克蕾娅回答道："孩子，你不能责备她，她没有做错。客人一直坐那儿随意地饮着酒，但是他自己说不饿，你母亲也问过他的。等到客人想休息的时候，你母亲又命令女仆们为他铺床。但是这个不幸的人拒绝了在松软的床铺上睡觉，结果在前庭里铺了一张生牛皮和一些羊皮，在那儿睡觉，我们又替他盖上了套袍。"

她如此回答道，忒勒马科斯手里拿着长矛穿过厅堂，两条猎狗紧跟在他身后。他准备前往身披铠甲的亚加亚人聚集地。这时培西诺之子奥普的女儿，欧鲁克蕾娅这位美丽的妇人，命令她的女仆们："都忙碌起来，你们中的一部分人打扫厅堂，洒些水，在精美的座椅上铺上紫色的座毡；另外一部分人用海绵擦洗所有餐桌，把精美的斟酒碗连同精美的双耳酒杯都洗干净；剩下的一部分人，到泉边去取水，快去快回。这些求婚者不会离开这座庭院太久，都会早早回到这里，因为今天是万众欢腾的节日。"

她这样说道，女仆们都按照她的吩咐去做。她们中的二十个人去幽暗的泉边取来泉水，其他的人在厅堂内熟练地干着活儿。

这时，亚加亚人的奴仆们也来了。他们很熟练地把柴劈碎，女仆们已经从泉边取来泉水。这时，养猪人也赶着猪群中最健壮的三头公猪，让它们在美好的庭院中觅食，自己礼貌地对奥德修斯问道："外乡人，告诉我那些亚加亚人对你是否恭敬一些了？还是他们和以前一样在厅堂上侮辱你？"

聪明英勇的奥德修斯回答说："欧迈俄斯，我真希望神明显灵，惩罚这群无耻之徒。他们在别人家里面做出了无耻恶劣的行径，居然还不知羞耻，不思悔改!"

他们这样交谈着，牧羊人墨朗西俄斯在另外两个牧羊人的陪同下，为那些求婚者赶去羊群中最肥美的山羊，从这里路过。他将山羊拴在有回音的走廊里，自己用嘲讽的口吻奚落奥德修斯："你这个讨人厌恶的外乡人，怎么还在这儿讨饭，你就不能到别的地方去乞讨？我看你是想尝尝我们拳头的滋味，才肯离开。别的地方不是也有亚加亚人在享受宴会，怎么不去那儿乞讨?"

他这样说道，聪明英勇的奥德修斯没有理会他，只是沉默着摇摇头，心底里谋划着一场杀戮。

这时又来了第三个人，这位出色的牧人菲洛提奥斯，为求婚者赶去未孕的小母牛和肥美的山羊。这些都是摆渡者从其他大陆运来的，他们摆渡时也顺带载送一些别的人。菲洛提奥斯也将它们系在有回音的走廊里，然后走近养猪人，开始问他："养猪的，这个新来的外乡人是谁，自称来自哪里？他的家乡和亲人们呢？不幸的人儿啊，外表看上去倒像一个王公贵族，上天有时让凡人四处游历，对王侯们也会安排不幸的命运。"

他这样说道，然后走到奥德修斯身旁，伸出右手表示欢迎，礼貌地对他说："外乡人，愿你的好运快快降临，虽然现在你受制于这些苦难。天父宙斯，没有天神比你更为严厉，你降生了世人，却使他们遭受不幸，承受深重的苦难。看到你的境遇，使我汗水流淌，眼里充满泪水；让我想到了奥德修斯，如果他还活着，见到每天的太阳，大概也是这样穿着破旧的衣服，在人群中到处流浪。但是如果他死了，到了那可怕的冥府，我会为高贵的奥德修斯哀悼。是他在我小的时候，让我在开法勒尼亚帮他看管牛群。现在已经有数不清的牛了，谁也不能像他那样拥有那么多的牛。但是现在，外人却命令我将牛赶去供他们餐用，完全无视他家中的后人，也不怕遭到上天的惩罚，一心就想着怎样瓜分掉长期离家的奥德修斯的财产。我心里一直思量着这样一件事，只要主人的儿子还在家，我就不能将牛群赶到异族他乡，做出违背主人的事来。但是留在这儿更加痛苦，只能眼睁睁看着牛群被别人宰杀食用，这样的情况实在难以容忍。早先，我就该离开这儿，去投靠另外一家高贵的王侯，但我还是对不幸的奥德修斯抱有希望，想着也许他会回来，将这些无耻的求婚者驱逐出家园。”

聪明英勇的奥德修斯回答他说：“养牛人，看你不像是坏人，也不愚钝。我看出你是个明白事理的人，所以我要告诉你，我现在要发一个誓，让天父宙斯和众神们做见证，连同这张友好的餐桌，和高贵奥德修斯的灶台：英雄奥德修斯即将回家，如果那时你在家，你会亲眼看到，如果你愿意，会目睹到那些作威作福的求婚者都会被杀死在这儿。”

牧牛人对他说：“外乡人，但愿天父宙斯能完成你的誓言！如果真有那么一天，你会知晓我的健壮，知晓我的骠勇。”

欧迈俄斯同样向众神们做了祷告，希望英雄奥德修斯会回到自己的家园。

他们这样交谈道，而求婚者此刻正在谋划着如何杀死忒勒马科斯。这时，在他们左边出现了一只高飞的老鹰，爪上抓着一只柔弱的鸽子。他们中的安菲诺摩斯说道：“朋友们，我们谋划杀死忒勒马科斯的计谋很难成功，还是先考虑吃饭的事情吧。”

安菲诺摩斯这样说道，其他人听取了他的建议。众求婚者来到仪表非凡的奥德修斯的厅堂，将他们的套袍脱下放在精美的座椅上，开始动手杀祭壮硕的绵羊，肥美的山羊，连同肥猪和小母牛。然后他们将内脏烤熟，分给大家，在碗里掺上美酒，养猪的给每人面前放上酒杯。出色的养猪人菲洛提奥斯将精美篮子里的麦饼分给他们，墨朗西俄斯给他们每个人斟上美酒。他们就开始享用面前丰盛的食物。

聪明的忒勒马科斯故意让奥德修斯坐在坚固的厅堂内靠近石制门槛的地方，给他放置了一张破旧的靠背椅和一张小餐桌，并分给他一份烤熟的肉，又在金杯子里斟满酒，对他说：“现在，在这儿和这些权贵们一同宴饮，我会亲自为你抵挡求婚者们的辱骂和拳打。这座庭院并不是公共场所，而是奥德修斯的家园，理应由我继承。你们这些求婚子弟，不要出言辱骂，动手打人，免得引发争吵和殴斗。”

他如此说道，求婚者们咬牙切齿，但都惊诧忒勒马科斯说话居然如此大胆。欧培塞斯之子安提努斯在他们中说道："朋友们，虽然他的话是难听了些，但我们现在只能接受，尽管知道这是在威胁我们。如果不是天父宙斯不允许，我们早就阻止他在厅堂内夸口了。"

安提努斯这样说道，忒勒马科斯没有理会他。信使们穿过城镇，赶着祭祀神圣天神用的牲畜。长发亚加亚人在神射手阿波罗的林地里聚集。

他们将外层的肉烤熟，从叉上取下来，分给每个人，开始享用他们美味的宴席。仆人们同样分给奥德修斯一份烤肉，同他们自己的一样，因为英雄奥德修斯的儿子忒勒马科斯吩咐他们那样做。

雅典娜不打算让这些自傲的求婚者收敛自己蛮横的行为——为了增添莱耳忒斯之子奥德修斯心中的愤怒。求婚者中有一个惯常作恶的无赖，名叫克忒西俄斯，是萨墨岛人，依仗着自己的巨大家产，也追求长久离家的奥德修斯的妻子。他在求婚者中说："朋友们，听我讲几句，这个外乡人已得到了同样的一份烤肉。我们不应该辱骂忒勒马科斯家中的客人，那种做不合适。现在，我也要送这位外乡客人一份礼物，也好让他赠送给为他沐浴的女仆们，或者送给英雄奥德修斯家中的仆人们。"

随后，他抓起盘中的一只公牛腿，用有力的臂膀扔向了奥德修斯。奥德修斯把头侧向一边，轻松地躲避开了，心里冷笑着。牛腿砸在了坚实的墙壁上。忒勒马科斯斥责克忒西俄斯说："克忒西俄斯，你应该庆幸我的客人躲开了你的攻击，不然，我会用长矛刺穿你的胸膛，那样你的父亲就不是忙着在这儿为你办喜事，而是办丧事了。所以，你们不要在我家造次，虽然过去我年幼无知，但现在我已经分得清好和歹。尽管如此，我们也只能眼睁睁地看着，忍受着牛羊被宰杀，美酒和食物被人享用，这是因为我孤身一人难以阻止你们一大群人。收敛些，别再心怀鬼胎，蓄意害我。如果你们用利剑将我杀死，这样反而比较好，我就不用眼睁睁地忍受你们这些无耻的行径，看着你们辱骂我的客人，野蛮地将我家的女仆拉来拉去。"

他这样说道，厅堂内所有人悚然无言，全都沉默了。最后达玛斯托之子阿格拉奥斯在众人中说道："朋友们，不要生气，不要用粗暴的言语去反驳合乎情理的话语。我们最好不要侮辱高贵的奥德修斯家中的客人或奴役他的仆人。但是我还是有几句话想劝告忒勒马科斯和他的母亲，也许你们会接纳。你们心中一直希望英雄奥德修斯能回到家园，谁也不能责备你们等待他归来，而且也应该约束厅堂内的求婚者，如果奥德修斯真能够返回家园，这样做很妥当。但是事实已经很明显了，奥德修斯是不可能返回家园的。你还是坐到你母亲身旁好好劝劝她，让她嫁给求婚者中最优秀的、送聘礼最多的人。这样，你可以继承你父亲的遗产，痛快地吃喝，让你母亲嫁随到别人家去吧。”

聪明的忒勒马科斯回答说：“阿格拉奥斯，我的父亲已经远离伊萨卡岛，或许已经身亡，或许还在继续流浪。我用天父宙斯和我父亲的苦难做证，我绝没有想拖延母亲婚事，反而还劝她嫁给自己喜欢的人，并且还要赠送给她大量的礼物。但是我也不能下命令逼迫她，将她赶出这座庭院。上天也不会同意我那样做的。”

忒勒马科斯如此说道，这时女神雅典娜迷失了他们的心智，让求婚者们止不住地狂笑。他们把嘴都笑歪了，并吃起血淋淋的生肉，眼中却满含泪水，心里极度痛苦。这时，仪表非凡的塞俄克鲁墨诺斯在众人中说：“你们这些可怜的东西，中了什么邪？你们的脸和腿怎么都被黑夜和昏暗笼罩，到处都是哀号，你们的脸上流着泪水，墙上和房梁上溅满了殷红的血。走廊里和整个庭院中随处都是要去幽暗阴间的冤魂，天空的太阳也消失了，一切都笼罩在这惨淡的黑雾之中。”

他这样说道，所有人听了都哈哈大笑。波鲁玻斯之子欧鲁马科斯对大家说道：“年轻的朋友们，这位新来的客人大概是疯了。你们还是赶快把他赶出庭院，送到群众聚集之地，因为他觉得这儿像黑夜一样。”

仪表非凡的塞俄克鲁墨诺斯对他说道：“欧鲁马科斯，我有眼睛，有耳朵，有双脚，胸膛里有心，什么也不缺，用不着你派人送我。我自己会离开的，因为我看见恶魔已经找上了你。你们这些求婚者，在英雄奥德修斯的家中粗暴无礼，做出无耻的行径，没有一个能逃避得了。”

随后，他离开了这座精美的庭院，前往比雷埃夫斯，在那儿受到了热情的款待。这时，所有的求婚者彼此相望，想着辱骂他的客人，用以激怒忒勒马科斯。他们其中一个自傲的年轻人说道："忒勒马科斯，没有人比你更倒霉，收留一个衣服破烂的叫花子——只知道讨要食物，既无力气，又没有什么技能，简直就是世上的一个累赘。你的另外一位客人又来给你提建议了，如果你听从我的建议，肯定比现在的境况好。我们应该把这个外乡人扔到一只船上，将他们卖到西西里岛，还能赚到不少钱。"

求婚的弟子这样说道，但是忒勒马科斯根本就不理会他；他静静地看向他的父亲，等盼着手刃这些无耻之徒的时机。

这时，伊卡里俄斯的女儿，贤能聪慧的裴奈罗珮，正把他华丽的座椅放在门口，听到了厅堂内每个人的讲话。求婚者们嘻嘻哈哈，宰杀了许多头牛，准备了美味可口的丰盛宴席。但是没有什么宴席比这次的更难吃，因为他们做了许多邪恶无耻的事，这是女神和英勇的奥德修斯专门为他们准备的。

# 卷二十一

斐奈罗珮拿出她丈夫的弓箭，这把箭是除了奥德修斯，其他求婚者们都不能将其拉开。

此时，灰眼睛女神雅典娜让伊卡里俄斯的女儿——聪明的斐奈罗珮心生一计，打算拿出弓箭和铁，作为在奥德修斯家宫殿里求婚者们相互竞争的武器，来开始这场屠杀。于是她走上了高高的楼梯，去了她的卧室，强有力的手中握着一把上好的青铜钥匙，钥匙柄是象牙做成的。她的女仆们跟着她一同前往，来到了房中最远处的藏宝室，那儿收藏着她丈夫的珍宝，有青铜、黄金以及制作精美的铁器。那儿放置着一把弯弓以及一个箭袋，还有很多置人于死地的箭杆，那是奥德修斯在拉凯代蒙遇见的一个朋友送的礼物，那朋友是一位长得像众天神的伊菲托斯之子欧鲁托斯。这两人是在麦西尼、在明智的奥托吕科家里相见的。那时奥德修斯在那里向人讨债，因为麦西尼的人从伊加留用弯船带走了三百只羊以及牧人。当时的奥德修斯还是一个小伙子，他的父亲和长辈派他到遥远的地方去。而且，伊菲托斯也来寻找弄丢的十二匹母马以及强健的骡子。这些事最终使他丧命，他来到宙斯勇敢的儿子——完成了许多大事的赫拉克勒斯家里时，那位倔强的主人不怕众神对他的报复，也不顾他面前坐着的客人；虽然他是他家的客人，饭后他还是杀了他，并把强健的马蹄留在了大厅里。在伊菲托斯寻马的时候，他遇见了奥德修斯，给了他一把弓箭，这弓箭是以前欧鲁托斯用过的，死后传给了他儿子。奥德修斯也送了伊菲托斯一把利剑及一支长矛，两人从此成为好朋友；但他们从没有招待过对方吃饭；因为之前，宙斯之子杀死了欧鲁托斯之子伊菲托斯，一个像众多不死之神一样的人。但是英勇的奥德修斯前去战斗时，没能把它带到他的黑色船里，于是弓箭就留在了家里，成了亲爱的好友的纪念物，他只在家乡用过这把弓箭。

现在，这位美丽的夫人刚好来到了藏宝室，踏上了橡木门槛——这是木匠当初精心设计的，又直又平，装上门柱，又配上了华丽的大门。她快速地解开门柄上的绳索，插入钥匙，径直打开了锁。锁打开时的声音就像一头正在草地上吃草的牛发出的那样有力；华美的门就这样被快速打开了。她踩在垫高的地板上，那儿放着箱子，里面还存放着熏香的衣服。她伸出她的手，从架上拿下那把闪耀夺目的弓箭。她坐下来，把弓匣放在膝上，拿出她丈夫的弓箭大声地哭着。哭够了以后，她手里拿着弯弓、装满箭的箭袋以及许多置人于死地的箭杆前往大厅，那儿聚集着自负的求婚者们。跟她一起的女仆们也带了一个箱子，里面有很多铁器和青铜制品，都是她丈夫的武器。这时，这位美丽的夫人走到求婚者们面前，站在修筑精美的房子的柱子边，脸上垂下闪耀的头饰；她左右两侧各站着一位忠实的女仆。她对求婚者们说道："求婚者们，听我说，你们已经来到这里，可以一直吃喝下去，因为这家的主人已经走了很久，你们并不能替你们的言语找到说辞，只想娶我为妻。现在你们来吧，我就把这荣誉放在你们面前。我把神圣的奥德修斯的大弓放在这儿，谁能最不费力就用手把弓弦拉上并穿过十二把斧头，我就放弃我丈夫的这豪宅跟谁走，我想我以后只有在梦中记得它了。"

她说完，就命令勇敢的养猪奴欧迈俄斯替求婚者们布置好了弓箭及铁斧。欧迈俄斯眼含热泪把它们拿起又放下；牧牛奴看见他主人的弓箭也哭了。随后安提努斯制止他们，对他们呵斥道："你们这对愚蠢无礼的家伙，真是目光短浅，为什么要掉眼泪，使得夫人的内心也激动起来？夫人失去了自己心爱的丈夫，内心本来就已经很痛苦了。你们坐下来安安静静地吃饭，不然的话就到外面去哭吧。留下弓箭，让求婚者们进行一场激烈的较量，我看这把擦得光亮的弓箭可不是轻易就能拉开的。这儿在场的人还没有谁能比得上奥德修斯，我亲眼看见过他，还记得很清楚，虽然那时我还只是一个孩子。"

他这样说，内心却希望自己能拉开这把弓箭，并射穿铁斧。实际上，他是该第一个尝尝高贵的奥德修斯的箭的滋味的人——他坐在大厅里对他不敬，还煽动其他的人也这样干。

然后勇敢的王子忒勒马科斯对他们说道："现在请看，宙斯真是把我弄糊涂了！我亲爱的智慧的母亲说她将要跟一位生人离开，抛弃这所房子；而我却糊涂地笑了。现在来吧，求婚者们，这是放在你们面前的荣誉，她就是你们的奖品，现在，在亚加亚人的土地上或是在神圣的皮洛斯，或是阿哥斯，还是迈锡尼、伊加留以及这黑色的大陆上，也不会有像她那样漂亮的人了。既然你们都知道，还需要我来夸耀我母亲吗？来吧，别再找借口拖延了，也不要迟迟不去拉开弓弦，还是让我们见识一下此事究竟会怎样吧，我也打算亲自试试这把弓箭。要是我拉开了弓弦并射穿了铁斧，那我的母亲放弃这豪宅跟其他人走了，我也不会伤心的，因为我虽然会被留下，但那时我也能够使用我父亲的神兵利器了。"

于是他脱下脖子上的红色套袍，一跃而起，并从双肩上取下了他的剑。他首先挖了一个又长又直的沟渠，把斧头都放置好，并在周围把土踩实。所有的人都惊讶地看着他是怎样有序地放置斧头，虽然他以前也从没看人怎样做过。然后他走到门槛那儿停下，开始试拉弓箭。一连三次，他都尽力去拉动弓弦，但三次他的努力都失败了，虽然他的心里还是渴望能拉开这把弓箭并让箭射穿铁斧。第四次时他拉弓上弦，眼看就要成功时，奥德修斯朝他点头暗示，阻止了他。于是强壮的忒勒马科斯对众人说道："现在你们看见了，到我死时，我也将仍是一个懦夫，一个软弱无用的人，或许是我太年轻了，还不能用我的手反击任何无故挑衅的人。但现在来吧，你们比我强壮有力，来拉弓吧，好让我们结束了这场竞争。”

他把弓放在地上，把它斜靠在光滑结实的门边，又把利箭靠在精美的弓旁，然后才再次坐到了之前离开的高高的座位上面。

欧培塞斯之子安提努斯对众人说道：“所有的朋友们，按顺序来吧，从斟酒的左边开始，依次向右进行吧。”

安提努斯如是说，大家都很满意。于是，第一个站起来的是奥依诺普之子勒伊俄得斯，他是大家的预言家，经常坐在大厅尽头漂亮的掺酒碗旁边；只有他讨厌他们头脑发热的行为，对所有的求婚者们愤愤不平。现在他首先拿起了弓及利箭，走到了门槛边停下，开始试拉弓箭；但是他拉不开弓箭，他软弱无力的手还没拉开弓弦就已经没有力气了；于是他对众多的求婚者们说：“朋友们，我还真是拉不开它，让其他的人把弓拿去吧。啊，这把弓会让很多鲁莽的人丧命的，当然，对我们来说，死了比活着遭受失败要好得多，因为我们一直待在这里，日复一日地渴望得到战利品。现在很多人心里都希望娶奥德修斯的妻子裴奈罗珮，但是这样的一个人却要试试这把弓箭，从那时以后又要让他带着聘礼去向其他衣着华美的亚加亚妇女求婚，赢得她们的芳心。所以我们的夫人要嫁给送聘礼最多的人，而且是命中注定的人。”

他说完，放下弓，把它斜靠在光滑结实的门边，又把利箭靠在精美的弓旁，然后才再次坐到了之前离开的高高的座位上面。

安提努斯斥责他道：“勒伊俄得斯，你说的这是什么话？真是让人伤心痛苦。不，我听到它就很生气——一想到这样一把弓箭就会让勇敢的我们丧命，而这所有的一切都是因为你拉不动它。我告诉你，你的母亲没有生出能拉开弓并射出箭的后代：但是很快，其他高贵的求婚者们就能拉开弓箭了。”

说完，他命令牧羊奴墨朗西俄斯道：“现在，墨朗西俄斯，快点在房里升火；在火旁放一把大的靠背长椅，并在上面铺上羊皮；拿一大块油脂过来，让我们年轻人点燃用来取暖，试拉的时候也可以涂在弓箭上，以便完成这场竞赛。”

言罢，墨朗西俄斯很快就升起了一堆不灭的火，在火附近摆上了靠背长椅，并在其上铺上了羊皮，他又从里屋拿出了一大块油脂。随即年轻人们把弓烤热了，然后试拉弓箭，却拉不动它，因为他们的力量严重不足。求婚者们的领袖安提努斯和神一样的欧鲁马科斯仍然坚持他们是最出众的。

英勇的奥德修斯家的牧牛奴跟养猪奴一同离开了房里；奥德修斯也跟在他们后面出去了。但他们走到门口，来到院子里，他轻声对他俩说道：“牧牛的跟养猪的，我是该说出来呢，还是埋在心里呢？不，我必须说出来。要是某位天神让奥德修斯突然出现在这儿，你们会不会帮他？你们会站在求婚者们一边还是会站在奥德修斯一边？你们就按照内心的想法说出来吧。”

于是牧牛奴回答道：“天父宙斯，要是你能实现这个愿望就好了——哦，那个人可能会来，会有某位神明带他来这儿！那时你就会知道我有多少本领，我怎样施展双手为他效劳了。”

欧迈俄斯向所有的神明祈祷，希望英勇的奥德修斯能够回到自己的家中。

现在他确定地知道了他们的态度，他再次回应并对他们说道：“看吧，我回家了，真的是我；二十年后，我经历了种种磨难痛苦才回到自己的家乡。我知道在我所有的仆人之中，只有你们还渴望我回来，因为我没听到其他任何人祈祷我能再回来。现在我就要告诉你们所有的真相，虽然那都已经过去了。要是神明能让我亲手征服求婚者们，我会替你们每人找一位妻子，让你们拥有自己的财产，并赠送一所靠近我家的房子；从此我会把你们当作是忒勒马科斯的兄弟跟同伴看待。看吧，我要给你们看一个最明显的标志，那样你们就可以清楚地知道我，真心地承认我，这是很久之前我跟奥托吕科的儿子们去帕尼索山时，被野猪用它的白牙咬伤过后的伤痕。”

随即他就把他的衣服从伤疤上拉开。两人看到它时，就清楚地明白了。他们伸出手臂抱住明智的奥德修斯，哭泣着，亲吻着他的头跟肩膀。奥德修斯也亲吻他们的头跟手。要是奥德修斯不阻止他们，他们会哭到太阳落下的。奥德修斯对他们这样说道："别哭了，停止你们的悲伤，不然有人从大厅里出来就会看见我们，并告诉大厅里的人。不，我们分开进去，不要一起走；我先进去，你们后面跟来，让这成为我们之间的暗示。剩下的那些骄傲的求婚者们是不会把弓及箭交到我手里的；那时，亲爱的欧迈俄斯，你拿着弓走过大殿的时候，就交到我手上，并叫女仆们把她们结实的房门关上。要是她们中有人听到了隔壁有呻吟声或是喧哗声，让她们不要跑出来，静静地留在屋子里干活。但是你，善良的菲洛提奥斯，我交给你这个任务，把外面的门用门闩插上，并立刻拴上绳子。"

随后他走进了富丽堂皇的殿堂，走到之前起身的椅子前坐下。神圣的奥德修斯的两位仆人也进去了。

此时，欧鲁马科斯正在对付这把弓，把弓的两面都放在火上烤热；即使是这样，他也拉不动它，他的内心极为不快，大声说道："现在你们看见了，我真是替自己以及你们所有的人感到悲哀！虽然我这样深受折磨，倒不是为了婚事这样忧伤；在四面环海的伊加留和其他的地方，都有很多亚加亚妇女。不，要是我们真的跟神一样的奥德修斯的力量差得太远，就太悲哀了，因为我拉不动弓。对于那些还没出生的人来说，听到这些也会是耻辱。"

欧培塞斯之子安提努斯回答他说道："欧鲁马科斯，其实你自己也明白事实并非如此，因为今天是供奉神射手的神圣节日。谁又能在今天这种日子拉好弓呢？还是将弓放到一边，至于那些斧头，就让它们竖在那儿好了，我想不会有人从莱耳忒斯之子奥德修斯的家中，将它们盗走。现在还是让斟酒的人给我们每个人杯子里倒上酒，让我们放下弯弓，向神圣的神射手祭奠。明早吩咐牧羊人墨朗西俄斯从羊群中赶来最好的山羊，我们要用羊大腿在阿波罗的神坛祭祀这位神射手，然后再来试试这张弓，结束这场比赛。"

安提努斯这样说道，其他人都接纳了他的建议。使者们倒水将手洗净，侍者将斟酒碗掺满美酒，供众人享饮。先在众人的杯中斟上祭祀神明的美酒。他们奠酒之后，就开始开怀畅饮，聪明英勇的奥德修斯故意在众人中说道："高贵的求婚者们，我也讲几句想说的话，欧鲁马科斯和高贵的安提努斯的建议很好，你们今天还是停止拉弓的比赛，把这事交给天神决定，到了明天早晨，天神会将荣耀赐给他宠爱的人。这样吧，把擦亮的弯弓拿给我，我也想在你们众人中试试手臂的力量，看看我柔弱的身体是否还像以前那样有力，还是贫困的流浪生活已将我强壮的身体毁坏。"

他这样说道，所有的求婚者听了他的话都非常愤怒，因为害怕他能将此弓拉开。安提努斯斥责他道："你这个可怜虫，简直不知好歹。能和我们这些高贵的人一起享受美味佳肴，还可以听我们的高谈阔论，其他的客人和乞丐绝对没有你这份荣幸，难道你还不知足？一定是甜蜜的浆酒把你弄糊涂了，没有节制的大量饮酒会使人受伤的。曾经，著名的马人欧律提翁到拉庇泰人那儿拜访英雄珀里托俄斯，在英雄的宫廷中，酒迷失了他的心智。他饮酒过量，在珀里托俄斯的宫中犯下了糊涂的事。当时的英雄们都很气愤，大家一跃而起，将他拖拽到门外，用利剑无情地削掉了他的鼻子，割掉了他的耳朵。他由于愚蠢的行为受到了惩罚，忍着痛苦跑掉了。从那以后，马人和人类进行了长期的战争。他是第一个因为大量饮酒而遭到了惩罚的例子。如果你要拉此弓，同样会大祸临头，在我们这片土地上没有人会同情你，我们会立刻用黑色船只将你送到杀人魔王厄开托斯那里去，在那里你难逃一死。还是安静地在那儿享用美酒吧，不要和我们这些年轻人竞争。"

这时聪明贤能的裴奈罗珮对他说道："安提努斯，不得对光临忒勒马科斯府邸的客人无礼，难道你认为这位外乡人用他自豪有力的臂膀拉开奥德修斯这张弓，就会带着我到他家去做他的妻子？我认为在他心里可没有这个想法。所以，你们不必为此事恼怒，在这里尽情享用美食吧，你们担心的事是不会发生的。"

波鲁波斯之子欧鲁马科斯对她说道："伊卡里俄斯的女儿，贤能的裴奈罗珮，我们不是担心他将你娶走，也没那样想过；我们是怕人们的议论，害怕将来某个低劣的亚加亚人会说：'那些追求高贵奥德修斯的妻子的求婚者都是无用之徒，连他的弓都拉不开。但是一个流浪的乞丐却轻而易举的将弓拉开，并射穿了铁斧。’如果他们这样议论，我们就要被人耻笑了。”

贤能的裴奈罗珮回应道：“欧鲁马科斯，那些不尊重王侯财产，而且想要霸占它的人，在这里是不会有好名声的，那让客人拉弓这件事又怎么会成为你们的耻辱呢？这位客人身材魁梧剽悍，也自称出身高贵。来吧，将擦亮的弓给他，让我们都看看他的本领。在此之前，我要许诺一件事，并一定会做到。如果神射手阿波罗赐予他荣耀，让他拉开此弓，我会赠予他精美的衣服和套袍，一把用来防御狗和敌人攻击的长矛，一把双刃利剑和精美的便鞋；我还会派人将他送到他想去的地方。”

这时，聪明的忒勒马科斯对她说道：“母亲，关于这张弓应该给谁或是不应该给谁，没有什么亚加亚人比我更有决定权，包括统治伊萨卡岛的王室和在伊利昂群岛的牧民在内，没有人可以逼迫我。如果我愿意，可以立马将此弓赠予给这位外乡客人。你还是回自己的房间去操弄纺车和纺锤，叫女仆们好好干活吧。拉弓射箭是我们男人的事，首先是我的事，因为我是一家之主。”

裴奈罗珮满带惊讶地回到自己的房间，她听从了儿子有理的话。在侍女的陪同下向上面的房间走去，又开始为奥德修斯，她亲爱的丈夫哭泣，一直到灰眼睛女神雅典娜将甜蜜的美梦放到她眼睑上，让她入睡。

现在，优秀的养猪人正拿着弯弓准备离开，求婚者们又开始在厅堂内喧哗起来。他们中一个傲慢的年轻人说道：“你这个卑贱的养猪人疯了吗？想把弯弓拿到哪儿去？如果神射手阿波罗和其他永生的天神允许，我们就让你那看守猪群的猎狗把你吃掉，谁也不会同情你。”

他们这样说道，养猪人将弓放在了原地，惊恐地看着厅堂内这些喧闹的求婚者。这时，在一旁的忒勒马科斯用威胁的语气说道：“老伙计，不用怕，将弓拿到这儿来，不必听他们的吩咐。否则，虽说我比你年轻，也还可以将你赶到郊外，拿石头砸你，因为我比你强壮。要是我比厅堂里这些求婚者都强壮勇武该多好，我会把一切图谋害我的人逐出家门，让他们吃点苦头。”

他这样说道，求婚者们哈哈大笑起来，并没有对忒勒马科斯生气。这时，养猪人拿着弯弓穿过厅堂，来到英雄奥德修斯那里，将弓交给了他。然后，他叫来家中的保姆欧鲁克蕾娅，对她说道："聪明的欧鲁克蕾娅，忒勒马科斯命你将大门锁好，如果听见什么呻吟声、喧闹声或是打击墙壁的声音，让她们不要上前来，安静地做好自己的事。"

他这样说道，她不敢多问，按吩咐将大门锁好。

菲洛提奥斯静静地走出房间，将庭院的门上锁。走廊上有弯船上用的一根棕绳，他要用那根绳子快速将门拴绑好，然后走进厅堂，回到他刚才坐的地方，望着奥德修斯。此时的奥德修斯正拿着弓，来回翻转着看，生怕这弓在他离开的这些时间被虫蛀了。这时，有人对旁边人说道："眼力还不错，好像对弓很内行！我猜想，可能他家里也有类似的一张弓，要不就是想打造一张这样的弓，这个无赖，还将弓拿在手里翻来覆去地看。"

另外一个狂妄的年轻人说道："就他这个样子，还能拉开这弓？我们看看他有什么能耐。"

求婚者们这样议论着。这时聪明英勇的奥德修斯拿着大弓，仔细检查完每一个地方后，就像一个擅长弹奏七弦竖琴的人，技艺娴熟地拉起羊肠弦线，为琴柱安上琴弦。奥德修斯毫不费力地给大弓拉上弓弦，将弓拿在右手，然后拨动弓弦，弓弦发出动听的鸣声，就像燕子的叫声一样清脆。求婚者们看到了非常沮丧，脸色骤变。这时，天父宙斯又响起了炸雷作为征兆。历经磨难的英雄奥德修斯备受鼓舞，因为善于谋略的克洛诺斯之子给他送来了吉兆。然后，他拿起桌上的一支矢箭，其他的矢箭还放在箭袋中，那是为厅堂内的亚加亚人准备的。奥德修斯坐在椅子上，把矢箭搭在弓弦上，将其准确地射出。矢箭从第一把铁斧穿过，一直从最后一把铁斧穿出，没漏下一个。他对忒勒马科斯说道："忒勒马科斯，坐在你厅堂内的客人没给你丢脸吧？我没费多大劲就拉开了弓弦，并且没有错过一把铁斧。看来我还是那样强壮，不像求婚者辱骂的那样没用。趁天还没黑，是时候为亚加亚人准备晚宴了，晚宴过后，我们还要唱歌跳舞，弄些其他娱乐活动。"

奥德修斯说完，点头示意，他亲爱的儿子忒勒马科斯就挂上利剑，拿着长矛，穿着青铜盔甲，来到他的座椅旁站立。

# 卷二十二

杀死求婚者。

这时，聪明英勇的奥德修斯脱去他身上破旧的衣服，手里拿着弯弓和箭袋一跃跳到巨大的门槛上。他将所有的矢箭倒在脚下，对这些求婚者说道："这个艰巨的任务终于完成了，现在我还将完成别人从未试过的另外一个目标，希望神射手阿波罗赐给我荣耀。"

奥德修斯用矢箭射杀了安提努斯。此时的安提努斯正举起精美的双耳金酒杯享用美酒，心中全然没想到自己会死。又有谁会想到在这宴会中，会有一个健壮的人给他们带来死亡和黑暗的命运呢？奥德修斯瞄准安提努斯，用矢箭射向了他的咽喉，直接洞穿那柔软的脖子。安提努斯中箭倒在了一旁，酒杯从手中滑落，鼻中喷出殷红的血液。他倒下时，用脚踢翻了餐桌，食物洒落一地，麦饼和烤肉落得满地都是。当求婚者们看到安提努斯倒地，惊恐万分的他们从座椅上一跃而起，大声喧哗起来，向厅堂四周张望，试图寻找盾牌和巨矛等兵器。但他们什么也没有找到。他们非常生气地斥责奥德修斯道："外乡人，将矢箭拿来射人是很危险的，你不能再参加其他任何竞技比赛了。因为你射杀的是伊萨卡岛上年轻人中最为高贵的一个，你将必死无疑；没人会替你收尸，秃鹰会将你吞食殆尽。”

求婚者们都这样说，以为奥德修斯不是有意杀人。这些愚蠢的家伙，全然不晓自己已注定面临死亡。聪明英勇的奥德修斯恶狠狠地盯着他们说道：“你们这群狗东西，心里总认为我不会从特洛伊战场返回家园，在我家里，挥霍我的财产；强迫我的女仆与你们通奸；在我还活着的时候，追求我的妻子；做出这种大逆不道的行为，也不怕天神震怒，后世的诟骂、谴责。现在你们一个个都注定要死亡。”

奥德修斯这样说道，脸色苍白的求婚者们非常惊恐，四处张望，寻找逃避死亡的途径。

只有欧鲁马科斯对奥德修斯说道：“如果你真的是伊萨卡岛的奥德修斯，并重返家园，你应该谴责我们这些亚加亚人，因为我们在你家里、你农庄中干了很多愚蠢的事。但是，这一切都要归咎安提努斯，现在他已经死了，全是他鼓动大家做这些事的。他并非真想要结婚，而是另有阴谋，他伺机想杀死你的儿子，然后在伊萨卡岛称王，天父宙斯是不会帮他完成心愿的。现在他被你杀死了，那是他罪有应得。但你应该宽恕我们这些人，宽恕你的臣民；我们将会拿出领地等来赔偿你，我们按照在你家中的吃喝，每人赔偿你价值二十头牛；另外，我们会拿出大量的青铜和黄金作为赔偿，直到你满意为止。在偿还之前，你对我们的责备和生气，我们都没有理由埋怨你。”

聪明英勇的奥德修斯恶狠狠地盯着他，说道：“欧鲁马科斯，就算是你拿出全部的家产，再加上从别的地方弄到的东西赔偿给我，也不能阻止杀戮，我要让你们为那无知的愚蠢行为付出代价。现在我给你们两个选择，要么你们和我公平战斗，要么逃跑，这两样都可以帮助你们逃脱死亡的命运。但是在我看来，你们总有人逃不出这场杀戮。”

奥德修斯这样说道，他们两腿发软，内心充满绝望。这时，欧鲁马科斯对他们说：“朋友们，很明显这个无敌的人不打算放过我们，他要拿着擦亮的弓和矢箭，从光滑的门缝中放箭将我们一一射杀，我们还是考虑怎样战斗吧。拔出你们的利剑，拿餐桌防御射来的致命矢箭，我们一起攻击他，也许能将他从大门那儿逼退，然后逃到城内呼救，他就不会在向我们发射矢箭了。”

随即，他一跃而起，抽出锋利的双刃青铜利剑，大喊着冲向奥德修斯。英雄奥德修斯同时将矢箭射向他的胸膛，矢箭刺中了他的肝脏，利剑从他手中滑落到地面，他弯着腰扶着餐桌倒下了，食物连同精美的双耳酒杯被打翻到地上。他痛苦地用头撞击地面，双脚乱蹬，踢翻了座椅，他的眼睛开始变得暗淡无光。

安菲诺摩斯也拔出利剑，冲向英雄奥德修斯，希望能将他从大门那儿逼退。但是忒勒马科斯事先在那儿伺机等待，向他投掷青铜巨矛，锋利的青铜尖刺中了他的两肩中间，洞穿前胸，他一头栽倒在地。忒勒马科斯跳向一旁，将长矛留在了安菲诺摩斯的身上，因为他害怕在拔长矛时，某个亚加亚人跑过来用利剑刺杀他，或者在弯腰时受到攻击。他快速来到父亲身边，急促地说道：“父亲大人，我现在去给你拿一个盾牌、两把长矛和一个青铜护头盔来；我自己也要武装起来，同样再给那边养猪人和养牛人拿来武器，有武器装备还是要妥当些。”

聪明英勇的奥德修斯说：“趁我现在还有矢箭可以抵御，快快将武器拿来，否则他们会将我从门前逼退，到时我便孤立无援。”

他这样说道，忒勒马科斯听从父亲的吩咐，来到了密室，那里堆放着大量的武器。他从那儿取了四个盾牌、八把长矛和四个装饰有马鬃毛的青铜头盔，并拿着它们快速来到父亲这儿。他自己首先穿上青铜盔甲，两个仆人也快速将自己武装起来，站在足智多谋的英雄奥德修斯两旁。只要奥德修斯还有矢箭来抵御，他便不停瞄准目标，将矢箭射向求婚者，求婚者一个接一个地倒地。等到矢箭射完的时候，他将弓靠在坚固大厅的门柱上，靠着闪亮的影壁。然后他把四重防御的盾牌挎在自己的肩上，将饰有马鬃毛的青铜头盔戴在硕大的头上，长长的马鬃在上面摇动，尽显威武。他又抓起两把巨大的青铜长矛。

在这个坚固的厅堂里，还有一道通向走廊的紧闭着的后门，出口与厅堂的门槛一般高。所以奥德修斯命令养猪的守住那个出口，因为那里是唯一的通道。这时，阿格拉奥斯对求婚者们大声说道：“朋友们，如果有人能从后门逃出去，然后逃到城内呼救，他就不会再向我们发射矢箭了。”

牧羊人墨朗西俄斯对他说道：“尊贵的阿格拉奥斯，这是行不通的，因为那个通往院子的美好大门离他们太近，从侧面出口逃跑又危险重重，只需要一个勇士在那儿看守，就可以抵挡住任何数目的人。还是让我从密室里为你们拿来好的武器装备吧，我想，兵器一定放在密室里，奥德修斯和他高贵的儿子不会把兵器放在别处的。”

随后，这个牧羊人墨朗西俄斯走过厅堂的台阶，来到奥德修斯的密室，他从那儿取走了十二个盾牌，还拿了同样多的长矛和装饰有马鬃的头盔拿给求婚者。当奥德修斯看到求婚者们装备好盔甲，手中挥舞着长矛，两腿发软，心里害怕，知道了这场战斗的艰巨。他急忙对忒勒马科斯说道：“忒勒马科斯，我敢确定是家中的某个女仆想让我们陷入恶战，要不就是墨朗西俄斯从中使坏。”

聪明的忒勒马科斯回答道：“父亲，是我犯糊涂了，怪不得他人，我忘记了关好密室的门，才会被他们的探子发现。优秀的欧迈俄斯，你现在快去锁好密室的门，看看是家中的哪个女仆在捣鬼，还是多利俄斯之子墨朗西俄斯使坏，我觉得多半就是墨朗西俄斯干的。”

当他们交谈时，牧羊人墨朗西俄斯又一次来到密室准备取走更好的武器装备。优秀的养猪人看见了，立刻对身旁的奥德修斯说道：“神裔莱耳忒斯之子，聪明英勇的奥德修斯，我们怀疑的那个使坏东西正前往密室呢。吩咐我吧，倘若我比他强壮，是直接将他杀死，还是将他带到你这儿来，再惩罚他在你家中做的诸多恶事?”

聪明英勇的奥德修斯说：“我和忒勒马科斯一起抵御厅堂里这些狂暴的求婚者，你们两个去把墨朗西俄斯的手脚捆起来，将他丢进密室里，再在他背上绑上门板，用绞紧的绳子把他捆住，将他吊到高高的房梁上，接近屋顶的地方，让他好好尝尝痛苦的滋味。”

他这样吩咐道，他俩按照奥德修斯的吩咐来到密室，这个牧羊人全然不知道他们的到来，此刻正在密室里寻找更好的武器。他们就站在门两旁等着牧羊人出来。当牧羊人墨朗西俄斯走过门槛时，一手拿着精致的头盔，一手拿着古老的有些锈迹的巨盾。这盾牌是英雄莱耳忒斯年轻时用过的，现在被放在这儿，上面缝合带子的线已经松开了。这时他俩冲扑上前，将墨朗西俄斯抓住，揪着他的头发，将他摁倒在地，然后用绳子将他的手脚紧紧捆绑在他的背后，就如神裔莱耳忒斯之子，聪明英勇的奥德修斯吩咐的那样。他们又用绞紧的绳子将他吊在了接近房顶的地方。这时养猪人欧迈俄斯嘲笑他说："墨朗西俄斯，你要在这松软的床上整夜窥视啊！这挺适合你的。当太阳的曙光从海平面升起的时候，你就该赶着你肥美的山羊忙着为那些厅堂的求婚者做饭了。"

他俩将墨朗西俄斯吊在这里忍受痛苦，自己穿上盔甲，锁好华丽的门，就到聪明英勇的奥德修斯那儿去了。他们四人急促地呼吸，与那些勇猛的求婚者在大门那儿对峙。这时，宙斯的女儿雅典娜幻化成曼陀的样子来到他们身边，奥德修斯见到他非常高兴，对他说："曼陀，帮我抵挡危难，不要忘了我是你的好伙伴，曾经帮助过你，也是同年的人。"

他这样说道，但也猜想到这可能是统领军队的雅典娜。在厅堂内的求婚者开始喧闹起来，达玛斯托之子阿格拉奥斯第一个斥责雅典娜，说道："曼陀，不要被奥德修斯欺骗了，他想让你帮助他来对付我们。我倒觉得我们的目的会实现，会将他们几个全部杀死，包括奥德修斯和他的儿子，如果你在这里帮助他们，到时我们也会将你杀掉，砍下你的头颅。当我们用利剑把你们消灭后，还要把你的家里的财产和农庄连同奥德修斯的财产一起没收，将你们的儿子和女儿赶出家园，将你们贤惠的妻子赶出伊萨卡岛。"

他这样说道，雅典娜听了非常生气，愤怒地埋怨到奥德修斯说："奥德修斯，你的勇气和力量都不如当年了，当初你为了素臂的王后海伦，同特洛伊人奋战九年，很多人在战争中被你杀死，最后你还用计谋攻下了普里阿摩斯这个偌大的都城。现在你回到你的家中，见到自己属于自己的东西，面对这些求婚者，怎么唉声叹气，缺乏勇气与他们对战呢？老朋友，到我这儿来，我将让你见识到阿尔西穆斯之子曼陀是怎样对付敌人，来回报你的恩情。”

她这样说道，并没有直接给予奥德修斯完全性的胜利，还想试探奥德修斯和他高贵的儿子的勇气和能力。她幻化成一只燕子，歇息在被烟熏黑的房梁上。

现在，达玛斯托之子阿格拉奥斯，欧鲁诺摩斯，安菲墨冬，德莫普托勒莫，博鲁克托之子培桑德和聪明的波吕伯等人，正鼓动活着求婚者们为生存而战，他们剽悍勇猛，其他的求婚者已倒在了密集的箭雨之中。在众人中，阿格拉奥斯对他们说道：“朋友们，这个不可战胜的人快要完蛋了。曼陀空虚的吹耀一番就撇下他们离开了，让他们孤守大门。现在，我们不要把手中的长矛扔出去了，让我们先投掷六把长矛，希望天父宙斯赐我们荣耀，击中奥德修斯。只要他倒下了，其他人都不足为虑。”

他这样说道，六人全部按照他的吩咐去做了。但是，雅典娜让他们的努力白费，一把长矛击中了坚固厅堂的门槛，一把长矛击中了紧闭的大门，一只铜尖笨重的槐木长矛击中了墙壁。当奥德修斯他们躲避了求婚者投掷的长矛后，英雄奥德修斯对他们说：“朋友们，听我吩咐，将长矛用力投向这些求婚者，他们嫌过去作恶太少，现在还想着要杀掉我们。”

奥德修斯这样说道，他们瞄准求婚者，用力投掷出锋利的长矛。奥德修斯击中了德莫普托勒莫，忒勒马科斯击中了欧鲁诺摩斯，养猪人击中了厄拉托斯，养牛人击中了培桑德，这些人一头栽倒在地，求婚者们退到了厅堂的角落。奥德修斯他们从尸体上拔出长矛，冲向求婚者。

求婚者们再一次投掷出长矛，想击杀他们，但是雅典娜又一次让他们的想法落空，一把长矛击中了坚固厅堂的门槛，一把长矛击中了紧闭的大门，一只铜尖笨重的槐木长矛击中了墙壁。只有安菲墨冬击中了忒勒马科斯的手腕，青铜长矛擦伤了一些外皮。还有克忒西俄斯投掷的长矛，从欧迈俄斯的盾牌上掠过，擦伤了他的肩膀，长矛飞过去，掉在了地上。英勇善战的奥德修斯他们同样也向求婚者投掷了长矛，攻城夺寨的奥德修斯杀死了欧鲁达马斯，忒勒马科斯杀死了安菲墨冬，养猪人杀死了波吕伯，养牛人击中了克忒西俄斯胸膛，并得意扬扬地说道：“波吕塞西之子，你这个喜欢嘲讽的人，再也不能到处胡作非为、胡说八道了。天神比起你来强大得多，事情都是由他们决定的。当英雄奥德修斯在厅堂乞讨时，你用牛腿扔他，现在这就是对你的回敬礼。”

养牛人这样说道。这时，奥德修斯又用长矛杀了面前的达玛斯托之子，忒勒马科斯用长矛刺中了欧厄诺尔之子勒奥克里托斯的腰部，直接洞穿身体。勒奥克里托斯一头栽倒在地面。这时，雅典娜高悬在屋顶上，拿着致人死命的神盾。求婚者们非常惊恐，在厅堂内四处逃窜，就像牛群在白昼最长的春季里被牛虻追咬。追杀的一方又像利爪尖嘴的老鹰，从山顶飞扑下来，击杀一些在云层之下靠近平原地面的小鸟，小鸟无力抵抗，也无法逃脱，人们正欣赏这一场杀戮。就像这样，奥德修斯他们冲向这些求婚者，在厅堂处处攻杀他们。他们被杀死时，发出可怕的哀号，地上到处都流淌着鲜血。

勒伊俄得斯急忙跑上前去抱住奥德修斯的腿，恳求他道：“奥德修斯，求求你，可怜可怜我吧，饶恕我的过错，我可以保证在你家中，从没虐待过你的女仆，也没做过任何无礼的举动。而且，我还劝说求婚者们要克制自己，不要做坏事。可是他们不听我的劝说，还是继续作恶。他们死了，全都是自找的。我是他们当中主持祭祀的人，并没有做过任何坏事，如果我像他们那样被杀死，那真是做好事没好报了。”

聪明英勇的奥德修斯恶狠狠地盯着他说：“如果你真是他们当中主持祭祀的人，那你一定经常在厅堂内祷告，希望我不能返回家园，希望我的妻子嫁给你，为你生儿育女；因此你不能逃脱死亡的命运。”

随即，他从地上抓起一把利剑，那是阿格拉奥斯被杀时掉落到地上的。奥德修斯用这利剑砍向了正在说话的勒伊俄得斯的脖子，头颅滚落到地面。

曾经被强迫为求婚者歌唱的乐师特尔辟之子斐弥奥斯，现在还在寻找怎样才能逃避这场杀戮的出路。他站在后门，手里握着声音清脆的七弦竖琴，心里思考着两个主意：是趁机溜到厅堂外面，坐到伟大的天父宙斯的精美祭坛那儿——那里莱耳忒斯和奥德修斯曾经焚献许多牛股，还是到奥德修斯跟前抱住他的大腿恳求他饶恕。最后他觉得还是抱着莱耳忒斯之子奥德修斯的大腿，恳求他饶恕比较好。他将七弦竖琴放在酒钟和银嵌的座椅之间的地上，跑到奥德修斯跟前，抱住他的大腿，恳求他道："奥德修斯，求求你，可怜可怜我吧，饶恕我的过错。如果你将歌颂天神和凡人的我杀死，将来会悔恨的。我无师自通，上天赋予我的心灵各种诗歌。不要急于砍下我的头颅，我会像歌颂天神那样歌颂你。我没有任何企图，并非是我要来你家为那些求婚者歌唱，而是他们人多势众，强迫我来这儿，这一点你亲爱的儿子忒勒马科斯可以为我做证。

他这样说道，高贵的忒勒马科斯听见了他说话，急忙对父亲说道："父亲，请住手，不要用利剑杀了这个清白无辜的人，将他的信使弥东也一块儿饶恕了吧。在我小的时候，他一直在家里照看我，除非菲洛提奥斯和养猪人已经将他杀死，或者，在你横扫厅堂的时候杀了他，如果他还活着，就饶恕他吧！"

他这样说道，聪明的弥东正弯着腰躲在椅子后面，为自己盖上一张新剥的牛皮，想逃避这场杀戮。他听到了忒勒马科斯的话，赶快掀开牛皮从座椅底下钻出来，跑到忒勒马科斯身前，抱住他的大腿，急切恳求道："朋友，我在这儿，不要杀我，帮我向你父亲求求情，这些求婚者在这庭院挥霍他的财产，这帮蠢货对你也不尊敬，我害怕勇武的他一时愤怒用利剑将我也杀了。"

聪明英勇的奥德修斯笑着对他说道："放心吧！忒勒马科斯替你求情，救了你。这也让你明白，也可对他人讲，善有善报，恶有恶报。你和那位通晓音乐的朋友可以坐到庭院里去，远离这场杀戮，我还要在家中完成我必做的事。"

随即，他俩走到庭院，坐到伟大的天父宙斯的祭坛那儿，环顾四周，仍然担心被杀死。奥德修斯扫视厅堂，看看是否还有活着的人躲藏起来，逃过了这场杀戮。可是他发现求婚者们都已经倒在了血泊之中，就像那些被渔民用网捕起来的鱼渴望海水一样，它们被堆积在沙滩上，太阳无情地带走了它们的生命。渴求活着的求婚者就像这些鱼一般无奈地死去。这时聪明英勇的奥德修斯对忒勒马科斯说道："忒勒马科斯，帮我找来老保姆欧鲁克蕾娅，我有些事要吩咐她。"

他这样说道，忒勒马科斯按照父亲的吩咐，打开大门，对老保姆欧鲁克蕾娅说道："管理家中女仆的老保姆，快来这儿，我父亲找你，有事情对你讲。"

他这样说道，老保姆听到他的话，就打开房门走过来，忒勒马科斯在前面为她领路。她看见奥德修斯站在尸体中间，身上遗留着战斗的血污，就像刚吃完农庄的一头牧牛，正准备离开的狮子，胸膛和脸上到处都是血迹，形象十分可怕。奥德修斯正像这样，手上和脚上都沾满血污。老保姆看见这些尸体和遍地的鲜血，知道成功了，准备欢呼。但是奥德修斯阻止了她高涨的情绪，严肃地对她说道："老保姆，在你的心里高兴就行了，不要欢呼。在被杀死的人面前炫耀是亵渎神明。这些人的死亡是命中注定的，他们作恶多端，不尊重世上的人，不论是好人，还是坏人，是他们那糊涂的行为，将他们带向了死亡。现在，我要你给我讲家中女仆的行为：哪些曾经羞辱于我，哪些是清白无辜的?"

老保姆欧鲁克蕾娅回答他道："孩子，我告诉你全部实情。家里面有五十个女仆，我们教导他们做家务活，怎样梳理羊毛，遵守仆人本分。她们中的十二人犯下了无耻的事，不尊重我，甚至不尊重裴奈罗珮夫人。忒勒马科斯才成年不久，他母亲还不敢让他管理家中的这些女仆。现在，请我让先到楼上华丽的卧室请来你的妻子，某位天神已经让她熟睡。"

聪明英勇的奥德修斯对她说道："先不要叫醒她，你先去将那些犯下无耻错误的女仆叫到这儿来。"

他这样吩咐道，老保姆穿过厅堂，很快地找来了这些女仆。奥德修斯对忒勒马科斯、养牛人和养猪人说道："现在动手将尸体搬出去吧，女仆们都来帮忙，用海绵清洗精美的座椅和餐桌。将厅堂摆弄整洁后，你们将那些犯下无耻错误的女仆带到坚固的厅堂外边，那拱形房屋与庭院高高的栅栏之间，用你们的利剑杀死她们，让她们不用再整天想着怎样去讨好求婚者，忘掉与求婚者私通之事。"

他这样说道，这些女仆们推搡着来到这里，哭哭啼啼，流了许多眼泪。奥德修斯亲自督促这些女仆们干活，她们首先将那些尸体抬出去，将他们一个挨一个地摆放到庭院中的走廊上，然后用水和海绵擦洗精美的座椅和餐桌。忒勒马科斯、养牛人和养猪人用铲刮干净精筑厅堂的地板，女仆们将垃圾扫到门外。

整个房间清理整洁后，他们将那些犯下无耻错误的女仆带到坚固的厅堂外边，到那拱形房屋与庭院高高的栅栏之间一个狭小的地方，避免女仆们逃走。聪明的忒勒马科斯对他的随从说道："我们可不能让这些女仆痛痛快快地死掉，她们侮辱我和我的母亲，还与那些求婚者通奸。"

说着，他将黑色船上用的那种绳子绑在柱子上，另一端扔过圆形的房顶，将女仆们吊起来，让她们的脚离开地面。就像翅膀修长的画眉在寻找栖息的地方时，却陷入灌木丛的网罗中，落到痛苦讨厌的卧床上一样，女仆们排成一排，脖子上套上绳索，被痛苦地吊着。她们死前双腿乱蹬，没挣扎多久就死去了。

这时，他们押着墨朗西俄斯穿过走廊，来到庭院。用刀无情地削掉他的鼻子，割掉他的耳朵，拔掉他的命根子喂给狗吃；在愤怒中，又残忍地砍断他的手和脚。

他们完成任务后，洗净自己的手脚，来到厅堂奥德修斯那里。这时奥德修斯叫来老保姆欧鲁克蕾娅，对她说道："老保姆，去拿些硫黄来除除这屋子的晦气，再生个火，让我将这屋子熏一熏。你去叫裴奈罗珮和她的侍女到这儿来，同时也将家中所有的女仆叫来。"

老保姆欧鲁克蕾娅对他回答道："孩子，你说的这些很对，但是请先允许我为你拿来衣服和套袍，你总不能这样穿着破旧的衣服，站在厅堂内主持事情吧！人们会因此奚落你的。"

聪明英勇的奥德修斯对她说道："你现在还是先在厅堂内生火，将屋里熏一熏。"

他这样说道，老保姆欧鲁克蕾娅按照他的吩咐，取来火种和硫黄。奥德修斯将厅堂、房屋和院子彻底熏了一遍。

老保姆穿过华丽的厅堂，叫来这些女仆们。她们手里拿着火把从房间走出，围着奥德修斯，拥抱他，热情亲吻他的头、肩膀和手表示欢迎。奥德修斯想大哭一场，因为他记得这里的每一个人。

# 卷二十三

奥德修斯让裴奈罗珮知道了自己，并简略地告诉了她自己的经历，清晨他去找莱耳忒斯，也让他知道了自己。

这时，那个老太婆大笑着走进楼上的房间，告诉女主人她的丈夫的想法。她高兴地快速走着，两只脚走得跌跌撞撞的；她在夫人的枕边对她说："醒醒，裴奈罗珮，亲爱的孩子，你将亲眼看到你天天想念的人了。奥德修斯来了，他已经回到自己家里了，虽然回来得晚了些。他已经杀掉了这房子里自负的求婚者，那些破坏他家庭、消耗他家产、压迫他孩子的人。"

智慧的裴奈罗珮回答她道："亲爱的保姆，众神已经让你心烦意乱，众神们可以把智者变愚钝，甚至是把愚人变成智者。他们把你弄得失去理智了，虽然在此之前你有一颗精明的心。为什么你要用这些狂热的话语愚弄我呢？我的内心已经充满了悲伤，睡梦才抓住我，把我的眼睛闭上，你却把我从甜美的梦中叫醒。自从奥德修斯前去查看那不吉的伊利昂，一个我永远不想再提起的地方，我就没有睡得如此安稳过。你现在下去，回到你的房间去，因为要是这家里其他的女仆给我带来这样的消息，把我从梦中唤醒，我会立马不客气地把她赶回仆人的房间；但这次你的年纪让你捞到好处了。”

随后老实的保姆欧鲁克蕾娅回答她道：“我没有愚弄您，亲爱的孩子，但无论怎样奥德修斯确实在这儿，他已经回家来了，就如我告诉你的那样。其实很久之前忒勒马科斯就知道他了，知道他就在这房子里；只是他考虑周到，隐藏了他足智多谋的父亲的意图，为了要对那些目中无人的求婚者的不敬进行报复。”

她说完，裴奈罗珮很是高兴，从床上一跃而起，撞到了这老太婆的脖子。她的眼里滚下了泪水，激动地对她说道：“来吧，亲爱的保姆，我请你告诉我所有的实情——要是他果真如你说的那样回家了——他赤手空拳，是怎样对付那些无耻的求婚者的？他只是一个人，而他们在这房子里还住着同伴。”

接着老实的保姆欧鲁克蕾娅回答说：“我没看见，也没有问，我只听见求婚者被杀死时呻吟的声音。而且我们都躲在坚固的房间里，吓得不敢动，房间里房门紧闭，直到你儿子把我从房里叫出来，是他父亲派他来叫我的。之后我看见奥德修斯站在尸体中间，躺在他身边的尸体堆满了坚实的地板，一个靠着一个躺着；看见他你心里会很安慰的，他身上染上了血，就像战斗后的狮子一样。而且现在所有求婚者的尸体被聚成了一堆，堆在了院子门口。他正在用硫黄清理他漂亮的房子，而且还升起了一堆大火，并派我来叫你。跟我来吧，你已经受了太多的痛苦，你们两个人可以欢聚了。现在你长期以来的愿望已经实现；你的丈夫已经活着回到了自己家里，并且看见你和儿子都在家里；他已经杀了在家里作恶的求婚者们，无一幸免。”

智慧的裴奈罗珮回应她道：“亲爱的保姆，不要自夸大笑。你知道看见他回来大家会有多欢喜，主要是对我而言，还有我们的儿子。但你说的这事不是真的，一定是一位不灭的神明对于求婚者们的傲慢无礼及恶劣行为感到愤怒，才杀掉了这些自负的人们。因为他们不尊重任何尘世之人，任何来客，也不管好坏；因为他们自己那头脑发热的行为注定了他们的不幸。但是奥德修斯远离家乡，不可能回到亚加亚，他自己也死了。”

随后老实的保姆欧鲁克蕾娅回答说：“我的孩子，你说的这是什么话？你丈夫现在就在家里，在他自己的火炉旁，你怎么能说他不会再回来了呢？不，你的心是永远难以相信的。现在就去，我告诉你一个最明显的标志——过去野猪用白牙咬过留下的伤痕。这是我替他洗脚时发现的，我很乐意告诉你，但是他用手捂住了我的嘴，而且他顾虑重重，不让我说。跟我来吧，我可以用生命担保；要是我骗了你，你可以用最残忍的方式杀了我。”

于是智慧的裴奈罗珮对她说道：“亲爱的保姆，无论你有多聪明，要看出那永恒的众神的意图还是很困难的。不管怎样我们还是去我儿子那儿吧，我要去看看那些死了的求婚者们以及杀了他们的人。”

说完，她从楼上的房间下来。她的内心在挣扎，是同她丈夫保持距离，先询问一下他亲爱的丈夫呢，还是直接过去抱着他的头，亲吻他的头跟手？但当她跨过石头门槛，来到房里时，在火光中，她坐在一角，远远面对着奥德修斯。现在，奥德修斯坐在高大的柱子旁，低着头，等待他高贵的妻子看见他时跟他讲话。但是她坐着，长时间一言不发，心里很诧异，她时而会目不转睛地看着他，时而又好像不认识他，不认识这衣衫褴褛的人。忒勒马科斯打断了她，对她说道：“我的母亲，你真是个铁石心肠的母亲，为何要离父亲这样远？为什么不坐在他身边询问他所有的事情？世上任何其他的女人都不会这样冷酷，疏远自己的丈夫。他已经受了太多的痛苦跟折磨，才得以在二十年后回到家乡，回到你身边。但你的心比石头还硬。”

智慧的裴奈罗珮回答他说：“孩子，我的心还惊魂未定。我没有力气说话，也不能问他，不敢跟他对视。但如果真是奥德修斯回家来了，我们一定会确定地认出对方，因为我们有只有彼此才知道的暗号，其他人都不知道。”

她说完，坚定英勇的奥德修斯笑了，立即对忒勒马科斯说道：“忒勒马科斯，现在就让你母亲在房里考验我吧；那样她不久就会比以前更明白的。但现在我身上很脏，还衣衫褴褛的，所以她不尊敬我，还不承认我就是奥德修斯。让我们商量一下怎么办才是最好的，因为不管是谁在一个地方杀了人，即使被杀的人没有很多同伴，他也要变成逃犯，离开亲人跟故土；但我们已经杀死了城市的栋梁——那些来自伊萨卡岛最高贵的年轻人。所以我要你考虑一下这事。”

然后机智的忒勒马科斯回答说：“父亲，这事你自己考虑吧，因为他们都说你的决策是最高明的，任何凡人都比不上你。但是我们现在会跟随你，我觉得我们不会胆怯，只要我们力所能及。”

足智多谋的奥德修斯说道：“现在我告诉你我所认为的最好的方法。你先去洗澡，换换衣服，然后让家里的女仆们把她们的衣服拿来；接着让神奇的乐手高声弹琴，领着我们举行欢乐的舞会，那样路过的人和左右邻居从外面听到声音，都会以为是在办婚宴。我们前往树木的庄园前，求婚者们被杀的消息就不会传遍全城。之后我们就可以考虑奥林匹斯众神能给我们什么建议。”

他说完，他们就依计办事，先去洗了澡，换了衣服；女仆们也装扮起来，神奇的乐手拿起沉闷的竖琴，引起了他们对轻歌曼舞的兴趣。然后大厅里响起了跳舞的男人与衣着漂亮的女人们的脚步声。无论谁在外面听到这声音都会说：“肯定是有人跟众多求婚者追求的王后结婚了。她真是冷酷，还是没能守着丈夫的家宅，直到奥德修斯回来。”

人们就这样说着，不知道这些事都是设计好了的。这时，女管家欧鲁诺墨在房里替英勇的奥德修斯洗澡，替他擦上了橄榄油，给他穿上了精致的上衣及外套。此外，雅典娜在他头上洒下巨大的光彩，让他看起来更伟大更强壮，他头上的卷发垂下来，就像风信子一样。就像一位能工巧匠在银上镀金般，赫菲斯托斯跟雅典娜已经教授了这匠人各种手工技艺，他的工艺品充满了魅力，雅典娜就这样在他的头跟肩上洒下一层光彩。奥德修斯从浴室出来，他就像众天神一样，又在刚才离开的高高的椅子上坐下来，对着他的妻子，说道：“奇怪的女人，奥林匹斯山的众神给了你一副铁石心肠，比任何女人都更冷酷。世上别的女人都不会忍心这样疏远自己的丈夫，而且这丈夫还是受了太多的痛苦跟折磨，才在二十年后回到家乡，回到她身边的。来吧，保姆，给我铺张床，我要一个人睡觉，因为她的心真是铁做的。”

随即智慧的裴奈罗珮再次对他说道：“你才奇怪，我没有骄傲的想法，也没有鄙视你，并且不是太过惊讶，但我还记得很清楚你乘着长桨的船前去伊萨卡岛时的模样。过来，欧鲁克蕾娅，你去替他铺好他那亲手做的结实的床，把它放在我卧室外面。你到那边去拿结实的床并在上面铺上被褥，再加上羊皮、外套及闪亮的被子。”

她用这话来试探她丈夫，但奥德修斯极度不悦，对他忠实的妻子说道：“夫人，你说的这些可真是让人难受。是谁把我的床搬到了别处？无论他有多大本领，这对于一个人来说也很困难，除非有一位神来，才可能随意轻易地把它搬到别处。一个凡人，不管他多么年轻力壮，也不可能轻易搬动它，因为精工细作的床里暗藏机关，而且是我一个人完成的。院子里曾经长了一株橄榄树，枝叶修长，长势甚好，树干粗得跟一根柱子一样。我在树周围修了房子，用石头紧密筑成，又精心地盖上了屋顶，另外加上了紧致无缝的门；接着我把这枝叶修长的橄榄树的轻质木头砍断，然后从树根向上粗凿树干，并用斧头精心熟练地把它修理平整；此外还弄直并把它制成床柱，并用钻子钻了空；从床柱开始，我又做好了床架，为了漂亮我还在上面镶上了金银及象牙；然后又在那儿放上了闪亮的紫色牛皮。这就是我告诉你的秘密，夫人，我不知道那床是否还完好地待在原处，还是有人砍掉了橄榄树的树干，把床移到了别处？”

听他说完，裴奈罗珮立马四肢无力，内心已经融化，因为她知道了奥德修斯显示给她的可靠标志。然后她哭泣着直接跑向他，双手抱着他脖子，吻他的头，说道：“不要对我生气，奥德修斯，因为你通常比其他人都明智。是众神给了我们痛苦，他们嫉妒我们，因为我们住在一起享受青春的快乐，并一直到老。所以现在不要生我的气，也不要满腔愤怒，因为我初次见你时，并没有立即就欢迎你。因为我的内心总是忐忑不安，害怕有人来说假话骗我，他们多半会策划出唯利是图的邪恶阴谋。要是宙斯的女儿阿哥斯海伦知道阿开亚人好战的儿子们，再次把她带回她自己亲爱的故乡的话，她就不会跟一个陌生人睡觉并把他作为爱人了。无论如何，是神让她做了这不光彩的行为；不是曾经，在那之前，她把这愚蠢的想法放在心里，从此痛苦就降临在我们身上。但现在你已经说出了我们床的可靠的标志，其他凡人是不知道的，除了你我及一位女仆——她是阿克特的女儿，我嫁来这儿之前我父亲把她给我。她帮我们看守结实的婚房，虽然我的心很固执，现在你却让我屈服了。”

听她说完，他心里被激起了更强烈的想哭的欲望。他抱着他心爱的忠实的妻子时哭了。就像漂在水里的人见陆地一样欣喜，他们精致的船被波塞冬猛烈地打击，所有人都被狂风巨浪驱逐着，除了一部分人从海里逃脱，游到了岸边，他们身上都结上了盐，幸好他们踏上了大陆，逃脱了不幸的结局；所以她看见她丈夫时也欣喜，她不让她那白皙的手臂离开他的脖子片刻。要不是明眸女神雅典娜想了一个办法，他们要哭到红指甲似的曙光出现。她看见在西边最远处的夜晚，并通过海洋之神阻止了金座的曙光，使她不能驾起给人类带来光明的骏马兰波思跟法厄同，把早晨带给人类。

最后，足智多谋的奥德修斯对他妻子说：“夫人，我们所有的努力还没有完全成功；我们仍有未知的长期而艰苦的工作，那些是我必须圆满结束的。那天我去哈得斯家寻找同伴及询问我的归程时，泰瑞西阿斯的幽灵为我做了预言。所以来吧，夫人，我们上床睡觉吧，让我们在甜美的梦中好好地休息一下。”

智慧的裴奈罗珮回应他说：“你的床准备好了，无论何时你需要它，鉴于众神让你回到自己家乡自己豪华的家里。但上天给了你指示，现在你也注意到了，告诉我还有什么严酷的考验，因为我认为我将来总会知道的，及时告诉我也不是什么坏事。”

足智多谋的奥德修斯回答道：“啊，你为什么要急着让我说呢？将来我会告诉你的，不带丝毫隐瞒。虽然你心里可能不高兴，我自己也不高兴。因为提瑞西阿斯命令我去尘世间很多的城市，手里拿着一杆长桨，一直走到那些人不知道有海洋的地方，那儿的人不吃有盐的肉食，也没见过紫色的船或是用来划船的长桨。他用一个明显的标志告诉我，这标志我也不会对你隐瞒的。一天，另外一位旅行者遇到我，并说我强健的肩膀上有一个簸箕时，他甚至还让我把长桨立马插在地上，并向波塞冬贡献祭品——用一头羊、一头牛、一只交配过的公猪，然后回家，按照次序，向掌管广阔天宇的永生的众神们献上百牛大祭。我自己的死神将会温柔地从海上出现终结我，那时我已经舒服地度过了晚年，人们将快乐地生活。他说，这一切都将要实现。”

之后智慧的裴奈罗珮回答他说：“要是众神们最后真要让你过上幸福的晚年生活，那么你还有希望逃离不幸。”

他们这样交谈着。这时欧鲁诺墨和保姆借着燃烧着的火把的火光给床铺上了柔软的床罩。但她们忙着把舒适的床铺好后，年老的保姆就回自己房间躺下休息了；而看守卧室的女仆欧鲁诺墨拿着火把，带领他们去那儿，她把他们带到卧室后就离开了。他们高高兴兴地来到了他们的床上，就像以前一样。但忒勒马科斯与牧羊人及养猪的人也停止了跳舞，并让女仆们停下来，他们都去阴暗的大厅里休息了。

现在，裴奈罗珮和奥德修斯二人尽情欢愉之后，又高兴地谈起话来，他们就这样相互交谈着。这美丽的夫人说了她在这大厅里经受的痛苦，看到那群求婚者们挥霍他们的家产，拿她作为借口杀了很多肥壮的牛羊，还消耗了很多桶葡萄酒。而宙斯的后代奥德修斯详细讲述了他给人们带来的所有的痛苦，以及他自己经受的一切痛苦磨难。她喜欢听他讲这些故事，故事讲完之前，甜蜜的睡梦没有降临在她的眼睑上。

他开始讲他是怎样战胜了奇特内斯，接着到达了食忘忧果种族的肥沃土地上；还讲了独眼巨人所做的事情，以及他的好同伴们被巨人残忍地吃掉，他又是怎样替他们报的仇；他又怎样来到埃俄洛斯的国土，埃俄洛斯热情地接待了他并送他上路；但是命运不让他回到自己的故乡，因为风暴又阻住了他，他痛苦地呻吟着经过了汹涌的大海。接着他讲自己怎样来到巨人莱斯特鲁戈尼亚的忒勒普洛斯，那儿的人毁掉了他的船，让他所有的同伴丧生，只有奥德修斯一人乘着黑色的船逃脱了。他讲述了瑟茜的诡计，自己是怎样乘着竹筏到了哈得斯阴湿的地府，向赛贝人泰瑞西阿斯的鬼魂询问。在那儿他看见了他所有的同伴及生他、把他从一个小孩儿养大的母亲。讲了他是怎样听到了塞壬的歌声，来到互相冲击的岩石及可怕的卡鲁伯底丝和斯库拉跟前，还没有人能够平安逃脱的。他又说了他的同伴是怎样杀掉太阳神的牛，以及从高空打雷的宙斯怎样用火红的闪电重击他的快船，让英勇的船员全部丧生，只有他一人幸免于难。他又讲他怎样来到奥杰吉厄岛，来到女神卡鲁普索那儿，她把他留在她幽深的山洞里，希望他可以做她的丈夫，照顾他并说她可以让他长生不老，但是她不能赢得他的心。讲他经过巨大的艰险来到费阿克斯人那里，人们都是怎样真心尊敬他，就像尊敬一位神明一样，用船送他回自己亲爱的家乡，并送了很多礼物，有青铜、黄金以及衣物。他讲的故事就到这儿了，这时甜美的梦迅速降临在他身上，使他四肢放松，平复了内心的忧虑。

随后灰眼睛女神雅典娜又想到了一个办法。当她觉得奥德修斯的爱意跟睡眠已经足够，立即从海洋之神唤起金座的曙光，给人类带来光明。奥德修斯从他柔软的床上起来，吩咐他的妻子道："夫人，你我二人已经经历了足够多的磨难，你在家里哭泣，渴望多灾多难的我归程；而我呢，宙斯跟其他众神们降下灾难困住我，虽然我渴望回家，却离家很远不能回来。但是现在我们又来到了渴望的婚床，你可以继续在家里看管我的家产。至于自负的求婚者们已经杀掉的羊，我自己要去取很多羊群，亚加亚人会归还给我的，直到把我的羊圈装满。但现在，我要去树木众多的庄园看我尊贵的父亲，他因为对我的爱而忧伤不断。夫人，虽然你很聪明，我仍需吩咐你这件事。太阳升起，关于我在大厅里杀掉求婚者们的谣言就会散播开来。你跟女仆们到楼上去坐着等候，不要见任何人，也不要问任何问题。"

随即他在肩头披上坚固的盔甲，又叫起忒勒马科斯、牧羊人和养猪奴，吩咐他们所有人手上拿着兵器。他们对他的命令没有丝毫不从，穿戴好了装备，开门走了出去，奥德修斯在前面领路。现在大地上已经全亮了；但雅典娜用黑暗笼罩着他们，很快他们就走出了城。

# 卷二十四

伊萨卡岛人埋了求婚者们，坐着商量决心报仇。他们走在莱耳忒斯家附近撞见了奥德修斯，莱耳忒斯跟忒勒马科斯及仆人们这十二个人战斗，并被打败了。

现在鸠利尼山的赫尔曼手里拿着漂亮的金色魔杖，把求婚者们的灵魂从大厅里召集起来。不管是谁，只要他愿意的话，就可以用魔杖让人安静地闭上眼睛；他甚至还可以让人从睡眠中醒过来。凭此他呼唤起灵魂，把灵魂带走，灵魂们胡言乱语地跟着走，就像蝙蝠们在一个奇妙的山洞里隐蔽之处惊叫着飞过，一只蝙蝠从群里掉落在岩石上，在那儿它们一个抓着一个悬挂着，求婚者们的灵魂就发出这样的声音跟着行走，助手赫尔曼带着他们走下阴湿的道路。他们经过了海洋之神的水流及白岩，路过了太阳的门户，快速通过了幻梦居住的地方，不久就来到了长春花草地，那儿住着凡夫俗子的幽灵。他们在那儿找到了涅琉斯之子阿基里斯，普特洛克勒斯，高贵的安提洛科斯及埃亚这些人的灵魂，除了高贵的涅琉斯之子外，埃亚的容貌及体形是所有达奈人中最好的。

这些求婚者们的灵魂围绕着阿基里斯，阿特柔斯之子阿伽门农的灵魂闷闷不乐；他的周围聚集着其他的幽魂，那些是跟他一起在埃癸斯托斯家里被杀死的。这时涅琉斯之子首先发话："阿特柔斯之子，我们曾认为你在所有英雄中是乐于掌管打雷的宙斯最亲近的人，你是在特洛伊土地上我们受尽苦难的亚加亚人战士的首领。但是瞧吧，死亡的命运早早就降临在你身上，这命运是任何凡人都逃脱不了的。啊，要是你声名显赫之时，在特洛伊的土地上遭遇了死亡的命运，所有的亚加亚人都会为你修建坟墓，你将来也会为你的儿子赢得伟大的荣耀。但现在命运却让你悲惨地死去。"

阿特柔斯之子的灵魂回答道："幸福的涅琉斯之子，天神一样的阿基里斯，你却死在了远离阿耳戈斯的特洛伊土地上。你尸体周围还躺着别的人，特洛伊人及亚加亚人最英勇的士兵为了争夺你的尸体战斗；但你在飞扬的尘土里倒下了，身体强壮魁梧，忘了骑马的技术。我们奋战了一整天，如果宙斯没有用暴风雨阻止我们，我们是绝不会停止战斗的。之后我们把你带到远离战场的船上，用温水清洗干净你美丽的身体，并涂上了香油，把你放在棺材上，达脑人围着你洒下了很多热泪，剪掉了他们的头发。你的母亲和海上不死的女仆们听到这个消息时也从海上赶来了；海底传来了一声神奇的哀号，所有的亚加亚人听了都四肢胆战。他们一跃而起，都要跑到空荡荡的船上，但是一个学识渊博的老者阻止了他们，这人就是内斯特尔，他的计谋迄今为止都是最高明的。出于好意，他高谈阔论，劝告他们：'停止吧，你们这阿哥斯人，不要逃跑，亚加亚人年轻的首领们。瞧，他的母亲和海上永生的女仆们从海上来看看他死去的儿子。'

"听他说完，果敢刚毅的亚加亚人停止逃跑。海中老人的众多女儿们站在你周围，替你同情哀叹，她们替你穿上了不受腐蚀的衣服。这九位诗歌女神一个接一个用甜美的嗓音唱起了挽歌；你在那儿不会看见一个不哭泣的阿哥斯人，女神们的声音是那样响亮清晰。十七个日日夜夜，我们所有人都替你哀悼，包括永生的众神们及凡人。第十八天的时候，我们把你的尸体火化，在你周围我们杀了很多肥壮的羊以及蹒跚走路的牛。所以你跟众神们的衣物以及许多香油及蜂蜜一起焚化了，你被焚化的时候，许多亚加亚英雄披着铠甲，围着火葬柴堆走来走去，有步行的也有骑马的，发出了巨大的声响。但是当赫菲斯托斯的火焰已经完全将你毁灭，早上时候我们把你的白骨收集起来，阿基里斯又把它们放在纯酒及香油里面。你母亲拿来了一个双耳的金制杯子，据说那是狄俄墨得斯赠送的礼物，出自高贵的赫菲斯托斯之手。伟大的阿基里斯，我们把你的白骨放在那里，跟战死的曼诺依之子普特洛克勒斯的尸骨放在一起，没有跟安提洛科斯的尸骨放在一起，除了战死的普特洛克勒斯之外，安提洛科斯是你在同伴中最尊敬的人。然后我们这善良的阿哥斯战士们又替他们垒砌了巨大无比的坟墓，就在广阔的达达尼尔海峡突出的高高的海角之上，现在及以后的人们可以从海边远远地望见。你的母亲向众神们替参战的勇士们索要极好的奖品，让他们参加亚加亚人的竞赛。过去你目睹了很多英雄的葬礼，一位国王死后，年轻男子们做好准备，信心十足，胜券在握。要是你看见那些奖品，内心也会惊叹，这些极好的奖品是银足女神西蒂斯为纪念你而设的；因为众神们很是看重你。所以阿基里斯，虽然你死了，但你没有失去你的名声，而是在所有人中拥有美好的名声。但是我让战争结束，对我而言又有什么好高兴的呢？因为在返回途中，宙斯却给了我不幸的结局，死在了埃癸斯托斯和我妻子手中。”

他们就这样相互交谈着。阿哥斯的杀人者领着那些被奥德修斯杀掉的求婚者们的灵魂来到他们附近，这英勇的两人看见了非常惊讶，并径直朝他们走去。阿特柔斯之子阿伽门农的灵魂认出了墨奈劳斯心爱的儿子，著名的安菲墨冬，他住在伊萨卡岛的时候，他招待过他。阿特柔斯之子的灵魂首先发话：“安菲墨冬，你这是怎么了？怎么像你们这年纪的人都来到了黑暗的黄泉？好像从国家里再精挑细选，也难以挑出一个人加入到最英勇的战士中去了。是波塞冬唤起了逆风及狂浪重击了你们的船吗？还是因为你们在那些不怀好意的人的土地上杀掉了他们的肥牛壮羊而被杀害？或是他们在保卫城市及妇女时打死了你们？请回答我的问题，因为我是你家中人的朋友。你不记得那天我跟神一般的墨奈劳斯一起去了你在伊萨卡岛的房子里，请求奥德修斯跟我乘排桨的船到伊利昂去吗？我们漂洋过海，花了整整一个月的时间，好不容易才说服攻城夺地的奥德修斯跟我们同去。”

随后安菲墨冬的鬼魂回应他说：“声名显赫的阿特柔斯之子，人中之王阿伽门农，宙斯之子，这所有的事我都记得，就像你所说的那样，而且我会将全部实情告知于你，甚至告诉你我们的死亡及不幸的结局是怎样造成的。奥德修斯长期远离家乡，我们向他的妻子求婚，她既没有拒绝这讨厌的婚礼，也不愿对这事做一个了结，却想着给我们一个不幸的死亡结局。她心里又生一计，要在家里织一张大网，又精细又宽大。随即她织起布来，不久之后对我们说道：‘你们这高贵的年轻人，我的求婚者们，现在英勇的奥德修斯去世了，你们耐心地住着，无论你们多着急向我求婚，也要先等我完成这件衣服。我不想把衣服半途而废，让它毫无用处，这件衣服是替英勇的莱耳忒斯做的，是为了某天毁灭的命运降临在他身上时，他这样一个取得巨大成就的人不至于在死时连裹尸布都没有。’

“她那样说着，心高气傲的求婚者们也只好同意。所以白天她在巨大的织布机前织布，晚上把放在身旁将织好的布又拆掉。如此过了三年时间，她用计谋将这事隐瞒了起来，也赢得了亚加亚人的心；但是到了第四年，季节轮换，月份消逝，日子一天天过去，她的一个女仆知道了这所有的情况并告诉了我们，我们在她正在拆那漂亮的衣服时揭穿了她。所以她只好忍痛把衣服织完了。她把这件巨大的衣服织完并洗好之后，拿给我们看，这衣服就跟太阳或是月亮一样璀璨夺目。那时我不知道是什么邪恶的神明把奥德修斯带了回来，带到了养猪奴居住的高处的农场里。英勇的奥斯修斯心爱的儿子也从皮洛斯的沙地乘着他的黑船来到了那儿。这父子二人为求婚者们布下了不幸的死亡，并回到了这鼎鼎大名的城市。忒勒马科斯走在前面带路，奥德修斯跟在后面。养猪奴找来了破旧的衣服，奥德修斯穿上，拄着一根拐杖，就像一个可怜的老乞丐一样，瞧吧，穿得非常破烂。他突然出现，我们所有人，包括长辈都没有认出他就是奥德修斯，我们对他恶语相向，还攻击他。但是他在自己家里忍着性子忍受这些打骂；最后幸好持盾神宙斯的灵魂激发了他，在忒勒马科斯的帮助下他占据了所有精锐的武器，把它们放在了秘密的房间里并上了锁。接着足智多谋的奥德修斯又让他的妻子把箭及黑铁斧拿给我们不幸的求婚者们作为竞赛的武器，开始了死亡的角逐。但是我们中没有一个人能拉开这大弓的弓弦，我们的力气远远不够。但是这大弓到了奥德修斯手里时，我们都吵闹起来了，不管他说了多少好话，我们都不愿把弓箭给他。只有忒勒马科斯一个人支持他，要他拿箭。于是坚定勇敢的奥德修斯把箭拿在手里，毫不费力就拉开了弓弦并射出了箭。他径直走向了门槛，并站在那儿，把利箭倒出，怒目而视，一箭射死了安提洛科斯王子。之后他目的明确，又朝其他人射出致命的箭，求婚者们一个接一个倒下。这时大家明白有位神明在帮助他们，他们在冲动的驱使下，杀掉了大厅里所有的人，引发了一阵可怕的呻吟声。求婚者们的头被砍掉，满地都是鲜血。我们就这样死了，阿伽门农，甚至到现在，我们的尸体还被随便放在奥德修斯家里。我们每个人家里的朋友都还不知道，没有人替我们洗掉伤口上凝结的黑色血渍，安置好我们的尸体，替我们哀伤悼念，那些都是死者应有的待遇。”

阿特柔斯之子的幽灵回答他说：“啊，幸福的莱耳忒斯之子，足智多谋的奥德修斯，你得到了这样一位好妻子，智慧的裴奈罗珮，伊卡里俄斯之女，对她的丈夫奥德修斯很是关心。她的美名永远不会消逝，永生的众天神们会替她做一首歌，在凡人中传唱裴奈罗珮的贞洁美名。与她相反的是廷德尔斯的女儿，她计划了罪恶行为，杀掉了自己丈夫，世人们对她的态度将是厌恶。她的恶行给所有的女人都戴上了恶名，甚至是正直的女人。”

这两人就这样交谈着，站在哈得斯地下隐秘的地府里。

奥德修斯跟其他人出了城，他们迅速来到了莱耳忒斯富裕且井然有序的庄园里，这是莱耳忒斯过去自己挣来的，是为了奖赏他在战争中付出的巨大辛劳。那就是他的房子，周围全是小屋，仆人就在那儿吃饭居住睡觉，等候为他服务。家里还有一位西西里岛的老太婆，她在远离城市的庄园里照顾这位老人。奥德修斯对他的儿子及仆人们说：“你们现在到这所精致的房子里去，迅速杀掉一头最好的猪作为午餐。我要去试探一下我父亲，我离开了这么久，想看看他见到我时还会不会认出我来。”

说完他把交战的武器交给了他的仆人们。随后他们迅速来到了房里，而奥德修斯走进了硕果累累的葡萄园里准备试探父亲一番。他走进这巨大的花园里时没有看见多利俄斯在场，也没看见一个仆人或是他们的后代。他们碰巧全去收集石头来做果园的围墙了，老人多利俄斯在带路。他发现他父亲独自一人在梯田状的葡萄园里，正在替一棵植物松土。他穿的衣服很脏，打过补丁，膝上还缀补过不好看的牛皮，以保护小腿；长袖遮住了手来防备荆棘；头上还戴了一顶羊皮帽子。他一副闷闷不乐的样子。现在坚定英勇的奥德修斯看见他父亲这样消耗时间，内心极度痛苦，他站在一棵高大的梨树下一动不动，任凭眼泪流下。他的心里挣扎着，思量着是否该去抱着父亲的脖子亲吻他，将自己是怎样回来、回到自己家乡后的事全部告诉他，还是他应该先询问父亲，在交谈中试探他。奥德修斯就这样在内心里思考着，觉得先去试探一下他，然后再直接告诉他，似乎是一个好方法。打定主意后，奥德修斯就走向了父亲。此时他父亲正在埋头替植物松着土，他声名显赫的儿子站在他身边，对他说道："老人家，你照管果园还真是很有经验；瞧，你把所有的植物都照顾得很好，无论是果树苗、无花果树，葡萄、橄榄、梨，还是近处看起来不太好的菜园。我还要告诉你另一件事，你可不要不高兴。你自己一把年纪了都没有怎么关心过自己，而且你形容枯槁，不修边幅，穿着破烂。这不可能是因为你消极怠工，你的主人不管你吧；你的脸及体态看不出一点仆人的迹象，倒是像一个高贵的人。你应该收拾干净，吃饱喝足，舒服地躺着，这才是老年人应有的待遇。但请你坦诚地告诉我这所有的情况，你是谁家的仆人？你在照看谁的花园？老实告诉我，让我明确地知道，我现在来到的这个地方是否就是伊萨卡岛，因为我在来这儿的路上遇见的一个人是这样告诉我的。他有点让人不能理解，因为我向他询问我朋友是否还活着或是已经死了到了哈得斯的冥府时，他什么都不告诉我，也不听我说话。我要告诉你一件事，你要注意听着，我曾经在我自己心爱的故乡招待过一位来我家的客人，他是所有远道来我家的人中跟我最亲的。他说他来自伊萨卡岛，并说他的生父是阿凯西阿之子莱耳忒斯。我带他进了我家里，并待他友好，隆重地招待了他，充分供应家里的一切东西。由于他是客人，我还给了他一些礼物，给了他七塔兰同精工细作的金子，一个纯银的带着花纹的酒碗，十二件单衣，同等数目的外衣、披风及上衣；除此之外还送给了他四位女仆，手艺精巧还很漂亮，都由他自己挑选。”

随后他的父亲哭泣着对他说：“陌生人，你确实来到了你问的那个地方，但是粗鲁刚愎的人控制了这儿。你送的那些礼物——那不计其数的礼物都白费了。要是你看到他还生活在伊萨卡岛的土地上，他也会热情招待你，并赠你很多礼物送你上路，因为是你先友善对他的。但是，请坦诚告诉我一切；自从你招待了那不幸之人，已经过去多少年了。如果真有那样一个人的话，他一定是我的孩子，那远离朋友远离故土的不幸之人，他可能已经被海里的鱼吃掉了，也或许已经在海岸边成为鸟跟野兽的猎物。他的母亲没有替他哀悼，也没好好安葬他；他的父亲也没有这样做，虽然我们生了他。他始终如一的妻子裴奈罗珮，曾有很多人带着丰厚的礼物来追求，她没有按照礼节对躺在棺材上的丈夫悲痛欲绝，也没有把他的眼睛闭上，这是死者应有的待遇。而且，老实告诉我，我要明确知道你是谁？你是哪里人？你的家乡和父母在哪儿？把你和你神一样的同伴带来的快船又停在何处？你是不是乘别人的船来的？他们把你送上岸就离开了？”

接着足智多谋的奥德修斯回答说：“现在我肯定会坦诚告诉你所有的事。我来自阿吕巴，在那儿我有一所豪华的房子，我是波吕皮蒙王之子阿斐达斯的儿子，我叫厄珀里托斯。一定是有位神明违背我的意志，驱使我从西冬尼亚来到这里，我的船停在城外。至于奥得修斯，自从他去那儿然后又离开我的家乡已经五年了。他真是不幸，但他离开的时候还是有好兆头——鸟儿们从右边飞过；为此我还很高兴地送他上路，高兴他离开，而且我们俩都希望某一天会相逢，继续我们的友谊，并且互送非常好的礼物。”

他这样说着，老人被悲伤的乌云笼罩。他不停地叹着气，双手抓起泥土和土灰撒在自己花白的头发上。奥德修斯看见他亲爱的父亲这样强烈的悲痛，鼻子酸了，深受感动。他跑到父亲面前，拥抱并亲吻了他，说道：“瞧，我在这儿，我的父亲，我就是你说的那个人；二十年之后我才回到自己的家乡。别再流泪，停止你的悲伤吧，虽然时间很仓促，但我要清楚告诉你所有的事。我已经将我家里的求婚者们都杀死了，因他们的蔑视及罪行而向他们进行了报复。”

莱耳忒斯说道：“如果你真是我的孩子奥德修斯，那你过来，给我看看你的一个明显的标志，那我才会相信你。”

于是足智多谋的奥德修斯回应他说：“先看看这伤疤吧，回忆一下，我去帕尼索时，一只野猪用白牙攻击了我。我还知道，是你和我尊敬的母亲送我去外祖父奥托吕科那儿取回礼物，那些礼物是他到这儿来时承诺给我的。而且我还可以告诉你这梯田状的果园里所有的树木，当我还是小孩儿的时候，曾经跟着你在园里跑来跑去，问这问那，我们经过的树木，你都告诉过我它们每一种的名字。你给了我十三棵梨树，十棵苹果树，四十棵无花果树。我们走过的时候，你还承诺要给我五十排葡萄树呢，每一种果子都会在不同的时候成熟，宙斯执掌的季节让它们沉甸甸地挂满了枝头。”

说完，他的腿立即发软，内心受到感动，因为他知道奥德修斯给他看的标志都是真的。他伸开双臂去拥抱自己亲爱的儿子，要晕倒时，坚定勇敢的奥德修斯把他抱在了胸前。现在他清醒了，回过神来，说道：“天父宙斯，要是求婚者们为他们的那冲昏头脑的自负付出了代价，那说明你们众神还住在高高的奥林匹斯山上！但现在我心里很是担心，害怕伊萨卡岛所有的人又来这儿对付我们，并立刻把消息传到克法利的所有城市里去。”

足智多谋的奥德修斯回答他说：“放心吧，你不要担心这些事。我们到果园附近的房里去吧，我已经让忒勒马科斯、牧牛者及养猪奴迅速前去准备好午餐了。”

说完，父子二人便前往豪华的家里。他们来到美轮美奂的房子里时，看见忒勒马科斯和牧牛者及养猪奴正切着大量的肉，还混合着酒。西西里岛籍女仆就在房里替果敢刚毅的莱耳忒斯洗澡，给他擦上了橄榄油，并替他穿上了一件漂亮的衣服。雅典娜靠近，使这人类的统治者更加强壮，让他比以前看起来更加高大魁梧。他洗澡出来后，他的儿子看着他惊叹不已，就像是盯着出现的不朽的众神们一样。他激动地对他父亲说："父亲，很明显有一位永生的神明让你看起来更高大魁梧了。"

接着智慧的莱耳忒斯回答他道："啊，天父宙斯，雅典娜及阿波罗在上，要是我还像攻下尼瑞科城时那样就好了，那是靠近大陆沿海地区的坚固城堡，我那时是克法利的国王，要是我还像那时那样强壮，昨天我就会穿戴好盔甲，在你家里帮你击退那些求婚者们；那样我就会把他们在堂上吓软了腿，那你的心里也会很高兴的！"

他们就这样交谈着。其他人停止工作回来，准备好午餐的时候，他们按顺序坐在椅子上。然后他们开始拿肉吃起来，老人多利俄斯走了过来，老人的儿子们也在田里辛苦劳作之后回来了，是他们的母亲，就是那位上了年纪的西西里岛籍妇女前去叫他们回来的，她既要照顾孩子们的生活，又要辛勤地照顾上了年纪的老人。他们一看见奥德修斯就认出了他，惊讶地站在房里一动不动。但奥德修斯温柔地跟他们打招呼："老人，坐下来吃饭吧，别发愣了，我们已经迫不及待想吃饭了，我们在这里等你们回来已经很久了。"

说完，多利俄斯伸开双臂径直朝他走去，他抓住奥德修斯的手，并吻了他的手腕，激动地对他说道："亲爱的，你总算回来了，我们想你想得真辛苦，还以为再也见不到你了呢，是众神们再次领你回来了——我们为你欢呼，非常欢迎你，愿神们给你带来好运！请如实告诉我，让我知道，是否智慧的裴奈罗珮清楚地知道你已经回到了这儿，或者是否我们应该给她传个消息。"

随后足智多谋的奥德修斯回答说："老人家，她当然已经知道了一切；既然如此还何必麻烦你呢？"

多利俄斯再次坐在他那擦亮了的长靠椅上。多利俄斯几个聪明的儿子围绕着声名显赫的奥德修斯，亲切地跟他打招呼，跟他握手，然后都按顺序坐在他的父亲多利俄斯旁边。

他们就这样在房里用餐。此时谣言已经迅速传遍了整座城市，流传着求婚者们悲惨的死亡及命运的消息。听到谣言的人都立刻从四面八方聚在一起，在奥德修斯家门前悲叹抱怨。每个人都从他家里带出头颅然后埋掉，至于那些来自其他城市的求婚者的尸体，被他们放在快船上，渔民们也一同前往把他们送回自己家乡。大家都心情悲痛地聚集到一起。等到他们都来了时，欧培塞斯起身对大家讲话，因为他的儿子安提努斯是第一个被英勇的奥德修斯杀死的人，悲痛沉沉地压在他心上。他一边替儿子流着泪，一边高谈阔论，对众人讲道："朋友们，这家伙真是干出了一件跟我们亚加亚人作对的事情。他已经带着很多东西及优秀的人离开了，但这些东西及他那船和他的同伴都全部丧失了，他回到家后又杀死了最优秀的克法利人。在他还没有快速逃到皮洛斯或是埃培奥人统治的美丽的埃利斯之前，我们就要过去；不然我们死后也会在后代面前永远丢脸。要是我们没有向杀死我们儿子及同胞的人报仇的话，这甚至对一个还没亲耳听到此事的后人来说都是一种耻辱。对我来说，人生也不会再有多幸福了，我宁愿立马死掉，跟死去的儿子在一起。起来吧，我们一同前去，要不然这些家伙预先料到，就会越海跑掉了。"

他流着泪说着，所有的亚加亚人都同情他。墨冬和神奇的乐师才睡醒觉，从奥德修斯家出来，来到了他们身边。他们来到聚集的人群之中，每一个都很吃惊。这时聪明的墨冬对大家说道："你们这些伊萨卡岛人，现在请听我说，奥德修斯干的那些事不是没有众神们的旨意的。我自己亲眼看见了一位永生的神明站在奥德修斯旁边，外表像极了门特。奥德修斯面前出现的是一位不朽的神明，替他欢呼，又飞快地在大厅里跑来跑去的，吓坏了求婚者们，他们一个接一个倒下去了。"

他说完，大家都吓得脸色惨白。这时马斯特之子年老的哈利忒耳塞斯发话了，因为只有他能看到过去和未来。好意的他对众人说道："你们这些伊萨卡岛人，现在请仔细听听我接下来要说的话。我的朋友们，是你们自己的懦弱造成了这些事，因为你们不听从我和牧羊人门特的话，不阻止你们的儿子们干蠢事。他们行为放荡，迷恋不当的人，挥霍了别人的财产，还对王者的妻子不尊敬——他们觉得他永远不会再回来了。现在就让事情这样理智地解决吧，听从我的建议。我们就不要前去找他跟他作对了，以免某些人会自讨苦吃。”

听他说完，他们中大部分人跳起来，大声叫喊，剩下的人都留在那儿；大部分人都没听进去他的建议，却听欧培塞斯的，所以快速地跑去拿盔甲。他们身上穿好了闪亮的盔甲后，就聚在了宽阔的城前，愚蠢的欧培塞斯带领着他们，他本以为可以替自己被杀的儿子报仇，但是他自己却没能再回来，他就在那里遇到了死亡的命运。

此时雅典娜对克洛诺斯之子宙斯说道：“我们的父亲，至高无上的王者，请回答我，告诉我现在你心里还藏着什么打算。你要进一步发起邪恶的战争以及可怕的战斗吗？还是你打算让他们再次建立友谊？”

这时聚集云雾的神宙斯回答道：“我的孩子，你为什么这样直接问我，问我这个问题呢？你自己不是谋划好了吗？让奥德修斯回来后向那些人报复。就按你想的那样做吧，但我要告诉你一个更好的方法。现在，英勇的奥德修斯已经向求婚者们报了仇，就让他们一起坚定地立下誓约，让奥德修斯有生之年一直做王吧。我们就让他们把孩子及同胞被杀的事情遗忘了；就让双方就像从前一样互相爱戴尊敬对方，让他们充分享受和平和财富吧。”

随后他激起了雅典娜更大的热情，一眨眼她就从奥林匹斯山顶飞下去了。

他们满足了欲望，吃好了美味的食物，坚定英勇的奥德修斯对他们说道：“哪个人前去看看，以免有人正在靠近我们对我们不利。”

他说完，多利俄斯之子听从他的命令前去。他站在走廊外，看见他们所有的人都近在咫尺了。这时他激动地对奥德修斯说：“他们来了，离我们很近了！快点，我们得拿上武器！”

于是他们都站起来，穿戴好盔甲，奥德修斯这方有四人及多利俄斯的六个儿子。由于战争的需要，聪明的莱耳忒斯及多利俄斯也穿戴好盔甲参加了，虽然他俩头发都花白了。他们都穿戴好闪亮的盔甲之时，就打开了大门走了出去，奥德修斯在前面领着他们。

这时宙斯之女雅典娜接近了他们，衣着跟声音都像门特。坚定英勇的奥德修斯看见他很是高兴，随即对他心爱的儿子忒勒马科斯说道：“忒勒马科斯，你要明白，你亲自上战场的时候到了，战场是最英勇的人接受考验的地方，你不要给你父亲家丢脸，过去我们在整个世界上都是以强大刚毅闻名的。”

这时聪明的忒勒马科斯回答道：“亲爱的父亲，如果你愿意，你就会看见我丝毫不会让你丢脸的决心的，就像你说的那样。”

他说完，莱耳忒斯高兴地说道：“善良的神明啊，这是怎样的一天啊；我真是太高兴了！我的儿子跟孙子互相竞争比英勇。”

灰眼睛女神雅典娜站在莱耳忒斯旁边，对他说道：“哦，我最亲近的阿凯西阿之子，先向灰眼睛女神雅典娜及天父宙斯祈祷吧，然后再拿起长矛立即扔出去。”

随后雅典娜给他们增加了勇气。莱耳忒斯向强大的宙斯之女祈祷，并立即拿起长矛扔了出去，正好刺穿了穿着护颊青铜盔甲的欧培塞斯。矛头并没有停留在长矛上，而是穿了过去，他轰然倒地，武器跟身体撞击发出声音。之后奥德修斯跟他那有名的儿子首先冲了出去，用剑及双头长矛攻击他们。要不是持盾之神宙斯之女雅典娜阻挠，他们已将所有的敌人杀光，让他们有来无回了。雅典娜大声呵斥，把他们都止住了，她说：“伊萨卡岛人，你们停止激烈的战斗吧，那样的话你们还能不流血，快点分开吧。”

雅典娜说完，他们都吓得脸色惨白，听到女神这样说话，一个个吓得把手里的武器丢到地上，转身向城里跑去，只想着逃命。坚定英勇的奥德修斯就像一只高空翱翔的雄鹰一样，发出可怕的声音，大声叫喊着追赶他们。那时克洛诺斯之子抛下了一个燃烧着的霹雳，掉在了伟大的天父之女，灰眼睛女神雅典娜的脚边。于是明眸女神雅典娜对奥德修斯说：“宙斯的后代，莱耳忒斯之子，足智多谋的奥德修斯，现在克制一下你自己，停止这不分胜负的战斗吧，以免克洛诺斯之子宙斯都会对你不满。”

听雅典娜这样说，奥德修斯听从了她的话，心里也很是高兴。之后雅典娜让他们都订立了誓约，而其他人不知道，她，就是衣着和声音都伪装成门特的持盾之神宙斯的女儿。